불교의 무아론

불교의 무아론

한자경 지음

이화여자대학교출판문화원

지은이의 말

　우리가 살고 있는 이 현상 세계는 그 어느 것도 자립적이고 고립적인 실체로서 존재하지 않는다. 일체는 모두 자기 아닌 것들, 타자와의 관계 속에서 자기 자신으로 피어나는 상대적인 것들이다. 대지의 물, 별의 공기, 우주의 햇빛으로 피어난 한 송이 장미가 그렇고, 그 장미를 사랑한 어린 왕자가 그렇다. 확고한 자기 경계를 가진 고체로 여겨지는 것들도 실상은 경계막에 뚫려 있는 무수한 구멍 사이로 그 안팎이 서로 교체되는 유동체일 뿐이다. 빈 구멍을 통해 바깥의 것이 안으로 스며들고 침투하여 안을 형성하면 개체로 살아가지만, 안으로 흘러든 모든 것이 다시 다 밖으로 빠져나가면 개체를 형성하던 막조차도 구멍 사이로 사라지고 만다. 그 빈 자리에 다시 바람이 불고 새가 울면 새소리를 듣고자 안팎의 구별과 경계가 형성되지만, 그 경계는 주변을 진동시키며 춤추는 파도처럼 일시적으로 형성되는 가상일 뿐이다. 어느 경계도, 어느 형태도 고정적으로 머무르지 않고, 일체는 흐르고 유동하며 생겨났다 스러진다. 모인 것은 흩어지고 밝은 것은 어두워지며, 강한 것은 약해지고 생성된 것은 소멸한다. 그리고 다시 흩어진 것은 모여들고 어둡던 것은 밝아지며, 약한 것은 강해지고 스러진 것은 일어난다. 이렇게 일체는 변화하고 소멸한다. 모든 것은 상대적이다.

그래서 우리는 "모든 것은 변한다", "모든 것은 상대적이다"라고 말한다. 이 말로써 우리가 깨달은 진리, 만물의 실상, 존재의 비밀을 전할 수 있다고 생각한다. 그런데 막상 그 진리 한가운데에 자기 부정이 숨어 있다는 사실, 그 확실한 진리의 토대가 지진처럼 흔들리고 갈라져 허공 속에 흡수된다는 사실, 그 사실을 직시하지는 못한다. 아니, 직시하고 싶어하지 아니한다. 허공 속에 끌려 들어가는 것이 바로 나 자신이기 때문이다.

이 진리의 자기 부정을 세련된 형식으로 표현한 것이 바로 '거짓말쟁이 역설'이다. "나는 거짓말쟁이다"라는 명제는 이 말이 참이면, 나는 거짓말쟁이이며 따라서 내가 한 이 말도 또한 거짓이어야 한다. 즉 참일 경우 거짓이 된다. 반대로 이 말이 거짓이라면, 나는 거짓말쟁이가 아니므로 나는 참말을 하는 사람이고, 따라서 내가 한 이 말도 참이어야 한다. 즉 거짓일 경우 참이 된다. "모든 것은 상대적이다"라는 명제는 그 말이 절대적이라면, 그렇게 절대적 진리가 있으니, 모든 것이 상대적이라는 그 말 자체가 부정되며, 그 말이 상대적이라면, 절대적인 것이 있을 수 있으니, 다시 모든 것이 상대적이라는 말이 부정된다. 그러니 어떻게 "모든 것은 상대적이다"를 말할 수 있겠는가?

'거짓말쟁이 역설'은 차원의 구분을 통해 해결된다. 그 명제가 표현하고 있는 차원과 그 명제를 발화하는 차원을 둘로 구분하는 것이다. 그 명제에 따르면 나는 거짓말쟁이이지만, 그 명제를 발화하는 나는 거짓말쟁이로서의 내가 아니라 내가 거짓말쟁이라는 것을 아는 나이다. 그 명제가 말하는 나(me)와 그 명제를 말하는 나(I)는 구분된다. 내가 거짓말쟁이라는 것을 아는 순간, 그 나는 거짓말쟁이가 아닌 것이다. 마찬가지로 "모든 것은 상대적이다"라고 말할 때, 그 말은 그 상대적인 것 속에 다시 포함되지 않는 절대의 시점에서 말해지고 있다. 상대의 인식 안에 감추어져 있는 이 절대의 시점, 상대의 말 속에 숨어 있는 이 "말할 수 없는 것", 이것이 철학의 알파요 오메가이다.

그런데 문제는 나의 앎이나 명제가 그 앎을 성립시키는 시점 자체를 포착하지 못한다는 것이다. 그것은 마치 내가 빛을 통해 색을 보되 드러난 색만 볼 뿐 색을 성립시키는 빛 자체는 보지 못하는 것과 같다. 색 주위를 맴도는 빛, 색을 일으키는 빛을 어떻게 볼 수 있겠는가? 내가 어떻게 나 자신의 눈을 볼 수 있겠는가? 상대적 세계를 바라보는 "세계를 보는 눈", 상대의 인식을 가능하게 하는 절대의 시점, 그것을 내가 어떻게 포착할 수 있겠으며, 말로 표현할 수 있겠는가? 그러나 언표되지 않은 것은 존재하지 않는 것, 침묵, 망각 그리고 죽음이 아닌가?

그래서 우리는 "모든 것은 상대적이다"라고 말하면서 그 상대적인 것 위에 실려 춤추고자 할 뿐, 그 인식의 근원, 절대의 시점으로 나아가려 하지 않는다. 그러나 그것은 실은 상대를 상대로 아는 절대의 시점, 세계를 보는 눈이 결국 상대의 부정이고 일탈이며 죽음이라는 것을 예감하기 때문이다. 우리는 우리 자신의 눈이 무엇을 의미하는지를 예감하기 때문에, 그 공성(空性)을 직감하기 때문에, 그 허공 속으로 빨려 들어가기를 원치 않는 것이다. 그래서 우리는 색의 차이에 감탄하고 경계의 미끄러짐에 환호하면서 상대의 세계 속에 둥지를 틀려 한다.

그래서 우리는 오래도록 절대의 시점을 오히려 타자화하고 객관화해 왔다. 절대를 신(神)으로 간주하며 신학에 몸을 기대거나, 절대를 물질로 간주하며 과학에 몸을 맡긴다. 그러나 이렇게 상대의 기반으로 객관화된 절대는 절대화된 상대일 뿐, 진정한 절대가 아니다. 이제 우리는 신도 물질도 모두 사유된 객관이고 사유된 타자, 절대화된 상대일 뿐임을 안다.

그것들은 "모든 것은 상대적이다"라는 인식 속으로 빨려 들어가고 있는 마지막 대상들이다. 그리고 지금 남아 있는 것은 "모든 것은 상대적이다"라는 말뿐이다. 이제 우리는 다시 절대를 말과 언어로 객관화하면서 그 언어의 권력으로 상대 세계의 기틀을 짜려 한다.

나는 이 시점에서 불교를 떠올린다. 모든 것이 상대적이라는 것은 모든 것이 연기(緣起)의 산물이라는 것이다. 그 자체 자립적 실체로 간주될 만한 것은 아무것도 없다. 나도 우주 만물도 모두 중연이 화합하여 인연 따라 형성되었다가 인연이 다하면 흩어질 연기 소생이다. 인연 따라 형성된 색수상행식 오온의 중생이 이 생에서 업을 지으며 한평생 살다 가면, 그 업력이 또 다른 인연이 되어 그 다음의 오온을 형성하고, 그 오온의 중생이 또 업을 짓고 살다 가면, 그 남겨진 업력이 또 그 다음의 오온을 형성하고……. 이렇게 이 세상은 돌고 도는 연기의 세계, 윤회의 세계이다. 그래서 불교는 "일체는 무상하다", "일체는 고(苦)다", "일체는 공(空)이다"라고 말한다.

그런데 불교는 일체가 상대적임을 인식할 때 그 인식의 시점이 절대의 시점이라는 것, 그리고 그 절대가 바로 공(空)이라는 것을 안다. 공은 신이나 물질로 또는 관념이나 언어로 실체화되거나 객관화될 수 있는 것이 아니다. 현상 세계, 만물의 경계 그리고 선과 악, 유와 무, 음과 양 등 모든 이원화의 경계를 흔들고 녹여 사라지게 만드는 절대의 시점, 그것이 바로 공이다.

그리고 불교는 이 절대의 시점인 공이 바로 각자의 마음이고 그 각자의 마음이 바로 공이라는 것을 안다. 그래서 그 마음을 하나의 마음, 일심(一心)이라고 말한다. 물론 내 마음이 바로 공이고 절대라는 것을 깨닫는 길은 마음이 실제로 공이 되는 길, 마음이 절대의 시점에서 깨어나는 길밖에 없다. 그래서 불교의 존재론은 곧 수행론이다. 마음이 공이 되자면, 마음이 포착하는 이 세상 모든 것이 상대적이며 인연 화합의 산물이라는 것, 무자성이며 비실유의 가(假)라는 것을 깨닫는 순간, 그 깨달음의 내용에 도취해 있지 말고 거기에서 깨어나야 한다. 그것이 "이 뭐꼬"의 화두가 풀리는 순간이고, 깨달음의 내용인 팔만대장경의 법문이 염화미소 속에 녹아 버리는 순간이다. 색이 사라지고, 상이 사라진 허공에서 마음이 마음을 보고, 눈이 눈을 보는 순간이다.

나는 이런 절대의 순간에 있어서만 "모든 것이 상대적이다"라는 인식도 그 진리성을 얻을 수 있다고 생각한다. 절대의 눈을 망각한 채 상대만을 말하는 것은 어불성설이다. 마음을 절대의 공으로 자각하지 않는 한, 일체가 무상이고 고이며 공이라는 인식, 아공 법공의 깨달음이 어찌 가능하겠는가? 세계를 보는 절대의 시점, 그것을 공의 마음으로 자각함이 없이 어찌 세계의 상대성을 감지할 수 있겠는가?

그래서 무아와 연기를 통해 현상 세계의 상대성을 논하면서도 나는 처음부터 끝까지 그러한 현실 인식의 바탕인 공과 일심을 놓지 않았다. 아니 오히려 보여진 세계의 상대성의 논의는 궁극적으로 보는 눈의 자각을 위한 것임을, 불교의 모든 논의는 결국 마음의 공성(空性)에 대한 절대적 깨달음, 절대적 자유, 해탈을 위한 도정임을 기억하고 있었다. 여기서 보는 눈의 자각인 공과 일심의 자각은 허령불매(虛靈不昧)의 공적영지(空寂靈知)이며, 이는 보여진 세계 속에서 인연 따라 일어나는 자아 의식과 구분된다. 마음이 공으로 되는 순간은 자아가 무아라는 것을 깨닫는 바로 그 순간이기 때문이다. 이 역설을 해명하고자 얽힌 생각들을 한 권의 책으로 풀어 보았다.

내가 가장 경계하고 싶었던 것은 "공도 공이다[空空]"를 절대의 부정으로 간주하여 불교를 상대주의로 읽는 것이다. 세계를 보는 눈이라는 절대의 시점을 잃어버리면, 보여진 세계가 실유(實有)가 되며, 상대의 세계가 절대화된다. 우리는 다시 상(相)에 매달려 상대의 세계를 떠돌게 된다. "모든 절대는 권력이다"를 외치는 포스트 구조주의의 공포는 실은 상대적 현상 세계를 무화시키는 공에 대한 공포, 죽음에 대한 공포이다. 그래서 우리는 절대를 신이나 물질, 관념이나 언어로 객관화하여 그 객관화된 권력에 복종해 온 것이다. 모든 권력 뒤의 그 절대의 공을 우리 자신의 마음의 공으로 자각하지 않는다면, 우리는 끊임없이 객관화된 권력에 휘둘리고 말 것이다.

왜 우리는 상대와 차이에 머무르지 못하고 절대에로 나아가는 것일까? 그것은 인간이 운명적으로 형이상학적 존재이기 때문이다. 형이하의 세계 속에 살면서도 죽음을 의식하고 공을 의식하는 것은 우리가 본래 보여진 세계에 속한 자가 아니라 세계를 보는 눈이기 때문이다. 그래서 우리는 끊임없이 보여진 세계의 상대성을 말하지만, 그 말이 참이 될 수 있는 것은 말하는 자가 그 말 밖에 있기 때문이다.

그러니 공을 깨달아 공이 된 마음에게는 석가의 팔만 법문이 모두 뗏목처럼 떠내려가 버릴 방편 교설에 지나지 않는다. 하물며 업으로 묶여 있는 일개 범부의 허망분별이야 더 말할 나위가 있겠는가? 허공 속 이심전심의 미소를 그리워할 뿐, 그 짧은 한순간을 위해 너무 긴 글로 아까운 나무들만 죽게 한 것이 아닌지 모르겠다.

2006년 봄
창 밖 나무를 바라보며
한자경

1부

근본 불교의 무아론

1장
무아론의 의미

1. 무아론과 비아론 논쟁

'나는 누구인가?'를 물으며 그 답을 찾을 때, 우리는 일단 자신의 몸과 그 몸을 바라보며 생각에 잠긴 자신의 마음을 떠올리게 된다. 몸과 그 몸에 대면해 있는 마음, 그 둘을 불교는 각각 색(色, rupa)과 명(名, nama)이라고 칭한다. 색은 물질적인 것을, 명은 심리적인 것을 칭하는 개념이다. 가시적으로 드러나는 물리적인 것들은 모두 색이고, 그 색과 연관되되 비가시적인 심리적인 것들은 모두 명이다. 자아에 관한 한, 나의 몸은 곧 색이다. 그리고 나의 심리적인 마음 작용을 불교는 다시 네 가지로 구분하는데, 수(受)·상(想)·행(行)·식(識)이 그것이다. 수(受, vedana)는 내적·외적으로 내게 생겨나는 느낌이며, 상(想, samjna)은 마음에 상(相)을 떠올리는 표상 작용을 뜻한다. 행(行, samkara)은 의지가 작동하여 마음을 조작하는 행위로서 생각[思]도 여기에 속한다. 식(識, vijnana)은 알아차리는 인식 작용이다. 이처럼 색·수·상·행·식 다섯 가지를 합해서 불교는 다섯 가지 무더기인 오온(五蘊)이라고 부른다.[1]

```
                    ┌─ 色(물질)   ─  色(물리적인 것) : 身
                    │
                    │  受(느낌)
                    │
  자아 = 오온        │  想(표상)      名(심리적인 것) : 心
                    │
                    │  行(의지)
                    │
                    └─ 識(인식)
```

　오늘날 우리가 흔히 자아를 몸과 마음의 결합체로 이해하듯, 불교 또한 인간을 색수상행식의 오온 화합물로 간주하였다. 인간은 오온 화합물로서 살아간다. 인간이 스스로에 대해 나라고 생각하는 것, '자아'라고 부르는 것은 오온 화합물 이외의 다른 것이 아니다. 자아는 바로 오온 화합물이다.

　만일 불교가 "자아는 존재한다. 그 존재하는 자아란 색수상행식 오온 화합물 이외의 다른 것이 아니다"라고 말하였다면, 문제는 간단했을 것이다. 그와 같이 오온 화합물로서의 자아의 존재를 주장하는 유아론(有我論)을 표방한다고 해서, 불교가 인도 정통 브라만교의 아트만설이나 육사외도의 유물론과 혼동되었을 리도 없었을 것이다. 자아를 규정하는 내용이 서로 다르기 때문이다.[2]

1　오온 자체에 관한 더 상세한 내용은 본 서의 마지막 장 '5부. 무아론에 담긴 불교 존재론'의 '1. 현상 세계 존재론: 5온 12처 18계' 부분을 참조할 것.

2　브라만교는 우주 창조자인 절대신 브라만과 그 브라만이 개체화된 절대 자아 아트만의 존재를 주장한다. 아트만은 우주 창조자 브라만이 자신이 창조한 각각의 개체 안에 다시 내재화되어 각각의 주체가 된 개별 자아이다. 이 아트만은 개체가 지은 업에 따라 옷을 바꿔 입듯이 몸을 바꿔 가며 윤회를 계속하는데, 브라만교가 궁극적으로 지향하는 것은 아트만이 더 이상 업에 따라 윤회하지 않고 개체의 신체를 벗어나 다시 브라만과 합일하게 되는 것이다. 윤회하는 개체적 몸 배후에 순수한 정신적 자아가 개별 아트만으로서 존재한다고 보며, 그 아트만이 절대자 브라만과 하나가 되기를 지향하는 범아일여 사상이다. 브라만교의 사상을 체계적으로 담고 있는 철학서가 바로 『우파니샤드』이다.
　육사외도는 당시 인도 브라만교의 정신주의나 선정주의에 대립하여 대두된 여섯 학파들로 대개 유물론적이고 결정론적인 색채를 띤다. 인간과 세계를 가시적인 물질적 현상 너머의 정신적 자아나 정신적 신의 창조물로 파악하는 것에 반대하며 일체를 지수화풍 등의 물질로 구성된 존재로 간주한 그런데 불교는 스스로 무아론을 내세웠을 뿐 아니라, 다른 학파들로부터도 무아론이라는 이유로 많은 비판을 받아 왔다. 무아론을 내세우면서도 업보설이나 윤회설은 그대로 받아들이기 때문이다. 만일 자아가 존재하지 않는다면, 행위를 하는 자, 즉 업을 짓는 자와 그 행위에 의한 결과, 즉 업보를 받는 자는 과연 누구란 말인가? 만일 자아가 존재하지 않는다면, 이 생에서의 업에 따라 다음 생으로 윤회하는 자는 과연 누구란 말인가?

불교에 따르면 그것은 오온 화합물로서의 인간이다.[3] 그렇다면 오온 화합물로서의 자아는 존재하는 것이 아닌가? 업과 윤회의 주체를 오온 화합물로서 인정한다면, 그런 오온 화합물로서의 자아가 존재하는 것인데, 굳이 무아론을 표방하는 까닭은 무엇인가?

그것은 오온 안에 '그것이 나다'라고 할 만한 자기 동일적 실체가 존재하지 않기 때문이다. 내 몸 바깥의 빵을 나라고 하지 않는다면, 그 빵을 먹어서 된 나의 몸도 나라고 할 수 없으며, 내 생각 밖의 특정 이념을 나라고 하지 않는다면, 그 이념을 받아들여 형성된 나의 생각도 나라고 할 수 없기 때문이다. 따라서 불교는 오온을 중연(衆緣)이 화합해서 형성된 연기의 산물이라는 점에서 무아를 주장한다.

나아가 이 연기의 원리를 모르고 오온을 자아로 생각하여 그에 집착하는 아집(我執)을 무너뜨리기 위해 무아를 설한다. 불교는 인생의 허다한

다. 현상적으로 드러나는 물질을 그 자체 존재로 간주하며, 자아 또한 물질적 결합물 이외의 다른 것이 아닌 것으로 간주한다.

브라만교의 아트만은 순수 정신적 자아이고, 육사외도의 자아는 물질적 자아이다. 이에 반해 불교에서 자아를 오온으로 설명할 때 오온은 색수상행식 오온으로서 물리적 측면과 심리적 측면이 결합된 것이다. 색수상행식 오온이 물질이나 정신 어느 하나로 환원될 수 없다는 깃, 즉 색수상행식 그 어느 것도 자립적 실체가 아니라는 것, 따라서 무아를 강조하는 것이 불교의 특징이다.

3 행위 주체와 윤회 주체가 어떤 의미에서 오온인지는 이하에서 상술될 것이다. 윤회 주체를 불변의 아트만이 아니라 오온으로 본다는 점에서 불교의 無我 윤회가 브라만교의 有我 윤회와 구분된다.

고통이 모두 집착에서 비롯되며 그 집착의 궁극 지점에는 자아에의 집착인 아집(我執)이 있다는 것을 간파했다. 오온을 자아로 인정할 경우, 그 자아에의 집착이 더 커질 것이며, 그 집착으로부터 오는 고통이 더 심할 것이다. 따라서 고통으로부터의 해방을 추구하는 불교는 자아에 집착하고 애탐하는 마음을 끊어 해탈에 이르게 하기 위해 무아를 설한다. 그러므로 색수상행식 오온에 대해 그것이 무상(無常)이고 고(苦)이고 공(空)임을 강조하며, 결국은 무아(無我)라는 것을 깨닫는 그 바른 통찰이 곧 해탈에 이르는 길임을 역설하는 것이다.

> 색은 무상하다는 것을 관찰하라. 이렇게 관찰하면 바른 관찰이다. 바르게 관찰하면 곧 싫어하여 떠날 마음이 생기고, 싫어하여 떠날 마음이 생기면 즐겨하고 탐하는 마음이 없어지며, 즐겨하고 탐하는 마음이 없어지면 그것을 마음의 해탈이라고 한다. 이와 같이 수상행식 역시 무상하다고 관찰하라. …… 무상하다고 관찰하는 것과 같이 그것들은 고요, 공이요, 나가 아니라는 것을 관찰하는 것도 역시 그와 같다.[4]

누군가 산길을 가다가 뱀을 보고 놀라 달아나려 한다고 하자. 함께 가던 사람이 자세히 보니 그것이 두려워할 만한 뱀이 아니고 단지 뱀같이 보이는 노끈이라면, 그는 두려워하는 자에게 말할 것이다. "여기에 뱀은 없다. 단지 뱀같이 보이는 노끈이 있을 뿐이다. 네가 뱀이라고 생각한 것

4 『雜阿含經』, 권1, 1 「무상경」(『大正新修大藏經』 제2권, 1上), "當觀色無常. 如是觀者, 則爲正觀. 正觀者, 則生厭離. 厭離者, 喜貪盡. 喜貪盡者, 說心解脫. 如是觀受想行識無常. … 如觀無常苦空非我, 亦復如是." 이하에서 『大正新修大藏經』은 『대정장』으로 약하여 표기한다. 그 옆의 숫자는 권수를, 그 다음의 숫자와 상중하는 쪽수 및 인용 구절의 위치를 가리킨다. 『雜阿含經』을 비롯하여 본서에서 인용하는 불경은 모두 동국역경원 한글대장경에 번역되어 있다.

은 노끈일 뿐이다." 마찬가지로 누군가 인생을 살면서 자아에 집착하여 괴로움에 시달리고 있다고 해보자. 곁에 함께 있는 사람이 자세히 보니 그를 괴롭히는 것이 집착할 만한 자아가 아니고 단지 자아처럼 보이는 오온일 뿐이라면, 그는 괴로워하는 자에게 말할 것이다. "자아란 없다. 단지 자아처럼 보이는 오온이 있을 뿐이다. 네가 자아라고 생각하는 것은 오온일 뿐이다. 그러니 그것을 너라고 집착하지 말라! 그리고 그 오온이 무너지는 것에 대해 괴로워하지 말라!"

그런데 산길에서 "뱀은 없다. 그것은 단지 노끈일 뿐이다" 라고 말하는 것은 눈앞의 그것이 뱀이 아니라 노끈이라는 것, 뱀과 노끈은 서로 다른 것임을 말하는 것이다. 그러므로 뱀처럼 보이는 노끈(가짜 뱀)이 아닌 진짜 뱀이 어딘가 존재할 수도 있는 것이다. 그렇다면 "자아는 없다. 그것은 단지 오온일 뿐이다" 라는 말 역시 자아와 오온이 다르다는 것, 진짜 자아는 오온의 가짜 자아와 구분되는 것으로서 어딘가 존재할 수 있다는 것을 말해주고 있는 것이 아닌가? 바로 이런 이유로 불교 무아론이 정말로 '자아는 없다'는 무아론(無我論)인가, 아니면 단지 '오온은 진짜 자아가 아니다'라는 비아론(非我論)인가의 논쟁이 발생하게 된다. 그 논거를 경전상에서 찾아보자.

원시 경전에서 무아를 논의하는 방식은 현존하는 남방 팔리어 문헌(『상응부경전』, 『니카야』)이든 북방 한문 문헌(『아함경』)이든 대략 마찬가지이다. 즉 일단 '색은 자아가 아니다'를 말한 후 다시 '수상행식 역시 그와 같다'라는 방식으로 색수상행식 그 어느 것도 자아가 아님을 밝힌다. 불교학자들은 『상응부경전』 중 『무아상경』 내에서 무아를 주장하는 대표적 두 유형을 다음과 같이 구별한다.[5]

1. 그것[색]은 나의 것이 아니다. 그것은 내가 아니다. 그것은 나의 아트만
   이 아니다.

2. 색을 나로 알거나, 나를 색을 가진 것으로 알거나, 색이 나 중에 있다고
   알거나, 내가 색 중에 있다고 아는 …… 아견(我見)을 부정한다.

『잡아함경』에서는 무아를 설할 때 다음과 같은 구절이 반복적으로 등
장한다.

마땅히 다음과 같이 관찰해야 한다. 색을 가진 것은 어느 것이나, 과거의 것
이든 미래의 것이든 현재의 것이든, 안의 것이든 밖의 것이든, 거친 것이든
미세한 것이든, 좋은 것이든 나쁜 것이든, 멀리 있는 것이든 가까이 있는 것
이든, 일체가 모두 나가 아니고 나와 다른 것도 아니고 서로 안에 있는 것도
아니다(非我不異我不相在). 이와 같이 평등한 지혜로 바르게 관찰해야 한
다. 수상행식 역시 이와 마찬가지이다.[6]

5   森章司, "ニカーヤ 阿含における 無常苦無我について", 『인도학불교학연구』, 19-2, 1971, 830쪽.
6   『잡아함경』, 권1, 23 「羅睺羅所問經」(『대정장』 2, 5상), "當觀 若所有諸色, 若過去, 若未來, 若現在,
    若內若外, 若麤若細, 若好若醜, 若遠若近, 彼一切悉皆, 非我, 不異我, 不相在. 如是平等慧正觀 如是受
    想行識." 여기서의 不異我를 '나와 다르지 않다'로 보지 않고, '다른 나가 아니다'로 보는 경우도 있
    지만, 그처럼 異我가 명사라면, 非異我라고 했었을 것이다. 그러나 그 둘의 번역이 본질적으로 그렇
    게 다른 것은 아니다. 왜냐하면 나와 다르지 않다는 말은 결국 나와 다른 것이 아니라는 말이며, 이
    는 곧 그 다음의 유형과 비교해 볼 때, '나와 다른 것'으로서 '나에 속하는 것', 즉 '나의 것'이라는
    의미가 되는데, '다른 나'라는 것도 결국 마찬가지로 나의 것을 뜻하기 때문이다. 그러므로 '非我不
    異我'는 '非我非我所'와 마찬가지 의미라고 볼 수 있다. 그러나 와츠지 데츠로(和辻哲郞)처럼 異我를
    '다른 나'로 보면서, 그것을 나와 구별되는 나의 것의 의미가 아니라, 완전히 나 아닌 다른 자아로
    해석하는 것은 문제가 있다. 후나하시(舟橋)가 그 잘못을 지적하며 '색을 異我로 본다'는 것은 '색
    과 아를 다르다고 본다'는 것이라고 주장한다. 舟橋一哉, 『原始佛敎思想の硏究』, 249쪽 이하 참조.

이 구절은『잡아함경』무아설 중 다음과 같은 첫 번째 유형에 속하는 것이다.

    1. "색은 나이거나 다른 나이거나 함께 있는 것(是我異我相在)"이 아니다.

그런데 이 유형의 의미는 이것의 변형 내지 좀더 친절한 설명으로 보이는 다음과 같은 두 번째 유형을 통해 더 잘 알아볼 수 있는데, 이는 결국『상응부경전』중의 두 번째 유형과 상통하는 것이다.

    2. "색이 나이거나, 색이 나의 것이거나, 내가 색 중에 있거나, 색이 나 중에 있다(色是我 色是我所 色在我 我在色)"고 보는 견해를 부정한다.[7]

이와 같이 우선 색에 대해 "① 색은 내가 아니다 ② 색은 나와 다른 것[異我] 또는 나에 속하는 것[我所]이 아니다 ③ 나는 색 안에 있는 것이 아니다 ④ 색은 내 안에 있는 것이 아니다"의 네 가지를 말한 후, 마찬가지 방식으로 수상행식에 대해서도 그렇게 말한다. 이렇게 해서 색수상행식 다섯 가지 온 각각에 대해 잘못된 견해를 네 가지 방식으로 말하므로,

---

7 『잡아함경』, 권2, 57「질루진경」(『대정장』 2, 14상), "見色是我, 見色是我所, 見色在我, 見我在色." 이것을 舟橋一哉는 다음과 같은 네 가지 그림으로 유형화하였다. 舟橋一哉,『原始佛敎思想の硏究』, 法藏館, 1952, 56쪽.

자아에 대한 잘못된 견해는 모두 20가지가 되며, 이를 20가지 아견(我見)이라고 한다. 불교의 무아론은 이와 같이 잘못된 20종의 아견을 비판하며, 자아란 존재하지 않는다는 것을 말하고자 하는 것이다.

그런데 색수상행식이 자아가 아니라고 주장하는 구절만을 보면, 거기에서 언급되고 있는 것은 단지 색수상행식이 자아는 아니라는 비아론(非我論)에 그치며, 어떤 형태의 아도 존재하지 않는다는 무아론(無我論)은 아닌 것처럼 보인다. 이런 관점에서 불교의 교설을 무아론 아닌 비아론으로 해석하며 불교에서 진정한 자아의 존재가 부정되는 것은 아니라는 주장이 제기되었다.[8]

비아론을 주장하는 사람들은 소위 무아의 주장에 사용된 팔리어 아나트만의 단어의 의미에 주목한다. 아나트만(anatman)은 자아 아트만(atman)에 부정어 안(an)이 덧붙여진 것으로, 여기에서 자아는 '자아가 있지 않다'는 방식의 주어로 쓰인 것이 아니라 '……는 자아가 아니다'라는 방식의 술어로 쓰인 것이며, 따라서 이 문형에서 문제되는 것은 '……이 있다 없다'의 존재 문제가 아니라, '……이다 아니다'의 술어적 규정의 문제라는 것이다. 이는 서양 철학에서 be동사에 '이다'와 '있다'의 의미가 구분되지 않기에 많은 형이상학적 문제가 발생하게 되었다고 보는 것과 상통할 만한 착안이다. 불교가 말하는 아나트만은 아트만이 없다는 무아론이 아니라, 우리가 일상적으로 집착하는 오온이 아트만이 아니라는

---

8 석가가 말하고자 한 것이 무아인가 비아인가의 논의는 일본의 불교학자 中村元에 의해 본격화되었다고 볼 수 있다. 중촌원, 「インド思想一般から見た無我思想」, 중촌원 편, 『自我と無我』, 平樂寺書店, 1963 참조. 우리나라에서 이 문제에 관한 논의는 정승석, 「원시불교에서 비아와 무아의 문제」, 한국불교학회 편, 『한국불교학』, 제17집, 1992, 167-189쪽; 정승석, 「원시불교에서 비아의 의미」, 인도철학회 편, 『인도철학』, 제3집, 민족사, 1993, 55-91쪽 참조. 불교 무아론의 문제를 다룬 책은 윤호진, 『무아 윤회문제의 연구』, 민족사, 1992; 정승석, 『윤회의 자아와 무아』, 장경각, 1999; 김진, 『칸트와 불교』, 철학과 현실사, 2000 등이 있다.

비아론이라는 것이다.[9]

"색은 자아가 아니다. …… 수상행식 역시 자아가 아니다"라는 말을 단순히 논리적으로만 보자면 물론 비아론적 해석이 가능하다. 노끈을 보고 달아나는 사람에게 하는 말, "네가 본 것은 노끈이다. 그것은 뱀이 아니다"라는 말이 노끈 아닌 진짜 뱀의 존재를 배제하는 것이 아니라 오히려 상정하고 있듯이, 마찬가지로 "오온은 자아가 아니다"라는 말은 오온 아닌 진짜 자아의 존재를 배제하는 것이 아니라, 오히려 그것을 전제하는 것일 수 있다. 색수상행식 오온 화합물이 집착할 만한 자아가 아니라면, 진짜 자아는 오온 아닌 다른 무엇인가로서 있는 것이 아니겠는가?

이와 같이 비아론자는 "오온은 자아가 아니다"라는 말을 그러기에 자아는 존재하지 않는다는 뜻이 아니라, 단지 오온을 참된 자아로 여기지 말라는 뜻으로 이해한다. 한마디로 불교는 "자아가 아닌 것(오온/비아)을 자아(아트만)로 보는 것을 배척"하는 것일 뿐이라는 것이다. 이렇게 되면 불교는 아트만, 즉 참된 자아가 존재하지 않는다는 것을 주장하는 것이 아니라, 오히려 반대로 오온과 동일시될 수 없는 것으로서의 참된 자아의 존재를 설정하고 그것을 추구하는 것이 된다. 오온 화합물로서의 가아(假我)와 구분되는 진정한 자아, 진아(眞我)가 인정되는 것이다. 이것이 불교를 무아론 아닌 오온 비아론으로 읽은 비아론자들의 관점이다. 이렇게 불교를 비아론 내지 진아론으로 해석하는 사람들은 대개 인도의 베단타 철학자들이며, 일본의 불교학자 중촌원 외 여러 여래장계 학자들도 이런 관점을 취한다. 중촌원은 초기 원시 불교의 비아론에 있어서는

---

9   예를 들어 "일체법무아라고 말하는 것은 일체의 법 속에 아가 없다는 것이 아니라, 일체법은 아가 아니라는 것이다", 平川彰, 『諸法無我の法』, 『印度學佛敎學硏究』, 16-2, 1968, 411쪽; 정승석, 「원시 불교에서 비아의 의미」58쪽 참조.

오온 아닌 진아가 인정되고 있었지만, 점차 일체를 오온으로 이해하는 관점이 확대됨으로써 결국 오온 이외의 진아의 존재를 부정하는 무아론으로 변천해 간 것이라고 주장한다.

그러나 이러한 비아론적 해석이 아무 문제가 없는 것은 아니다. 만일 석가가 진아를 인정한다면, 왜 석가는 적극적으로 그것을 주장하지 않고 항상 무아를 말하였겠는가? 석가 임종시 말한 "나의 손은 비어 있다. 나는 손 안에 아무것도 감추고 있지 않다"는 말은 그가 어떤 비의(秘意)를 감추어 놓고 있는 것이 아니었음을 말해 준다. 나아가 진아가 있다면 범부의 아집(我執)도 궁극적으로 그것을 향한 것일 텐데, 진아의 추구와 아집은 어떻게 구분되는가? 더구나 석가가 강조한 해탈이란 결국 집착으로부터의 벗어남이며, 그렇게 벗어나야 할 집착 중 가장 큰 집착이 바로 자아에 대한 집착인데, 어떻게 자아의 존재가 인정될 수 있겠는가? 또 만일 불교가 진아를 인정한다면, 그 진아는 결국 브라만교의 아트만과 같은 것이 아니겠는가? 그렇다면 불교는 단지 표면적으로만 무아를 내세울 뿐 궁극적으로는 브라만교의 아트만설과 다를 바가 없지 않겠는가?

따라서 철저한 무아론자들은 이러한 비아설을 불교의 핵심을 간과하고 불교를 가장 비불교적으로 읽어내는 시도라고 경계한다. 불교의 무아설을 오온 비아설 내지 오온 너머의 진아설로 읽으면, 그것은 불교가 비판하고자 한 정통 브라만교의 아트만설과 구분되지 않으며, 무아설로 특징지어지는 불교의 불교다움이 사라진다고 보기 때문이다. 그러면서 무아론자들은 비아설을 비판하는 과정에서 대승의 불성이나 여래장 사상까지도 함께 비판한다. 그들은 실제 근본 불교 자체는 진아를 인정하지 않는 철저한 무아론이었는데, 대승의 불성이나 여래장 사상 등에 이르러 진아를 인정하는 방식으로 변질되어 갔으며, 이는 불교가 다른 종파들과의 대립을 거치는 과정에서 베단타화되었기 때문이라고 주장한다.[10] 그들은 불성이나 여래장을 인정하는 것까지도 불교의 베단타화라고 보며, 참된 불교 정신을 벗어나는 것이라고 간주하는 것이다. 그들은 인연화합의 오온 너머 그 어떤 것도 자아로 인정하지 않는 무아론이야말로 불교의 핵심이라고 강조한다.

그러나 무아론이 인간을 단지 인연화합의 오온 화합물로만 간주하고 여래장이나 불성으로 불릴 수 있는 인간 심성 안의 어떤 것도 인정하지 않는다면, 그 또한 문제가 없는 것이 아니다. 인간이 단지 오온만으로서 존재하는 것이라면, 오온이 업을 짓고 그 업력이 다시 오온을 형성하는 그러한 육도 윤회의 길은 설명 가능하겠지만, 그러한 윤회의 사슬로부터 벗어나는 해탈은 어떻게 설명될 수 있겠는가? 석가의 가르침이 궁극적으로 지향하는 바가 오온의 공성을 자각하는 마음의 해탈인데, 그런 마음 본래의 불성과 진여성을 인정하지 않는다면, 그것을 어떻게 불교라고 할 수 있겠는가? 해탈하여 열반을 깨달은 경지를 경전은 다음과 같이 말한다.

해탈했기에 세간에 대해 취할 것이 없고 집착할 것이 없으며, 취할 것도 없고 집착할 것도 없기에 스스로 열반을 깨달아, 나의 생은 이미 다하고 범행은 이미 서고 할 일은 이미 마쳐 후세의 몸을 받지 않을 줄을 스스로 안다.[11]

---

10 이런 생각이 극단화되어 "여래장은 불교가 아니다"라는 주장까지 나오게 된다(松本史朗, 혜원 역, 『연기와 공: 여래장사상은 불교가 아니다』, 운주사, 1994 참조). 이런 문맥에서 무아론을 주장하는 바르마(V. P. Varma)는 비아론자들의 논리를 "초기 불교의 베단타화"라고 비판한다. 석가의 교설을 브라만과 아트만을 주장하는 우파니샤드 사상과 크게 다르지 않은 것으로 오도한다는 것이다. 바르마는 이런 비아론적 관점의 학자로서 라마크리슈난, 간디, 라다크리슈난 등의 근대 힌두 사상가를 든다(V. P. Varma, *Early Buddhism and its Origin*, New Delhi, 1973, 144쪽 이하 참조. 이 책은 김형준에 의해 『불교와 인도사상: 불교의 기원을 찾아서』, 예문서원, 1996으로 번역되어있음. 징승식, 「원시불교에서 비아의 의미」, 58쪽 이하 참조.

11 『잡아함경』, 권2, 39 「種子經」(『대정장』 2, 9상), "解脫已, 於諸世間, 都無所取, 無所著. 無所取, 無所著已, 自覺涅槃. 我生已盡, 梵行已立, 所作已作, 自知不受後有."

취착의 업력에 매여 해탈하지 못하면 후세의 몸을 받고, 취착의 업력이 끊어져 해탈하면 후세의 몸을 받지 않는다라고 함은 불교에 있어 업에 따른 윤회와 업이 다한 해탈은 단지 심리적 자유와 심리적 부자유의 차원을 의미하는 것이 아님을 말해 준다.[12] 윤회는 죽음이 번뇌의 끝이 아니라는 것을 말해 주고, 해탈은 번뇌의 끝이 그냥 끝이 아니라는 것을 말해 주는 것이다. 인간이 단지 오온 화합물일 뿐이라면, 현생의 고통과 고통스런 윤회는 설명되겠지만, 불교가 궁극적으로 추구하는 해탈이 설명되지 않는다. 해탈 또는 열반이 단지 심리적 자유스러움 또는 생과 더불어 모든 번뇌가 끝나 버리는 단순한 끝을 의미하는 것이 아니고, 생과 사 너머의 어떤 것을 의미한다면, 인간 안에 생사의 경계를 넘어서는 무엇인가가 있지 않으면 안 되는 것이다.

그렇다면 불교의 주장은 과연 비아론인가, 무아론인가? 비아론자처럼 불교의 무아를 "오온은 자아가 아니다"의 비아로 해석하면서 그 안에서 오온과 구분되는 자아, 즉 진아의 주장을 읽어내려 하는 것은 문제가 있다. 왜냐하면 불교는 업에 따라 형성되는 오온 안에 자아라고 할 만한 것은 없다는 것을 말할 뿐 아니라, 그처럼 오온 안에서 찾고자 하는 자아라는 것 자체가 아예 존재하지 않는다는 것을 말하고 있기 때문이다. 그러나 그렇다고 불교가 비아론을 부정하는 무아론자들의 주장처럼 인간을 단지 오온 화합물만으로 간주하는 것도 아니다. 왜냐하면 불교적 해탈론은 업력이 다해 오온이 무너질 때 그로써 그냥 끝이 아니라 해탈하여 열

---

12 비아론을 비판하는 대개의 무아론자들은 이런 관점에 머무르면서, 해탈을 단지 심리적 자유로움의 경지로 해석한다. 그러나 그것은 불교를 상식적 차원에서 심리학적 또는 정신분석학적으로 해석한 것이지, 구원의 길로서의 종교로 이해한 것이 아니다. 이처럼 불교에서의 해탈을 단지 집착을 벗는 심리적 자유로만 해석하며 존재론적 차원에서 읽어내지 않는다면, 해탈뿐 아니라 윤회도 제대로 설명한 것이 아니게 된다. 불교 무아론에 있어서 윤회와 해탈의 의미를 존재론적 차원에서 읽어내고자 하는 것이 본서가 의도하는 바이다.

반에 이른다는 것을 말하고 있기 때문이다. 그렇다면 아트만적 자아도 아니고, 오온도 아닌 또 다른 무엇이 있단 말인가?

비아론과 무아론의 논쟁을 해결하자면, 불교 경전 속에 긍정과 부정으로 뒤섞여 있는 자아의 의미를 좀더 상세히 분석하고 구분하여 무엇이 부정되고 무엇이 긍정되고 있는지를 밝혀야 할 것이다. 무엇보다도 중요한 것은 연기나 무아의 논의에서 드러나는 역설을 바로 이해하는 것이다. 무아를 무아로서 아는 것이 바로 진여이다. 이 역설은 자아 실유성(實有性)을 부정하는 무아의 차원과 무아를 무아로 바로 아는 진여(眞如)의 차원을 구분함으로써만 해결될 수 있다. 차원의 구분이 없는 한, 연기와 무아가 가지는 역설의 구조에 따라 무아와 비아의 논박이 계속될 뿐이다.

이하에서는 비아론과 무아론 각각의 문제를 살펴보기로 한다. 비아론자는 "색수상행식은 자아가 아니다"라는 것은 오히려 오온이 아닌 참된 자아, 상일주재(常一主宰)적 자아의 존재를 전제한 것이므로 불교는 무아가 아니라 비아를 주장할 뿐이라고 논한다. 그러나 이것은 상일주재의 자아란 단지 관념이고 말에 지나지 않는 가설(假說)일 뿐이라는 불교의 핵심 주장을 간과한 것이다. 반면 무아론자는 존재하는 것은 단지 오온일 뿐이며, 그것은 자아가 아니기에 불교는 무아를 주장하는 것이라고 논한다. 그러나 이것은 색수상행식 오온은 단지 가(假)일 뿐이라는 불교적 깨달음과 해탈의 차원을 간과한 것이다. 따라서 이하에서는 상일주재적 자아가 어떤 의미에서 가설이고, 색수상행식의 자아가 어떤 의미에서 가아(假我)인가를 밝혀 본다.

2. 상일주재(常一主宰)적 자아관 비판

비아론은 "색 등 오온은 자아가 아니다"라는 말을 오온과 자아를 구분하면서 오온 아닌 참자아를 추구하라는 의미로 읽는다. 오온이 무상하고 고이고 공이며 따라서 자아가 아니라면, 그것은 곧 자아는 무상하지도 고이지도 공이지도 않은 것으로서 존재한다는 말이 아닌가? 이에 반해 무아론은 "색 등 오온은 자아가 아니다"라는 말은 오온 아닌 자아가 있다는 말이 아니라, 있는 것은 오온뿐이고 그것은 자아가 아니므로, 자아란 존재하지 않는다는 주장으로 이해한다. 과연 자아는 있는 것인가, 없는 것인가?

비아론과 무아론 논쟁은 "오온은 자아가 아니다"라는 주장의 형식만으로부터 해결될 수는 없다. "오온은 자아가 아니다"라는 말은 이러한 두 가지 해석 가능성을 다 포함하고 있기 때문이다. 그것은 오온과 자아가 서로 다르다는 것만을 말하고 있을 뿐이지, 오온과 다른 자아가 실재하는가 아닌가를 말하고 있지는 않다. 예를 들어 "이 사람은 내 동생이 아니다"라는 말에 대해 "그럼 네 동생은 누군데?"라고 묻는다면, 그 물음은 내 동생의 존재를 전제하고 있다. 그렇지만 나는 동생이 없으면서도 이렇게 말할 수 있다. 이 사람은 내가 돌보아야 할 사람이 아니라는 의미에서 내 동생이 아니라고 말할 수 있기 때문이다. 이 문장만을 놓고 그 사람은 동생이 있는가 없는가를 논한다면, 그건 시간 낭비일 뿐이다. 이 문장만으로는 동생이라는 개념이 어떤 의미로 쓰였는지, 즉 지칭적으로 쓰였는지 비지칭적으로 쓰였는지가 결정되지 않기 때문이다. 오히려 그 의미는 그 문장이 쓰인 문맥 안에서 결정된다. "오온은 자아가 아니다"라는 문장에서 자아가 어떤 의미로 쓰였는가는 그것이 말해지는 문맥 안에서 파악될 수밖에 없다. 오온이 자아가 아님을 설하는 방식은 다음과 같다.

색은 무상하다고 관하라.[13]

색은 무상하다. 무상한 것은 고다. 고는 곧 나가 아니다.[14]

색은 나가 아니다. 만일 색이 나라면, 색에서 병이나 고통이 생기지는 않았
을 것이며, 또 색에 대해 이렇게 되었으면 또는 이렇게 되지 않았으면 하고
바라지 않았을 것이다. 색에는 나가 없기에 색에 병이 있고 괴로움이 있고,
색에 대해 이렇게 되었으면 또는 이렇게 되지 않았으면 하고 바라게 되는
것이다. 수상행식도 이와 같다.[15]

"오온이 무상하다"는 통찰[觀]이 "그러므로 비다"라는 통찰로 이어
질 수 있는 것은 "자아란 무상하지 않다"는 것이 전제되기 때문이다. "오
온이 고다"라는 통찰이 "그러므로 나가 아니다"라는 통찰로 이어질 수
있는 것은 "나는 고가 아니다, 즉 나는 내 마음대로 할 수 있는 것이다"
라는 것이 전제되어 있기 때문이다. 또한 "오온, 즉 다섯 가지 쌓임이라
는 것 자체가 이미 그러므로 자아가 아니다"라고 읽힐 수 있는 것은 "자
아란 여러 가지 쌓여 이루어진 무더기가 아니라, 단일한 하나이다"라는
것이 전제되기 때문이다. 이처럼 쌓여 이루어진 무상하고 고인 오온에 대
해 그것이 자아가 아니라고 말하는 것은 "자아는 무상하지 않고 항상되

13 『잡아함경』, 권1, 1 「무상경」(『대정장』 2, 1상), "當觀色無常."
14 『잡아함경』, 권1, 9 「厭離經」(『대정장』 2, 2상), "色無常. 無常卽苦. 故卽非我."
15 『잡아함경』, 권2, 33 「비아경」(『대정장』 2, 7하), "色非有我. 若色有我者, 於色不應病苦生, 亦不得於色,
    欲令如是不令如是. 以色無我故, 於色有病有苦生. 亦得於色, 欲令如是不令如是. 受想行識, 亦復如是."

며 복합적이지 않고 단일하고, 또 고이지 않고 주재적이다"라는 것이 전제되어 있다. 한마디로 상일주재(常一主宰)의 자아가 전제되는 것이다.

그렇다면 불교는 오온과 구분되는 그런 상일주재적 자아의 존재를 인정하고 있는가? 무상하고 괴로운 오온에 매달리지 말고 상일주재적 자아를 찾으라고 권고하고 있는가? 결코 그것은 아니다. 오히려 오온 너머 상일주재적이라고 생각되는 그런 자아란 실재하는 것이 아니고 단지 우리의 생각이고 말뿐이라는 것이 불교적 관점이다. 상일주재적 자아가 단지 말뿐이고 생각뿐인 것을 모르고, 그런 자아에 집착하는 것을 고통의 근원으로 보는 것이다.

> 네 가지 색 아닌 온[수상행식온]과 눈과 색 등의 법[색온]을 이름하여 사람이라고 한다. 이러한 법에 대해 사람이라는 생각을 지어 '중생 …… 푸드갈라, 지바, 선두'라고 한다. 그리고 이렇게 말한다. "내가 눈으로 색을 본다. 내가 귀로 소리를 듣는다. 내가 코로 냄새를 맡는다. 내가 혀로 맛을 본다. 내가 몸으로 촉감을 느낀다. 내가 의로 법을 인식한다." 이것은 시설(施設)이다. 그리고 또 이렇게 말한다. "이 존자는 이런 이름, 이런 탄생, 이런 성이며, 이렇게 먹고 이렇게 고와 낙을 받으며 이렇게 오래 살고 이렇게 머무르고 이렇게 목숨을 마쳤다." 비구여, 이것을 곧 생각[想]이라고 하고, 이것을 곧 마음의 기록[誌]이라고 한다. 이것은 곧 언설(言說)이다. 이 모든 법은 무상하고 유위(有爲)의 뜻[思]과 원(願)을 인연으로 하여 생긴 것이다. 만약 무상하고 유위의 뜻과 원을 인연으로 해서 생긴다면, 그것은 곧 고(苦)이다.[16]

이 문장은 오온을 자아로 여겨 '중생, 푸드갈라, 지바'라고 하는 것이 잘못임을 말할 뿐 아니라[非我], 그런 '중생, 푸드갈라, 지바' 등의 이름으로 불리는 자아라는 것 자체가 단지 생각이고 말일 뿐이라는 것을 말하고 있다[無我]. 그러므로 자아에 집착하는 것은 단지 말에 집착하는 것일 뿐이다. 단지 생각이고 말일 뿐인 자아의 관념에 매여서 그런 상일주재적 자아가 실재로 존재한다고 집착하는 바로 그 아집이 일체 고통의 근원이 된다.

그러면서 위의 문장은 불교의 무아론이 왜 비아론의 형식을 띠게 되는가를 잘 보여준다. 즉 자아가 존재하지 않는다는 것[무아]을 말하기 위해 왜 오온은 자아가 아니라는 것[비아]을 말하는가를 보여준다. 이는 무아로서 그 존재가 부정되는 자아가 바로 우리가 오온을 보며 일으키는 생각이기 때문이다. "이러한 법[오온]에 대해 사람이라는 생각을 지어 '중생 …… 푸드갈라, 지바'라고 한다"는 것이 그것이다. 즉 우리가 오온을 대하면서 상일주재적 자아의 관념을 불러일으키며, 다시 그 관념을 따라 오온을 상일주재적 자아로 간주하면서 그 오온에 집착하기에, 오온은 상일주재의 자아가 아니라는 것, 그리고 상일주재의 자아는 단지 생각과 말에 지나지 않는다는 것을 강조하는 것이다. 다음 문장도 온갖 고통과 집착의 근원이 되는 자아의 관념, 상일주재적 자아의 관념이 오온으로부터 생긴다는 것을 말하고 있다.

(문) 무엇이 있기에 무엇이 일어나고 무엇에 얽매이고 집착하며 무엇에서

---

16 『잡아함경』, 권13, 306 「인경」(『대정장』 2, 87하-88상), "此四無色陰, 眼色此等法, 名爲人. 於斯等法, 作人想 '衆生 … 福伽羅, 耆婆, 禪頭'. 又如是說 '我眼見色, 我耳聞聲, 我鼻嗅香, 我舌嘗味, 我身覺觸, 我意識法', 彼施設. 又如是言說 '是尊者 如是名, 如是生, 如是姓, 如是食, 如是受苦樂, 如是長壽, 如是久住, 如是壽分際'. 比丘, 是則爲想, 是則爲誌, 是則言說. 此諸法, 皆悉無常, 有爲, 思願緣生. 若無常, 有爲, 思願緣生者, 彼則是苦.'"

나를 보는가. …… (답) 색이 있기에 색이 일어나고, 색에 매이고 집착하여 색에서 나를 본다.[17]

이처럼 중생은 색수상행식의 오온에 집착하면서 그 오온에서 나를 보고, 그 나를 상일주재의 자아라고 여기는 것이다. 그래서 앞서의 인용대로 색수상행식 오온을 사람·중생·푸드갈라라고 부르면서, 보고 듣고 분별하는 나, 태어나고 살다 죽는 나, 자기 동일적인 나가 존재한다고 생각하는 것이다.

불교는 일상적 범부의 자아 의식뿐 아니라, 브라만교의 아트만 역시 이와 같이 오온에서 얻어진 관념일 뿐이라고 강조한다.

오온이 있다. 어떤 다섯인가? 색수상행식 오온이다. 만일 모든 사문이나 바라문으로서 자아가 있다고 본다면, 그것은 모두 이 오온에서 자아를 보는 것이다.[18]

오온에서 자아를 보기에, 오온으로부터 상일주재적 자아의 관념을 얻어낸다. 다시 말해 오온이 상일주재적이 아니라는 것을 제대로 보지 못하고, 상일주재적이라고 생각하기 때문에, 그 오온에서 자아를 보고, 오온을 자아로 생각하고, 그 자아에 대한 집착과 그로 인한 고통을 증장시키는 것이다. 이처럼 자아에 대한 집착은 오온에 대한 집착과 맞물려 있다. 결국

---

17 『잡아함경』, 권7, 139 「우뇌생기경」(『대정장』 2, 42하), "何所有故, 何所起? 何所繫, 何所著, 何所見我? … 色有故, 色起. 色繫著故, 於色見我."

18 『잡아함경』, 권2, 45 「각경」(『대정장』 2, 2중), "有五受陰, 云何爲五? 色受陰, 受想行識受陰. 若諸沙門婆羅門, 見有我者, 一切皆於此五受陰, 見我." 이렇게 보면 불교는 브라만교의 아트만을 오온에 근거하여 설정한 상일주재의 자아로 간주했음을 볼 수 있다.

상일주재적 자아가 실재한다는 아집(我執)은 오온이 상일주재적이라는 생각[五蘊卽我]에서 비롯된 것이다. 따라서 상일주재적 자아가 실재하지 않는다는 것[無我]을 말하기 위해 오온은 그런 자아가 아니라는 것[非我]을 말하는 것이다.

우리는 오온을 상일주재의 자아로 생각하여 그 오온에 집착함으로써 자아에의 집착을 증장시킨다. 만일 오온이 상일주재의 자아가 아니라는 것을 알게 된다면, 상일주재의 자아에 대한 집착이 없어지며, 동시에 오온에 대한 집착도 없어지게 될 것이다. 그러므로 상일주재의 자아에 대한 집착을 없애기 위해 그 집착은 근거가 없다는 것, 즉 그렇게 상일주재한 것이라고 집착되는 오온이 실은 결코 상일주재적이지 않다는 것을 말하고 있는 것이다.

그렇다면 오온이 상일주재적 자아가 아닌데, 왜 우리는 오온을 상일주재적 자아라고 생각하는 것일까? 상일주재적 자아가 존재하지 않는데, 왜 우리는 상일주재적 자아의 관념을 갖게 되는 것일까? 답은 간단하다. 그 관념은 단지 우리가 그렇게 생각하기 때문에 생긴 관념이며, 우리가 그렇게 생각하는 것은 단지 그런 관념이 있기 때문이다. 우리의 생각과 관념이 그에 상응하는 실재를 지시하는 것이 아니라는 것이 불교의 통찰이다. 자아라는 관념, 나라는 말에 현혹되어, 그런 자아가 실재한다고 생각하고, 바로 우리의 오온이 그런 자아라고 착각하는 것을 비판하는 것이다.[19] 실제로 우리가 자아라고 여기는 그 자아는 상일주재의 자아가 아니라, 무

---

19 상일주재의 자아는 단지 우리의 관념에 지나지 않으며, 우리가 현상적 오온을 대하면서 그것을 상일주재의 자아로 간주하는 것은 우리의 사유가 우리 자신의 관념 내지 언어적 틀에 따라 진행되기 때문이라고 보는 이와 같은 불교적 통찰은 서구 사상에 있어 포스트모더니즘의 선구로 손꼽히는 니체의 통찰과 비교될 만하다. 니체는 서구 전통 형이상학을 실체론적 언어관에 따라 현상 배후에 실체를 상정해 온 '언어 형이상학'이라고 비판하고 있다. 이 점에서 불교의 공 사상은 니체의 니힐리즘과 상통하는 면이 있다.

상 · 고 · 공의 오온일 뿐이다. 오온의 실상을 있는 그대로 여실지견한다면, 상일주재의 자아에 대한 집착은 저절로 멸하게 된다. 그러므로 "오온은 자아가 아니다"라는 주장은 단지 오온과 자아를 구분하기 위한 비아설이 아니라, 오온과 구분되는 상일주재의 자아란 존재하지 않는다는 것을 주장하는 무아설인 것이다.

그렇다면 불교의 무아설은 상일주재적 자아라는 특별한 자아의 관념을 고수하는 한에서만, 그런 자아란 존재하지 않는다는 것을 강조하는 무아설이지 않는가 라는 반문이 가능할 것이다. 만일 우리가 자아라고 여기는 그 자아의 실상이 무상 · 고 · 공의 오온일 뿐이라는 것을 분명히 자각한다면, 상일주재적이지 않은 자아, 즉 오온으로서의 자아의 존재는 인정해야 하는 것 아닌가? 우리는 오온으로써 보고 듣고 말하고 행동하며, 업을 쌓고 그 업에 따르는 보를 받는 그런 삶을 살고 있다. 그렇다면 자아는 오온일 뿐이며, 오온으로서의 자아는 존재하는 것이 아닌가?

3. 오온적 자아관 비판

오온적 자아란 어떤 존재인가? 오온적 자아는 우리가 일상적으로 나라고 생각하는 바로 그 자아이다. 우리는 흔히 나를 몸과 마음, 신체적인 것과 심리적인 것의 복합체로 이해하는데, 이에 상응하는 불교 개념이 색(色)과 명(名)이며, 이 명을 좀더 세분한 것이 곧 느낌 · 생각 · 의지 · 인식의 수상행식이다.

다섯 가지 온이 있으니, 어떤 다섯인가? 색온 · 수온 · 상온 · 행온 · 식온이

그것이다.[20]

　불교는 인간 자아를 오온으로 설명하는데, 이는 그 오온 안에 "이것이 자아다"라고 할 만한 것이 존재하지 않는다는 것을 보이기 위한 것이다. 인간은 요소들이 화합함으로써 존재하지만, 인연이 다해 요소들이 해체되면 더 이상 존재하지 않게 된다. 그것은 단지 그렇게 있는 듯이 나타나는 가상일 뿐이다. 마치 다섯 손가락을 모으면 주먹이 있지만, 다섯 손가락을 펴면 주먹이 사라지고 없기에 주먹이란 본래 존재하는 것이 아니듯이, 또는 집이란 담벽과 천장과 바닥을 합해 놓으면 있지만, 담과 벽과 바닥을 흩어 버리면 없어지고 말듯이, 오온의 자아란 그처럼 단지 다른 것들의 인연 화합 결과 그렇게 있는 듯이 나타나는 가상일 뿐 실재하는 것이 아니라는 것이다.

　인연 화합물로서의 오온이 실재가 아니라 가상이라는 주장에서 우리는 불교 무아론의 두 가지 함축을 읽어낼 수 있다. 하나는 불교 무아론은 요소들이 화합하여 무엇이 발생할 때 그 결과물을 새로운 존재의 창출로 인정하지 않는다는 것이다. 이 점에서 불교는 하위 존재들이 결합하여 새로운 상위 존재가 창출된다는 현대적 창발론과는 구분된다.[21] 요소들과 구

20　『잡아함경』, 권2, 45 「각경」(『대정장』, 2, 2중), "有五受陰, 云何爲五? 色受陰, 受想行識受陰."
21　물론 불교의 연기설을 요소들의 인연화합으로부터 어떤 하나의 존재가 생겨날 때, 그 부분들 중에는 없던 새로운 특성이 비로소 창출된다는 식의 생성론적 관점으로 읽어내는 것도 가능할 것이며, 이는 부분과 전체의 변증법적 사유에 익숙한 현대인에게 무척 매력적일 수 있는 관점일 것이다. 이는 우리 상식에 있어 마치 난자와 정자의 화합으로 생겨난 아기가 그 자체 부분들, 즉 난자 또는 정자와 동일시될 수 없이 완전히 새로운 존재로서 창출되는 것과 같다. 그처럼 자아는 색수상행식 오온의 화합임에도 불구하고 다시 그 오온으로 환원될 수는 없는 새로운 존재가 될 것이다. 그러나 그것은 근본적 의도에 있어 불교를 벗어나는 재해석에 지나지 않는다. 왜냐하면 연기론은 여러 요소들이 인연에 따라 화합함으로써 무엇인가가 새롭게 만들어진다는 것을 말하고 있기는 하지만, 그러나 그렇게 만들어진 것을 생성론이 주장하듯 새로운 존재라고 보지 않고, 오히려 그렇기에 실재성을 가지지 않는 허구라고, 즉 實이 아닌 假라고 간주하기 때문이다.

분되는 '집'에 상응하는 새로운 실재는 없으며, 따라서 '집'이란 그에 상응하는 실재가 존재하지 않는 이름, 실명(實名) 아닌 가명(假名)에 지나지 않는다고 보는 것이다.

불교 무아론의 또 다른 특징은 불교가 인연 화합 결과물의 실재성만 부정하고 그것을 이루는 요소들의 실재성은 인정하는 요소주의가 아니라는 점이다. 요소주의적 관점에서 보면 집은 실재하는 것이 아니어도 그 집을 이루는 담과 벽과 천장이 돌이나 나무로 되어 있으면, "집은 존재하지 않는다"라고 말하지 않고 "집은 돌 또는 나무 이외의 다른 것이 아니다"라고 말할 것이다. 요소주의자들은 오온 화합물로서의 자아는 가아(假我)이어도, 그 가아를 이루는 근본 요소인 색 또는 수·상·행·식, 즉 신체 또는 정신은 실재하는 것이라고 주장할 것이다. 그리고 바로 그것이 곧 자아라고 말할 것이다. 그러나 불교는 색수상행식 오온의 화합물에 대해서뿐 아니라 그 각각의 온에 대해서도 그것이 궁극적 요소가 아니라는 것, 실체가 아니라는 것을 논한다. 오온을 아무리 분석하여도 그 안에서 더 이상 다른 것으로 분석되지 않거나 환원되지 않는 궁극적 요소란 존재하지 않기 때문이다. 따라서 불교는 색수상행식 그 어느 것도 그 자체로 존재하는 궁극 요소가 아니고, 모두 다른 것들의 인연 화합으로 이루어진 것임을 강조한다.

> 무엇에 인연한 것을 색온이라고 하고, 무엇에 인연한 것을 수상행식온이라고 하는가? …… 사대(四大)를 인(因)으로 하고 사대를 연(緣)으로 한 것을 색온이라고 한다. …… 촉(觸)을 인으로 하고 촉을 연으로 하여 생한 수상행(受想行)을 수상행온이라고 한다. …… 명색(名色)을 인으로 하고 명색을 연으로 한 것을 식온(識蘊)이라고 한다.[22]

색수상행식 각각의 온이 모두 그 자체로 존재하는 것이 아니라 다른 것들의 인연 화합으로 존재하는 것이기에 오온에 있어서는 전체로서도 그 각각의 요소로서도 궁극적 실재는 존재하지 않는다는 것이다. 색(色)은 사대(四大)를 인연으로 하고, 수상행은 촉(觸)을 인연으로 하며, 식은 명색(名色)을 인연으로 한다. 근경식이 화합하여 촉이 생하고, 촉을 연하여 수상행이 생하는데, 그 수상행과 식을 합한 명과 색을 연하여 다시 식이 생하므로, 그 발생은 서로 꼬리를 물고 이어지는 순환적 과정이다. 이는 곧 일체의 존재가 그 자체로 실재하는 것이 아니라, 인연 화합에 따라 형성되며, 그것도 상호적으로 인과 과의 관계를 이루는 것임을 보여준다. 이렇게 해서 색수상행식 그 어느 것도 궁극적 실재가 아니라는 것, 색수상행식 그 어느 것에서도 실체시될 수 있을 만한 궁극적인 것, 단단한 핵심, 존재의 알맹이는 찾아지지 않는다는 것을 강조한다. 모든 것은 자신 안에 그 자신의 핵, 단단한 알맹이를 가지지 않는 가상이라는 것이다. 이 점에서 불교는 색수상행식을 각기 다음과 같이 비유한다.

> 색(色)은 모인 물방울 같고 수(受)는 물 위의 거품 같으며, 상(想)은 봄날의 아지랑이 같고 행(行)은 파초나무와 같으며, 식(識)은 꼭두각시와 같다는 것을 관찰하라.[23]

오온에 있어 단단한 실체적 알맹이는 찾아지지 않는다. 오온 안에서 불

---

22 『잡아함경』권2, 58 「陰根經」(『대정장』, 2, 14하), "何因, 何緣 名爲色陰? 何因, 何緣 名受想行識陰? … 四大因, 四大緣 是名色陰 …觸因, 觸緣 生受想行, 是故名受想行陰. … 名色因, 名色緣 是故名爲 識陰."

23 『잡아함경』, 권10, 265 「포말경」(『대정장』, 2, 69상), "觀色如聚沫, 受如水上泡, 想如春時燄, 諸行如芭蕉, 諸識法如幻."

변의 실체를 찾고자 하는 것은 파초나무 안에서 재목이 될 만한 단단한 것을 구한다거나 물거품이나 아지랑이 안에서 불변의 실체를 구하는 것과 같다. 오온을 아무리 분할하고 분할해 봐도, 가상의 껍질을 아무리 벗겨 봐도, 더 이상 분할될 수 없는 것, 더 이상 다른 것으로 환원될 수 없는 단단한 알맹이는 존재하지 않는다.

> 비유하면 눈이 밝은 사람이 단단한 재목을 구하려고 날카로운 도끼를 갖고 숲으로 들어가 큰 파초나무가 통통하고 곧고 길고 큰 것을 보고, 곧 그 뿌리를 베고 그 꼭대기를 자르고 잎사귀를 차례로 벗겨 보아도 도무지 단단한 알맹이가 없어 자세히 보고 생각하고 분별하는 것과 같다. 자세히 보고 생각하고 분별해보면, 거기에는 아무것도 없어 튼튼한 것도 없고 알맹이도 없고 단단한 것도 없다. 무슨 까닭인가? 그 파초는 단단한 알맹이가 없기 때문이다. 이와 같이 모든 행은 …… 자세히 보고 생각하고 분별해보면, 거기에는 아무것도 없어 튼튼한 것도 없고 알맹이도 없고, 단단한 것도 없다. 그것은 병과 같고 종기와 같으며 가시와 같고 살기와 같아서 무상하고 고이며 공이고 비아이다. 무슨 까닭인가? 모든 행은 단단한 알맹이가 없기 때문이다.[24]

불교에 따르면 오온으로서의 자아는 인연 화합하여 형성되었다가 인연이 다하면 멸하는 가(假)의 존재일 뿐이다. 바로 이 가의 오온이 우리가

---

24 『잡아함경』, 권10, 265 「포말경」(『대정장』 2, 68하–69상), "譬如明目士夫, 求堅固材, 執持利斧, 入於山林. 見大芭蕉樹, 用直長大. 卽伐其根, 斬截其峯. 葉葉次剥, 都無堅實, 諦觀思惟分別, 諦觀思惟分別時, 無所有, 無牢, 無實, 無有堅固, 所以者何? 以彼芭蕉, 無堅實故. 如是比丘, 諸所有行, … 諦觀思惟分別時, 無所有, 無牢, 無實, 無有堅固, 如病, 如癰, 如刺, 如殺, 無常苦空非我. 所以者何? 以彼諸行無堅實故."

일상적으로 자아라고 생각하는 그 나이며, 업을 짓고 그 업의 보를 받는 당사자이다.[25] 오온이 업을 짓고 그 업의 업력이 새로운 오온을 형성함으로써 윤회가 계속되어도, 그 윤회 과정에 오온과 오온의 업을 넘어서는 자기 동일적인 실체적 자아가 존재하는 것이 아니라는 것이 불교의 무아론이 주장하는 바이다.

그러나 인간이 오온으로서 행위하고 그 업보를 받고 윤회한다고 해서, 그러니까 인간이란 오온 내지 오온 화합물 이외의 다른 아무것도 아니라는 것을 불교가 주장하는 것은 아니다. 왜냐하면 불교가 궁극적으로 추구하는 것, 인간이 궁극적으로 도달하고자 하는 것은 윤회가 아니고 바로 윤회로부터 벗어나는 해탈이기 때문이다. 우리가 업력에 의해 형성되는 오온 이외의 다른 아무것도 아니라면, 업력을 넘어서는 것이 어떻게 가능하며, 윤회를 벗어나는 것이 어떻게 가능하겠는가? 깨달음과 해탈이 어떤 의미를 가질 수 있겠는가? 만일 내가 인연에 따라 형성된 오온으로만 존재할 뿐이고 그 이상의 다른 아무것도 아니라면, 나는 그저 그렇게 형성된 오온으로서 살아가며 그 삶을 통해 또 다른 모습의 오온을 형성해 나가면 될 뿐이지, 그 오온을 내가 아니라고 부정한다거나 멀리한다거나 떠나야 할 까닭이 없을 것이다.[26] 그래야 할 당위도 없고, 그렇게 할 수

---

25 그러므로 도덕적 책임을 묻기 위해 또는 업의 주체나 윤회의 주체를 설명하기 위해 오온 너머에 오온과 구분되는 자아의 존재를 인정해야 하지 않는가라고 반문하는 것은 불교적 기본 통찰에 어긋나는 것이다. 물론 오온을 통해 어떻게 행위의 연속성, 도덕적 책임 귀속성, 윤회의 문제 등이 설명될 수 있는지는 그 자체의 논의가 필요한 것으로, 이는 이하에서 본격적으로 다루어질 것이다.
26 탈현대적 인간관은 바로 이처럼 인연화합물로서의 오온을 나의 전부로 간주하는 것과 비교될 수 있을 것이다. 그리고 그것은 오늘날 우리 대부분의 사람이 자기 자신을 이해하는 방식이다. 인간에게 고정된 자아란 없다. "주체는 죽었다." 인간은 자연 진화 과정 속에서 연기적으로 발생한 인연화합의 결과이며, 사회 문화적 환경과 그 권력 구조 안에서 만들어지고 다듬어진 것이다. 여기에서는 그런 인연화합 결과물로서의 자기를 떠나라는 그런 요청이 없다. 인간이 철두철미 한계지어진 유한한 존재로 이해되기 때문이다.

있는 능력도 없을 것이다. 만일 오온이 우리의 전부라면, 우리가 넘어설 수 없는 한계라면 말이다.

그러나 불교는 그러한 오온적 자아를 떠날 것을 말한다. 즉 불교에서 오온의 무상 · 고 · 공 · 무아를 논할 때는 언제나 그 결론이 자아의 실상을 바로 그런 것으로 바르게 파악하여 있는 그대로 받아들이라는 것이 아니라, 바로 그런 것인 줄을 바로 알고 그것을 떠나라는 것이다.

색은 무상하다는 것을 관하라. 이렇게 관하면 바른 관찰이다. 바르게 관하면 곧 싫어하여 떠날 마음이 생기고, 싫어하여 떠날 마음이 생기면 즐겨하고 탐하는 마음이 없어지며, 즐겨하고 탐하는 마음이 없어지면 그것을 마음의 해탈이라고 한다. 이와 같이 수상행식 역시 무상하다고 관찰하라.[27]

이처럼 불교는 상일주재의 자아 관념을 떠날 뿐만 아니라, 무상 · 고 · 무아인 오온까지도 떠날 것을 촉구한다. 오온이 상일주재의 자아가 아니라는 그 실상을 제대로 파악함으로써 오온에 대해 싫어하는 마음을 내어 결국 오온을 떠나라고 말하는 것이다. 이처럼 오온은 그것이 상일주재적이라고 잘못 안 상태에서든 아니면 무상 · 고 · 공인 것으로 바로 안 상태에서든 우리가 그 안에 머무르며 우리 자신과 동일시될 수 있는 자아로 인정되지 않는다. 이런 의미에서 불교는 상일주재의 자아에 대해서도 '무아'를 주장하고, 마찬가지로 무상 · 고 · 공인 오온에 대해서도 '무아'를 주장한다. 상일주재적 자아의 관념도 떠나고, 무상 · 고 · 공인 오온으로부터도 떠날 것을 촉구하는 것이다. 상일주재적 자아는 단지 시설된 개념

---

27 『잡아함경』, 권1, 1 「무상경」(『대정장』 2, 1상), "當觀色無常. 如是觀者, 則爲正觀. 正觀者, 則生厭離. 厭離者, 喜貪盡. 喜貪盡者, 說心解脫. 如是觀受想行識無常."

인 가설(假說)일 뿐이고, 색수상행식의 오온은 단지 중연화합하여 아지
랑이처럼 피어오른 가상의 가아(假我)에 지나지 않기 때문이다.

2장
유업보(有業報) 무작자(無作者)의 논리

1. 사후 자아 존속의 문제

석가가 긍정도 부정도 하지 않고 무기(無記)를 행한 물음 중의 하나는 사후에 우리의 자아가 존속하는가 아닌가의 물음이다. 즉 몸의 기능이 정지하여 부패하기 시작하는 순간, 우리의 자아, 개체적 목숨도 역시 함께 끝나는가, 아니면 몸과 독립적으로 지속되는가? 자아는 몸과 하나인가, 다른 것인가?[28]

---

28 석가의 無記는 대개 14무기로 정리되는데, 이는 4가지 주제를 포함한다. 즉 세간의 무상성 여부, 세간의 한정성 여부, 생명과 몸의 관계, 여래의 사후 존속 문제 이렇게 4가지 주제이다. 구체적으로 열거하자면 다음과 같다. ① 세간의 무상성 여부(4안): 세간은 무상하다, 무상하지 않다, 무상하기도 하고 무상하지 않기도 하다, 무상한 것도 아니고 무상하지 않은 것도 아니다. ② 세간의 한정성 여부(4안): 세간은 한정이 있다, 한정이 없다, 한정이 있기도 하고 없기도 하다, 한정이 있는 것도 아니고 없는 것도 아니다. ③ 생명[命]과 몸[身]의 관계(2안): 명은 곧 몸이다, 명은 몸과 다르다. ④ 여래의 사후 존속 여부(4안): 여래는 죽은 뒤에도 있다, 죽은 뒤에는 없다, 있기도 하고 없기도 하다, 있는 것도 아니고 없는 것도 아니다. 이는 『잡아함경』, 권15, 408 「사유경」(『대정장』 2, 99상중)에 정리되어 있다. 이런 물음에 대한 무기는 곧 그중 하나를 긍정하는 상견 또는 다른 하나를 긍정하는 단견 사이에서 그 양 극단에 치우치지 않고 중도에 머무르는 태도로 말하기도 한다. 그런데 흔히 석가의 무기를 상견과 단견 사이의 논쟁 자체가 인간이 근본적으로 알 수 없는 사태에 대한 형이상학적 戱論일 뿐이기에 인간의 인식 능력의 한계를 자각한 침묵이라고 해석하면서, 이 점에서 그것을 서양 근세 철학자 칸트의 이율배반 논쟁과 연관시키기도 한다. 그러나 이하의 논의에서 밝

기독교의 예수는 죽음이 끝이 아니고 신 앞에 심판받기 위해 다시 살아나야 함을 말하지만, 자연주의자 노자나 장자는 자연의 기(氣)로부터 생겨난 우리의 영혼은 죽음과 더불어 다시 자연의 기로 흩어져 없어진다고 말한다. "사후에 우리가 어떻게 됩니까?"라는 물음을 들은 공자는 "생(生)도 모르는데, 어떻게 사(死)를 알겠는가?"라고 하여 그런 물음에 대한 언급을 피한다. 오늘날과 같은 유물론 세대의 우리들, 과학으로 유전자를 조작하고 4억 광년 이전의 우주의 역사까지 추적해 알 수 있다고 주장하는 우리들은 우리 자신의 사후에 대해 무엇을 알고 있는가? 유한한 인간이기에 공자와 같은 태도가 가장 적절한 태도일까? 석가의 무기도 알수 없는 것은 논하지 말자는 그런 의미인가? 그 물음이 인간 이성의 일상적 합리성을 넘어선 형이상학적 물음이기에 그 답을 알 수 없을 뿐만 아니라, 안다고 해도 우리의 삶에 별로 도움될 것이 없어서 대답하지 않은 것인가? 쓸데없이 사후를 논할 것이 아니라, 우리의 삶을 어떻게 바르게 이끌 것인가를 고민하라는 것인가? 그러나 사를 모르는데, 어떻게 생을 알겠는가? 사후의 물음에 대해 석가는 세 가지 관점의 스승을 구분한다.

허지듯이, 석가의 무기는 결코 인간의 인식 능력의 한계에서 비롯되는 침묵도 아니고, 형이상학적 희론을 벗어나 구체적 인간 삶에 충실하자는 의미의 침묵도 아니다. 인식 능력의 한계가 고려되었다면, 그것은 그런 물음을 물으면서 예나 아니오의 답만을 기대하는 그 질문자의 인식 능력의 한계일 뿐이지, 그 사태의 실상을 파악한 석가의 인식 능력의 한계는 아닌 것이다. 왜냐하면 그런 물음에 대해 몇 차례 무기의 태도를 보인 이후, 누군가가 '왜 답하지 않나?'고 물으면, 그 때 비로소 석가는 그런 물음이 왜 간단히 예나 아니오로 대답될 수 있는 것이 아닌지, 즉 그런 물음이 무엇을 이미 전제하고 있는 것인지, 그리고 그 전제가 어떤 점에서 잘못된 것인지를 밝히고 있기 때문이다. 문제는 물음 자체가 잘못 설정된 것이기 때문이다. 그러나 그렇다고 해서 석가의 무기를 일체의 형이상학적 물음을 모두 무의미한 물음으로 제거하려는 시도로 해석하는 것도 문제가 있다. 흔히 석가의 무기를 '파리통 속의 파리'를 논한 비트겐슈타인과 같은 문맥에서 논하려고 하는 자들이 빠지기 쉬운 오류이다. 왜냐하면 석가의 무기는 결코 형이상학적 문제 자체를 무의미하다고 내던져 버리거나 내버려 두는 것이 아니기 때문이다. 그 물음에 대해 거기 전제된 가정을 분석 비판하면서, 예나 아니오가 아닌 새로운 방식으로 문제의 사태를 해명할 때, 세계와 인간과 여래에 대한 극히 심오한 형이상학적 통찰이 담겨 있기 때문이다.

세 종류의 스승이 있다. 어떤 셋인가? (1) 어떤 스승은 현재의 세계에 진짜 자아가 존재한다고 생각한다. 그 자아에 대해 아는 대로 말하지만, 명이 다한 이후에 대해서는 알 수 있는 것이 없다고 말한다. 세간을 넘어서기 때문이다. (2) 어떤 스승은 현세에 진실로 자아가 있고, 명이 다한 후에도 역시 자아가 있다고 말한다. 그리하여 그 자아에 대해 아는 대로 말한다. (3) 또 어떤 스승은 현세에 진짜 자아가 있다고 보지 않으며, 명이 다한 후에도 진짜 자아가 있다고 보지 않는다. …… 첫 번째 스승처럼 현세에 진짜 자아가 있다고 보며 아는 대로 말하는 것을 단견(斷見)이라고 한다. 두 번째 스승처럼 현세와 후세에 진짜 자아가 있다고 보며 아는 대로 말하는 것을 상견(常見)이라고 한다. 세 번째 스승처럼 현세에 진짜 자아가 있지 않으며, 명이 다한 후에도 역시 자아가 있지 않다고 보는 것을 여래응등정각설이라고 말한다. 현재 존재하는 것에 대해 애착을 끊고, 탐욕을 떠나 열반을 얻기 때문이다.[29]

만약 "죽음 이후에도 자아는 존속하는가?"라는 물음이 정당한 물음이라면, 그 물음에 대해서는 자아가 존속한다거나 존속하지 않는다거나 아니면 존속하는지 아닌지 알 수 없다는 세 가지 대답만이 가능할 것이다. 우리가 사후 존재에 대해 물을 때에도 대개 그런 방식으로 생각하면서 묻고, 그에 대한 대답 또한 대개 그런 세 가지 방식으로 분류된다. 인도에 있어 아트만을 주장하는 정통 브라만교는 자아의 존속을 주장하고 유물

29 『잡아함경』, 권5, 105 「선니경」(『대정장』 2, 32상), "有三種師. 何等爲三? 有一師, 見現在世, 眞實是我. 如所知說. 而無能知. 命終後事. 是名第一師. 出於世間. 復次仙尼. 有一師. 見現在世, 眞實是我. 命終之後, 亦見是我. 如所知說. 復次仙尼. 有一師. 不見現在世, 眞實是我. 亦復不見, 命終之後, 眞實是我. 仙尼, 其第一師, 見現在世, 眞實是我. 如所知說者, 名曰斷見. 彼第二師, 見今世後世, 眞實是我, 如所知說者, 則是常見. 彼第三師, 不見現在世, 眞實是我. 命終之後, 亦不見我. 是則如來應等正覺說. 現法愛斷, 離欲滅盡涅槃."

론적 외도는 자아의 단멸을 주장한 데 반해, 석가는 인문주의적 관점에서 그에 대해 알 수 없다는 회의론적 태도의 무기를 보인 것으로 해석하는 것이다. 그러나 위의 인용에 따르면 그것은 석가를 제대로 이해한 것이 아니다. 인용문에 따르면 석가는 자아가 사후에 존속하는지 아닌지 알 수 없다는 관점을 사후 단멸한다는 관점과 함께 단견으로 간주하고 있기 때문이다. 다시 말해 현재의 자아가 사후에도 그대로 존속한다고 보는 것이 상견이라면, 그 자아가 사후에 단멸한다든가 아니면 단멸하지 않는다고 할지라도 우리가 그것에 대해 전혀 알 수 없다는 관점은 둘 다 단견으로 간주되고 있는 것이다. 자아가 사후에 존속하는지 단멸하는지를 알 수 없다는 주장에도 그 존속 여부를 묻고 있는 자아의 존재는 이미 전제되어 있으며, 더구나 그 자아 존재가 단멸 가능한 것으로 전제되어 있기 때문에 단견으로 분류되는 것이다. 그렇다면 상견도 아니고 단견도 아닌 제삼의 길, 여래응등정각이라는 것은 어떤 것인가?

  석가는 사후에 자아가 존속하는가 함께 사멸하는가의 물음에 대해 존속한다는 상견을 제시하지도 않고 그렇다고 함께 사멸해 버린다거나 아니면 알 수 없다는 단견을 제시하지도 않는다. 오히려 석가는 그 물음에 이미 전제되어 있는 자아의 관념을 비판한다. 즉 그 물음은 생전의 자기 동일적 자아를 이미 전제하고 그 자아가 죽음 이후에도 멸하지 않고 동일하게 남는가 아니면 죽음과 더불어 단멸하는가를 묻고 있다. 그런데 그러한 물음의 대상이 되는 그 자아란 과연 어떤 존재란 말인가? 사후의 존속 여부를 묻게 되는 그 자아를 우리는 어떤 존재로 이해하는가? 석가는 그 물음이 이미 당연하게 전제하고 있는 바로 그 자아의 존재를 문제 삼으면서, 그런 자기 동일적 자아란 애당초 존재하지 않는다고 주장하는 것이다. 생시에 있어서도 자기 동일적 자아가 존재하는 것이 아니라면, 죽음을 경계로 그 자아가 존속되는가 아닌가를 묻는 것은 의미가 없게 된다. 생전에 자기 동일적 자아로 여겨지는 그 자아 자체가 허구라면, 그 자아와 사후의 어떤 것과의 동일성 여부를 묻는 것이 어떻게 의미 있게 대답될 수 있겠는가? 생전의 자아와 사후의 그것과의 동일성을 판단할 기준이 과연 무엇이란 말인가? 이처럼 상견과 단견에 이미 전제된 자기 동일적 자아에 의문을 제기하면서 석가는 다음과 같이 묻는다.

> 어떤 사람이 한 등에서 다른 등으로 불을 붙인다고 할 경우, 한 등이 다른 등으로 옮겨간다고 할 수 있겠는가?[30]

이 물음은 불교가 윤회를 설한다고 해서 자기 동일적 자아의 존재를 전제해야 하는 것은 아니라는 것을 보여주는 반문이다. 여기서 등이나 등불을 무엇으로 규정할 것인지의 문제는 남겨지지만, 그 문제와 독립적으로 확실한 것은 생전의 자아와 사후의 자아의 동일성 여부를 묻는 것, 따라서 죽음을 경계로 자아가 존속하는가 아닌가를 묻는 것은 예나 아니오 하나로 간단히 대답될 수 있는 그런 문제가 아니라는 것이다. 문제는 죽음으로 나아가기 이전에 이미 생시에 있어서나마 자기 동일적 자아는 존재하는가이다. 자아를 촛불로 볼 경우 다른 초에 붙은 촛불과의 동일성을 묻기 전에 이미 한 초에 있어서나마 촛불의 자기 동일성을 인정할 수 있겠는가?

> (장로) 어떤 사람이 등불을 켠다고 합시다. 그 등불은 밤새도록 탈 것입니다. 그런데, 초저녁에 타는 불꽃과 밤중에 타는 불꽃과 새벽에 타는 불꽃은

30 『미린다팡하』, 동봉 역, 홍법원, 1992, 112쪽.

같겠습니까? (왕) 아닙니다. (장로) 그러면 초저녁의 불꽃과 밤중의 불꽃과 새벽의 불꽃은 각각 다르겠습니까? (왕) 그렇지 않습니다. 불꽃은 똑같은 등불에서 밤새 탈 것입니다. (장로) 인간이나 사물의 연속은 바로 그처럼 지속됩니다.[31]

이처럼 전생의 중생과 현생의 중생과의 자기 동일성을 묻는 것은 한 중생에게 있어 어제와 오늘 사이의 자기 동일성을 묻는 것과 같은 물음이 된다. 과연 자기 동일적 자아는 존재하는가?

2. 자아 유·무의 문제

『잡아함경』「유아경」에서 석가는 자아가 있는가 없는가의 물음에 대해 세 번이나 계속 무기를 보이다가, 그 무기의 이유를 다음과 같이 설명한다.

> 만일 내가 자아가 존재한다고 말한다면, 그것은 이전부터 내려오는 사견(邪見)을 더할 뿐이다. 만일 내가 자아란 존재하지 않는다고 말한다면, 그것은 이전부터의 의혹을 더할 뿐이다. 내가 어찌 의혹을 더하게 할 수 있겠는가? 본래부터 있었는데, 이제 단멸하였다고 말하겠는가? 본래부터 자아가 있어 지속한다고 하면, 그것은 상견이다. 이제 단멸한다고 하면, 그것은 단견이다.[32]

31 『미린다팡하』, 동봉 역, 홍법원, 1992, 65쪽.
32 『잡아함경』, 권34, 961 「유아경」(『대정장』 2, 245중), "我若答言有我, 則增彼先來邪見. 若答言無我, 彼先癡惑, 豈不使增癡惑. 言先有我, 從今斷滅, 若先來有我, 則是常見. 於今斷滅, 則是斷見."

여기에서는 사후까지 연결시키지 않고 삶 자체에 있어 자아가 존재하는가, 존재하지 않는가, 즉 지속하는가 단멸하는가를 문제 삼고 있다. 자아가 존재한다는 것은 "본래부터 있던 자아"가 지속한다는 것으로 상견이되며, 존재하지 않는다는 것은 "본래부터 있던 자아"가 이제 단멸한다는것으로 단견이 된다. 그런데 여기에서도 석가는 그 물음이 예와 아니오둘 중 하나로 간단히 대답될 수 있는 것이 아니라는 것, 자아는 지속한다고 보는 상견이나 단멸한다고 보는 단견이나 둘 다 문제가 있다는 것을설하고 있다. 왜냐하면 그 둘 다가 본래 있는 자아의 존재를 일단 전제하고 있기 때문이다. 상견과 단견의 항상됨과 단멸함의 주장은 적어도 일정기간은 자기 동일성을 가지고 지속하는 자아를 전제하지 않고는 물을 수없는 것이기 때문이다. 이 점을 보지 못하면, 단견의 단멸함이 석가의 가르침인 "일체는 무상하다"의 무상성과 같은 것이 아닌가라는 의문, 그러므로 석가의 관점이 바로 석가가 비판하는 단견과 그다지 다른 것이 아니지 않는가라는 의문을 갖게 된다.

이런 혼동을 벗어나기 위해서는 동일한 한자어 무상(無常)으로 번역되는 두 가지 서로 다른 의미의 산스크리트어 아니카(anicca)와 아사사타(asassata)의 의미를 정확하게 구분해 볼 필요가 있다.[33] 전자는 매순간변화하지 않고 항상되다는 의미의 상(常)인 니카(nicca)에 부정어 아(a)가 붙은 것이고, 후자는 끝없이 무한히 멸하지 않는다는 의미의 상(常)인사사타(sassata)에 부정어 아(a)가 붙은 것이다. 전자는 '불변' 또는'항상'의 반대, 즉 한순간도 동일한 것으로서 존속하지 않고 변화한다는의미에서 무상함이라면, 후자는 '불멸'의 반대, 즉 일정 기간 동일한 것

33 이하 무상의 두 의미에 대해서는 이중표, 『근본불교』, 민족사, 2002, 104쪽 이하 참조.

으로서 존속하지만, 그것이 영원히 존속하지 않고 어느 순간에는 없어진 다는 의미에서의 무상함이다. 그러므로 전자의 무상함을 가지지 않은 것에 대해서만, 즉 일정 기간 자기 동일성을 가지는 항상된 것에 대해서만 후자의 의미의 상이나 무상, 즉 불멸이나 단멸을 물을 수 있다. 이 후자의 무상함을 첫 번째 의미의 무상함과 구분하기 위해 '단멸'이라고 부르기로 하자. 이상의 구분을 다음과 같이 정리해 볼 수 있다.

	상	무상
1	nicca(항상)	anicca(무상 : 한순간도 존재가 지속되지 않음)
2	sassata(불멸)	asassata(단멸 : 일정 기간 존재가 지속된 후 멸함)

이렇게 보면 석가가 무기를 보인 물음, "세상은 상주하는가, 무상한가?", "자아는 지속하는가, 단멸하는가?"에서의 무상함은 실제로 단멸함(asassata)을 의미하며, 불교의 기본 교설에 속하는 "일체는 무상하다"의 무상함은 그야말로 무상함(anicca)을 의미한다.[34] 결국 "자아는 사후에도 존속하는가, 단멸하는가?"의 물음은 이미 자아의 일생 동안의 불변적 자기 동일성을 전제한 물음이며, 이는 곧 "일체는 무상하다"는 일체 존재의 본래적 무상성(anicca)에 어긋나는 것이다. 즉 자아를 무상하지 않은 항상된 것, 니카(nicca)로 전제한 후에 그렇게 항상된 자기 동일적

34 그러므로 불교가 말하는 일체 존재의 무상성 또는 우리 삶이나 자아의 무상성은 우리 젊음과 청춘이 너무 짧고, 우리의 인생이 너무 짧기에, 단지 7~80년밖에 지속되지 않기에, 언젠가는 죽어야 하기에 무상하다는 것이 아니다. 생명체가 언젠가 죽음을 맞아 죽게 된다거나, 무생물도 시간이 지나면 색이 바래고 닳아 없어지기 때문에 무상하다고 하는 것이 아니다. 언젠가 존재가 끝나기 때문이 아니라, 그 존재의 순간 자체 안에 이미 비존재가 스며들어 있기 때문이다. 존재 자체 안에 그것을 그것이게끔 하는 존재의 핵이 자리잡고 있지 않기 때문이다. 불교는 그것을 공이라고 부른다. 그 공성 때문에 어느 존재도 그 어느 순간도 지속되지 않는다는 것, 우리가 매순간 생명을 거듭한다는 것, 바로 그렇기 때문에 무상하다고 말하는 것이다.

자아가 언제까지나 계속 이어지는가, 즉 불멸하는가, 아니면 어느 순간엔가 끊어지는가, 즉 단멸하는가라는 물음을 묻는 것이다.

이처럼 위의 물음에서의 상견과 단견은 둘 다 일정 기간 존속되는 자기 동일적 자아를 전제한다. 이런 식으로 지속하는 자아를 전제할 경우에만, 다시 그것이 언제까지나 계속 남아 있는가 아니면 어느 순간에선가 단멸하는가를 물을 수 있다. 이런 의미에서 그 두 관점은 다 무상하지 않은 자아 존재를 인정하는 유아론(有我論)에 속한다. 일정 기간 변하지 않는 자기 동일적 자아를 인정하는 것이다. 이러한 유아론적 관점을 석가는 사견(私見)이라고 말한다. 자기 동일적 자아란 존재하지 않는다는 것, 자아란 찰나 생멸하는 무상한 존재라는 것이 불교 무아론(無我論)의 관점이기 때문이다.

석가는 위의 물음 및 그에 대한 답으로서의 상견과 단견 둘 다가 공통적으로 전제한 항상적인 자아의 존재를 인정하지 않기 때문에, 그 물음에 대해 무기(無記)를 취한 것이다. 어떠한 유정도 불변하는 항상된 존재, 자기 동일적 존재로 머물러 있지 않고, 일체는 찰나에 생멸할 뿐이라는 무상성을 강조하기 때문이다.

> 안[이비설신의로서의 자아]은 진실로 있는 것이 아니라, 생한 것이며, 생했다가는 다하여 멸하는 것이다.[35]

그렇다면 석가는 위의 물음에서 왜 한마디로 '자아는 없다'라고 답하지 않았는가? 그렇게 할 경우 우리가 가진 의혹이 더하기 때문이라고 한다.

35 『잡아함경』, 권13, 335「제일의공경」(『대정장』 2, 92하), "眼不實而生. 生而盡滅."

왜인가? 우리에게는 무상하지 않은 항상된 자아는 없지만, 그래도 무상하게 항상 변화하되 그럼에도 불구하고 나로서 연속되는 그런 자아는 존재하기 때문이다. 그것이 바로 석가가 인정하는 자아, 즉 연기의 자아이며 업의 자아인 오온이다. 그러므로 석가는 앞의 인용에서처럼 자아에 관한 상견과 단견을 모두 비판한 후, 이어 중도의 견해로서 연기와 업을 설한다.

> 여래는 그 두 극단을 떠나 중도에서 설한다. 소위 "이 일이 있기에 저 일이 있고, 이 일이 일어나기에 저 일이 일어난다"가 그것이다. 무명을 연하여 행이 있고, 나아가 생로병사와 근심·슬픔·고뇌와 괴로움이 또한 멸하기도 한다.[36]

그러나 상견이나 단견으로서 주장되는 자아, 즉 자기 동일성을 가지는 항상된 자아와 석가가 설하고자 하는 중도의 자아, 즉 연기 법칙에 따라 업으로써 이어지는 자아는 과연 어떻게 다른 것인가? 자기 동일적 자아가 없이 과연 연기나 업이 성립할 수 있는 것인가? 일생에서의 자아의 자기 동일성 문제를 두 순간에서의 행위자의 동일성 여부 문제로 집약시켜 봄으로써 상견이나 단견 상의 자아와 업의 자아가 과연 어떻게 다른 것인가를 밝혀보자.

---

[36] 『잡아함경』, 권34, 961 「유아경」(『대정장』 2, 245중), "如來離於二邊, 處中說法, 所謂是事有故是事有. 是事起故是事生, 謂緣無明行, 乃至生老病死 憂悲惱苦滅"

3. 자작(自作)·타작(他作)의 문제

인간은 끊임없이 행위하면서 살아간다. 불교의 업 내지 연기의 원리에 따르면 인간은 끊임없이 업을 짓고 그 업보를 받으며 살아간다. 업이란 행위이며, 업보란 바로 그 행위의 결과 이외의 다른 것이 아니다. 그런데 우리의 일상적 논리에 따르면, 업과 보의 정당한 관계, 즉 인과응보가 성립하기 위해서는 업을 짓는 자와 그 업보를 받는 자가 동일인이지 않으면 안 된다. 만일 다르다면, 즉 한 사람이 행한 행위에 대해 그 사람이 아닌 다른 사람이 그 보를 받는 것이라면, 그런 관계는 인과응보라고 말할 수 없겠기 때문이다. 그러므로 우리는 내가 업을 짓고 내가 그 업보를 받는 것이라고 간주한다. 다시 말해 업과 보의 흐름 사이에 자기 동일적 자아를 상정하는 것이다. 그러나 앞서 논한 무상성은 그러한 자기 동일적 자아의 존재를 인정하지 않는다. 그러나 그처럼 무상성에 따라 자기 동일적으로 지속하는 자아를 인정하지 않는다면, 그럼 업을 짓는 자는 누구이며, 업과 보는 어떻게 이어진단 말인가? 짓는 행위인 업과 그 업을 통한 깨달음인 보에 대해 석가는 다음과 같이 설한다.

스스로 짓고 스스로 깨닫는다고 하면, 그것은 곧 상견에 떨어지고, 남이 짓고 남이 깨닫는다고 하면, 그것은 곧 단견에 떨어진다. 바른 말은 그 두 극단을 떠나 중도에서 설한다.[37]

자작(自作) 자각(自覺)은 한 사람이 업을 짓고 바로 그 사람이 그 업

---

[37] 『잡아함경』, 권12, 300 「他經」(『대정장』 2, 85하), "自作自覺, 則墮常見, 他作他覺, 則墮斷見. 義說法說, 離此二邊, 處於中道, 而說法."

보를 받는다는 것으로, 자기 동일적 자아를 인정하는 관점이고, 타작(他作) 타각(他覺)은 한 사람이 업을 짓고 그 아닌 다른 사람이 그 업보를 받는다는 것으로, 결국 자기 동일적 자아를 부정하는 관점이다. 전자는 시간의 흐름을 넘어서서 동일하게 남아 있는 자아를 인정하는 것이므로 자작 자각이다. 반면 후자는 그런 자아의 존재를 부정한다. 즉 보를 받는 순간 업을 지은 자아는 이미 단멸하고 없기에 다른 자아가 업보를 받는 것이므로, 업 지은 자와 업보를 받는 자가 서로 달라 타작 타각이 되는 것이다. 이처럼 업과 보 사이에 유지되는 자기 동일적 자아를 상정하면, 그것은 곧 자작과 자각의 관계가 된다. 내가 짓고 내가 깨닫는 것이다. 만일 그런 동일적 자아가 존재하지 않는다면, 즉 업을 짓는 자와 보를 받는 자 사이에 동일성이 유지되지 않는다면, 결국 남이 업을 짓고 다른 남이 그 보를 받게 되는 것이므로, 타작과 타각이 된다. 그런데 우리는 일상적으로 전자의 관점을 취한다. 타작 타각의 경우는 인과응보의 법칙이 깨어지는 데 반해, 자작 자각의 경우 인과응보의 법칙이 지켜지고 있다고 생각하기 때문이다. 이처럼 인과응보의 관계를 유지하기 위해 우리는 쉽게 자기 동일적 자아를 상정하게 된다.

   그런데 석가는 그 두 경우를 다 부정한다. 석가는 자작 자각을 상견이라고 하고, 타작 타각을 단견이라고 하여 비판한다. 업을 짓는 자와 업보를 받는 자를 동일한 자아라고 보는 것도, 다른 자아라고 보는 것도 다 문제가 있다는 것이다. 무엇이 문제인가? 그 두 관점 다 하나의 공통적 전제를 가지고 있는데, 그 전제가 바른 것이 아니기 때문이다. 어떤 전제인가? 그 두 관점 다 공통적으로 업이나 업보에 대해 그것을 행하고 받는 자아를 전제한다는 것이다. 둘 다 인간 삶에 대해 그렇게 삶을 사는 자를, 인간 행위에 대해 그렇게 행위하는 자를 삶이나 행위 자체와는 구분되는 자아로서 설정하고 있다는 것이다.

업을 짓는 자와 보를 받는 자를 같은 자로 인정하여 자작을 주장하든[상견] 업을 짓는 자와 보를 받는 자를 다른 자로 간주하여 타작을 주장하든[단견], 그 둘 다 업이나 보와는 구분되는 업의 주체, 보를 받는 주체를 따로 상정하는 것인데, 석가는 바로 이 점을 비판하는 것이다. 그러므로 그 둘 중의 어느 관점도 취하지 않으며, 그런 물음에 대해 오히려 무기를 보이는 것이다.

4. 유업보(有業報) 무작자(無作者)

앞에서의 상견이나 단견이 둘 다 인간 삶에 대해 '삶을 사는 자'를, 인간 행위에 대해 '행위하는 자'를 자아로 설정하고 있는 것이라면, 석가는 그와 같이 사는 자, 행위하는 자 등을 작자로서 따로 설정하는 것을 비판한다. 즉 업에 대해 '업을 짓는 자', 보에 대해 '보를 받는 자'를 자아라는 이름 아래 따로 설정하는 것을 비판하는 것이다. 동사적 활동에 대해 명사적 사물을, 활동성에 대해 '활동하는 어떤 것'을 활동의 주체로 설정하는 실체론적 사유에 대한 비판이다. 이를 단적으로 표현한 것이 『잡아함경』「제일의공경」의 다음 구절이다.

업(業)과 보(報)는 있지만 업을 짓는 작자는 없다.[38]

업(業)과 보(報)는 있지만 업을 짓는 작자는 없다.[38]

38 『잡아함경』, 권13, 335 「제일의공경」(『대정장』 2, 92하), "有業報, 而無作者."

석가가 비판하는 실체론적 사유란 정확히 어떤 것인가? 우리는 일상적으로 어떤 행위를 할 때, 그 행위에 대해 행위의 주체를 상정한다. 업과 보의 현상에 대해 그런 업을 짓는 자 내지는 보를 받는 자를 상정하는 것이다. 사물의 속성에 대해 그 속성의 담지자를 상정하는 것처럼, 정신적 작용 또는 활동에 대해 그런 작용의 주체를 자아로서 설정하는 것이다. 한마디로 말해 용(用)에 대해 그 작용의 기반으로서의 체(體)를 상정하는 것이다. 이러한 체용의 논리에 따라 우리는 행위에 대해 행위하는 자를 자아로서 상정하며, 나아가 그 자아를 작용이나 활동은 변화해도 그 기반에서 항상 자기 동일성을 유지하는 하나의 실체로서 상정한다. 그리고 그런 자기 동일적 자아를 전제함으로써 결국은 그 자아가 과연 사후에 존속하는가 아닌가, 나의 몸이 썩어 없어지는 죽음과 더불어 나의 자아가 함께 멸하는가 아닌가를 묻게 되는 것이다. 그렇다면 이러한 실체론적 사유는 무엇이 문제인가? 우리의 실체론적 사유는 어떤 구조로 진행되는가?

우리는 하나의 사물을 볼 때, 우리의 다섯 감각 기관을 통해 그 사물 각각의 속성을 감각하게 된다. 눈으로 그것의 모양이나 색깔, 코로 냄새, 손으로 그것의 촉감 등을 감각한다. 그러나 우리의 인식은 그러한 감각만으로 완성되는 것이 아니다. 각각의 감각 기관을 통해서 우리에게 전달된 감각 자료는 우선은 서로 무관한 것으로 잡다하게 주어지겠지만, 우리의 인식에 있어 그러한 감각 자료는 하나의 대상의 다양한 속성들로 종합되어야 하기 때문이다. 그러한 종합을 위해 우리는 어떤 감각 기관으로도 주어지지 않은 속성들의 담지자를 상정하게 된다. 그럼으로써 감각 자료들은 하나의 대상의 다양한 속성으로 이해되는 것이다. 예를 들어 단순한 빨간색의 감각 상태에 머물러 있는 것이 아니라, 감각된 빨간색을 눈 앞의 대상, 예를 들어 한 송이 장미꽃의 속성으로 이해함으로써 우리의 인식이 완성된다. 그러므로 어떤 감각 자료를 갖게 되면, 우리는 곧 그 속성을 담지하고 있는 것은 무엇인가를 묻게 된다. 그러한 속성의 담지자를 '실체'라고 한다. 누군가 그냥 '빨갛다'라고 말하면, 우리는 그 말뜻을 제대로 이해할 수가 없다. 우리는 곧 '무엇이 빨간데?'라고 묻게 된다. 다시 말해 그 빨간색이 어디에 속하는가, 그 속성의 담지자가 무엇인가를 묻는 것이다. 그러므로 "저 장미꽃이 빨갛다"라고 말해야 비로소 그 말뜻을 이해하게 된다. 우리 문장의 '주어-술어' 구조는 우리의 인식상의 '실체-속성'의 구조를 반영하고 있다.

그런데 이러한 실체-속성의 구조는 사물의 인식상에서만 그런 것이 아니다. 우리는 누군가 '기분 좋다'라고 말하면, '누가 기분 좋은데?'라고 묻는다. 누군가 '생각했다'라고 말하면, '누가 생각했는데?'라고 묻게 된다. 우리 심리상의 느낌이나 생각, 의지나 인식에 대해서도 그런 것들을 수행하는 활동 주체를 알지 않고는, 그에 대한 인식이 완성되지 않는다. 느끼고 생각하고 의욕하고 인식하는 그런 주체, 그런 자아가 없이는 그런 활동이 있을 수 없다고 전제하는 것이다.

그런 하나의 실체를 상정함으로써만 우리는 현상적인 변화를 이해하게 된다. 생각이 바뀌고 느낌이 바뀌어도 우리는 그런 생각이나 느낌을 가진 사람을 하나의 사람으로 이해한다. 속성이 바뀌어도 실체로서의 자아가 변하지 않고 그대로 남아 있다고 생각하기 때문이다. 동일하게 남아 있는 실체로서의 자아만이 한 인간의 인격적 자기 동일성을 보장해 준다고 생각한다. 그런 자기 동일성이 전제됨으로써만, 즉 과거의 자기 자신과 현재의 자기 자신의 동일성이 전제됨으로써만, 과거에 대한 현재의 기억 현상 역시 설명될 수 있고, 과거의 나의 잘잘못에 대한 현재의 나의 책임이 정당화될 수 있다고 여긴다.

그러나 그처럼 변화하는 현상 너머 상정된 변하지 않는 자아란 과연 어떤 존재인가? 나의 어디에서 그런 자아를 발견할 수 있는가? 시간과 더불어 변화 성장하는 신체 너머, 시간에 따라 이러저러하게 변화하고 바뀌는 생각과 느낌 너머 동일하게 남아 있는 자아란 과연 실재하는 것인가? 아니면 그처럼 상정된 자아는 단지 우리 자신의 사유 논리상 설정된 개념, 말에 불과한 것인가? 말에 불과한 것을 실재한다고 간주하기에 사견(私見)이며, 그 사견에 따라 고집하기에 집착인 것이 아닌가?

석가는 이러한 실체론적 논리에 따라 상주불변하는 것으로 생각된 자기 동일적 자아인 아트만(atman)을 부정한다. 인간의 업에 대해 그 업과 독립적으로 업을 짓는 작자로서 상정된 자아란 그야말로 우리 자신의 설정이고 개념일 뿐이라는 것이다. 분명히 업(業)은 존재하고 인간 행위는 존재하지만, 그리고 행위의 결과, 업의 보(報)도 존재하지만, 그런 현상적인 것들을 넘어서서 불변하는 업의 주체, 동일한 행위 주체란 실재하지 않는다는 것이다. 그러므로 업을 짓는 자와 보를 받는 자를 놓고 그 둘이 과연 같은가 다른가를 묻는 것은 정당한 물음이 아니며, 결국 같다고 보는 상견이나 다르다고 보는 단견이나 다 바른 답이 아니라는 것이다. 업이나 보 이외에 업을 짓는 자, 보를 받는 자가 따로 존재하지 않기 때문이다.

업이나 보는 존재하며, 그 둘간에 인과응보의 법칙은 성립하지만, 그렇다고 업을 짓는 자, 보를 받는 자가 따로 존재하는 것은 아니다. 그러나 업을 짓는 자, 보를 받는 자가 따로 존재하지 않는다면, 업은 과연 어떻게 이루어지며, 업과 보의 인과응보는 어떻게 가능한 것인가? 이것을 설명하는 것이 바로 연기(緣起)의 원리이다. 그러므로 자작과 타작의 상견과 단견을 비판한 후에도 그렇고, 유업보 무작자를 논의한 후에도 그렇고,

언제나 상견과 단견의 극단을 피하는 중도의 길로서 제시되는 것이 바로 연기의 원리이다.

> 스스로 짓고 스스로 깨닫는다고 하면, 그것은 곧 상견에 떨어지고, 남이 짓고 남이 깨닫는다고 하면, 그것은 곧 단견에 떨어진다. 바른 말은 그 두 극단을 떠나 중도에서 설한다. 즉 "이것이 있기에 저것이 있고, 이것이 일어나기에 저것이 일어난다." 무명을 연하여 행이 있고, 나아가 큰 괴로움이 모이고 쌓인다.[39]

> 무엇을 제일의공경(第一義空經)이라고 하는가? 눈은 생길 때에 어디로부터 오는 곳이 없고, 멸할 때에 어디에로 가는 곳도 없다. 그처럼 눈은 진실로 있는 것이 아니라, 생한 것이며, 생했다가는 다하여 멸하는 것이다. 업보는 있지만, 업을 짓는 작자는 없다. 이 온이 멸하면, 다른 온이 상속하는 것이다. …… 이것이 있으므로 저것이 있고, 이것이 일어나므로 저것이 일어난다. 무명을 연하여 행이 있고, 행을 연하여 식이 있고, 나아가 커다란 고가 쌓이고 모여 일어난다. 또한 이것이 없으므로 저것이 없고, 이것이 멸하므로 저것이 멸한다. 무명이 멸하므로 행이 멸하고, 행이 멸하므로 식이 멸하고, 내지는 큰 괴로움이 모여 멸한다. 이를 제일의공법경이라고 한다.[40]

동일한 것으로 남아 있는 것으로서든 항상 다른 것으로 변화하는 것으

---

39 『잡아함경』, 권12, 300 「他經」(『대정장』 2, 85하), "自作自覺, 則墮常見. 他作他覺, 則墮斷見. 義說法說, 離此二邊, 處於中道, 而說法. 所謂 此有故彼有, 此起故彼起. 緣無明行, 乃至純大苦聚集."

40 『잡아함경』, 권13, 335 「제일의공경」(『대정장』 2, 92하), "云何爲第一義空經? 諸比丘, 眼生時, 無有來處, 滅時, 無有去處. 如是眼不實而生. 生而盡滅. 有業報, 而無作者. 此陰滅已, 異陰相續. … 謂此有故彼有, 此起故彼起. 如無明緣行, 行緣識, 廣說, 乃至純大苦聚集起. 又復此無故彼無, 此滅故彼滅. 無明滅故行滅, 行滅故識滅. 如是廣說, 乃至純大苦聚滅. 比丘, 是名第一義空法經."

로서든 행위와 구분되는 행위 주체로서의 자아를 상정하지 않은 채, 인간의 행위와 인과응보와 윤회를 설명하고자 하는 것이 바로 연기의 원리이다. 그리고 그 연기에 따라 형성되고 상속되는 것이 곧 오온이다. 다음 절에서는 작자 없이 어떻게 업과 보가 연속성을 이룰 수 있는지, 연기의 주체 없이 어떻게 연기가 성립하는지를 살펴보기로 한다.

3장
작자 없는 연기적 순환

1. 반실체론과 순환성

연기란 파티카-스무파다(paticca-smuppada)로서 파티카(paticca)는 '……를 인연하여'이고, 스무파다(smuppada)는 '일어나다'를 뜻한다. 따라서 이 둘을 합한 연기는 '연(緣)하여 생기(生起)한다'를 의미한다. 존재하는 것은 본래 그 자체로 존재하는 것이 아니라 다른 무엇인가에 의거하고 다른 무엇인가를 인연으로 하여 생겨난 것이라는 뜻이다. 『잡아함경』에서 연기를 설명하는 가장 일반적 형태는 다음과 같다.

이것이 있으므로 저것이 있고,
이것이 생하므로 저것이 생한다.
이것이 없으므로 저것이 없고,
이것이 멸하므로 저것이 멸한다.[41]

41 『잡아함경』, 권12, 301 「가전연경」(『대정장』, 2, 85하~86상), "此有故彼有, 此生故彼生 此無故彼無, 此滅故彼滅."

연기설은 존재하는 것은 어느 것도 그 자체로 자기 자신의 본성인 자성에 의해 존재하는 것이 아니라, 다른 것에 의해, 다른 것을 인연으로 해서 생겨난다고 말한다. 이렇게 일체를 연기의 산물로 여기므로 세간 전체에 대해서도 그것을 그 자체의 본성에 의해 존재하는 것 또는 존재하지 않는 것이 아니라, 인연에 따라 생하고 또 인연에 따라 멸하는 것으로 간주한다. 따라서 연기설은 "세간은 있는 것인가, 없는 것인가?"라는 유무의 존재 논리를 "세간은 인연 화합을 따라 생하는가, 멸하는가?"의 생멸의 발생 논리로 바꾼다.

> 세간의 모임을 바로 알고 보면 세간이 없다고 하는 것이 있을 수 없고, 세간의 멸함을 바로 알고 보면 세간이 있다고 하는 것이 있을 수 없다. 이것이 곧 두 극단을 떠나 중도에서 설하는 것이니, 소위 "이것이 있어 저것이 있고, 이것이 생겨 저것이 생긴다"는 것이다.[42]

유(有)는 집(集)의 결과이고, 무(無)는 멸(滅)의 결과이다. 이런 의미에서 연기는 유무에 선행하는 생멸을 논하며, 생성과 소멸 각각을 통해 자체 내에 유전문과 환멸문을 포함한다. 유전문에서 보면 세간은 있는 것이 되므로 단견(斷見)이 부정되고, 환멸문에서 보면 세간은 없는 것이 되므로 상견(常見)이 부정된다. 그러므로 유전문과 환멸문으로 이루어진 연기의 논리는 세간의 유무에 대한 두 극단의 견해를 넘어선 중도(中道)의 논리가 된다. 세간 내의 그 어느 것도 그 자체로 있거나 없는 것이 아니고 연기에 따라 생성되고 소멸되는 것이다. 존재하는 것은 모두 인과

---

[42] 『잡아함경』, 권12, 301 「가전연경」(『대정장』 2, 85하), "世間集, 如實正知見, 若世間無者, 不有. 世間滅, 如實正知見, 若世間有者, 無有. 是名離於二邊, 說於中道. 所謂, 此有故彼有. 此起故彼起"

연에 따라 생성된 것, 인연 화합물인 것이다. 그것들은 인연 화합물로서 그 자체 안에 그것을 그것이게끔 하는 핵심·본질·자성·실체가 없다. 자체의 자성, 자아가 없으므로 무자성이고, 무자성이므로 공(空)이다.

이것은 저것으로 인해 생겨난 것, 연기의 산물이라는 것, 따라서 무자성이며 공이라는 것이 함축하는 바는 무엇인가? 한 그루의 나무를 예로 들어 생각해 보자. 만약 땅 위에 자라난 나무 한 그루가 의식을 갖게 된다면, 그 나무는 자신을 다른 것들과 구분되는 '자아'로 의식할 것이다. 나무는 자신을 자기 뿌리와 줄기, 잎과 열매를 포괄하는 단일체로 의식하면서 그 자신을 자기 주위의 땅과 공기와 햇빛 그리고 곁의 나무들과 구분되는 것이라고 여길 것이다. 그러나 연기에 입각해 보면 그 나무의 자기의식은 자기 자신의 존재 배경을 알지 못하기 때문에 생겨난 허구적 의식일 뿐이다. 왜냐하면 그 나무를 가능하게 한 것은 바로 그 옆의 나무로부터 떨어진 씨앗과 그 씨앗이 땅으로부터 얻은 양분과 수분, 공기로부터 취한 산소와 이산화탄소, 태양 빛 등이기 때문이다. 나무는 자기 자신을 자기 주위의 모든 것들과 구분하여 그 자신만의 고유한 존재라고 여기겠지만, 실제 그 나무는 바로 자기 아닌 것들로 인해 바로 그 나무로 된 것일 뿐이다.

실체론적으로 설정된 나무의 자기의식이 허구라면, 인간의 자기의식 또한 그와 마찬가지가 아니겠는가? 그럼에도 불구하고 우리는 일상적으로 실체론적 사유에 따라 우리 자신의 자아에 대해 또는 물질적 사물 각각에 대해 그 자체로 존재하면서 더 이상 다른 것으로 분할되거나 환원될 수 없는 궁극적 존재인 실체를 상정한다. 우리는 흔히 어떤 사물을 대하게 되면, 그것을 그것이게끔 하는 불변의 본질이 그 안에 내재해 있다고 생각한다. 더 이상 다른 것으로 환원될 수 없는 것, 더 이상 분할될 수 없는 것, 그런 단단한 알맹이가 그 안에 감추어져 있을 거라고 생각한다. 물리학에서의 분자나 원자나 핵 또는 쿼크, 화학에서의 기본 원소는 그러한 실체 찾기 과정에서 밝혀진 궁극 요소들이다. 그런데 과학의 역사는 항상 그 때까지 궁극적이라고 밝혀진 기본 요소를 다시 분할하여 그보다 더 궁극적인 것을 찾아나가는 그런 과정의 연속이다. 그럼에도 불구하고 변함 없이 유지되는 기본 신념은 언제나 우주 일체의 존재를 구성하는 기본 요소, 기본 실체는 존재한다는 것이다. 더 이상 다른 것으로 환원될 수 없는 것, 더 이상 분할될 수 없는 것, 그런 단단한 알맹이가 실재한다는 것이다. 그런 궁극적 실체를 찾아내어 현상 세계의 원리를 밝히고자 하는 것이 과학의 꿈이다.[43] 이와 같이 우리의 일상적 또는 과학적 사유는 바로 실체론적 사유이다.

그런데 불교는 처음부터 그와 같은 실체론적 사유를 부정한다. 현상 세계에서 불변의 실체를 찾고자 하는 것은 파초나무 안에서 재목이 될 만한 단단한 것을 구한다거나 물거품이나 아지랑이 안에서 불변의 실체를 구하는 것과 같다. 현상 세계의 사물을 아무리 분할하고 분할해 봐도, 가상의 껍질을 아무리 벗겨 봐도, 더 이상 분할될 수 없는 것, 더 이상 다른 것으로 환원될 수 없는 단단한 알맹이는 존재하지 않는다.

> 자세히 보고 생각하고 분별하려 할 때 거기에는 아무것도 없어 튼튼한 것도 없고 알맹이도 없으며 단단한 것도 없다. 그것은 병과 같고 종기와 같으며 가시와 같고 살기와 같아서 무상하고 고이며 공이고 비아이다. 무슨 까닭인

---

43 물론 물리학에 있어 입자설만이 이와 같은 실체론적 사유를 고수한다고 볼 수 있을 것이다. 현대 물리학이 입자설을 부정하면서 궁극적 실재를 더 이상 최소 단위로서의 입자가 아닌 무형의 에너지나 장 또는 파장으로 해석한다면, 그것은 더 이상 실체론이 아니다. 그리고 이런 문맥에서 현대 물리학을 불교의 공 사상이나 유가의 기(氣) 사상과 연결지어 생각하려는 시도가 있어 왔다.

가? 모든 행은 단단한 알맹이가 없기 때문이다.[44]

단단한 알맹이 없이 파초나무가 있다는 말은 파초나무의 존재는 그 자체의 실체성에서 성립하는 것이 아니라 무수한 인과 연의 화합 결과라는 것, 한마디로 연기에서 성립하는 것임을 말해 준다. 일체 존재는 그 자체 실체가 아니라 여러 가지 인연이 화합하여 형성된 온(蘊), 연기의 산물일 뿐이다. 이것이 바로 실체론을 부정하는 연기론적 사유이다.

그렇다면 실체론적 사유와 연기론적 사유 중 과연 어느 것이 바른 사유인가? 어떤 사유가 우리의 현실을 보다 정확히 포착한 것인가? 현상 세계의 배후에 과연 실체는 있는가, 없는가? 더 이상 분할될 수 없는 궁극적 요소란 과연 존재하는가, 존재하지 않는가? 한편으로 생각해 보면, 더 이상 분할될 수 없는 궁극적 요소로서의 실체는 분할 가능하고 가상적인 현상 세계의 존재를 설명하기 위해 설정될 수밖에 없는 불가피한 요소인 것처럼 보인다. 집은 지붕과 벽과 바닥으로 되어 있다. 지붕 · 벽 · 바닥 등이 합해서 집이 된 것이므로, 엄밀히 말하면 집이 있는 것이 아니라, 집을 이루는 요소들 지붕 · 벽 · 바닥 등이 있는 것이다. 그러나 벽도 자세히 보면 자갈과 시멘트와 물로 되어 있다. 그러므로 엄밀히 말하면 벽이 있는 것이 아니라 자갈과 시멘트와 물이 있는 것이다. 그러나 또 물도 자세히 보면 산소와 수소 분자로 되어 있고, 산소 분자도 자세히 보면 …… 그러나 이런 분할 과정이 무한히 계속될 수는 없다. 무한소급된다는 말은 곧 분할이 무한히 계속된다는 것, 즉 어떤 요소이든 다시 분할된다는 것이며, 다시 말해 더 이상 분할될 수 없는 것은 존재하지 않는다는 말이 되

44 『잡아함경』, 권10, 265 「포말경」(『대정장』 2, 68하─69상), "諦觀思惟分別時, 無所有, 無牢, 無實, 無有堅固. 如病, 如癰, 如刺, 如殺, 無常苦空非我. 所以者何? 以彼諸行無堅實故."

기 때문이다. 분할 가능한 것, 합성된 것이 그렇기에 가상이고, 그것을 이루는 요소만이 실재라고 본다면, 분할이 무한히 계속된다는 것, 즉 더 이상 분할될 수 없는 것이 없다는 말은 곧 현상을 이루는 기본 요소란 존재하지 않는다는 말이 된다. 기본 요소가 있지 않다면, 그것의 화합으로서의 현상도 있을 수 없지 않는가? 그런데 현상은 분할 가능한 화합물로서 있지 않은가? 그러므로 기본 요소, 즉 더 이상 분할될 수 없는 것이 존재해야만 한다. 즉 무한소급은 있을 수 없다. 이것은 모든 것이 다시 다른 것으로 환원 가능한 것일 수 없다는 논리이다. A가 B를 통해 있고, B가 C를 통해 있고, C가 다시 D를 통해 있는 것이라고 할 때, 이런 환원 과정이 무한히 계속될 수는 없고, 그 어딘가에 그런 환원을 멈추게 하는 궁극 지점이 있어야만 한다는 것이다. 오늘이 있는 것은 어제가 있기 때문이고, 어제는 그제 때문이고……. 이런 시간 계열에도 더 이상 그 앞을 물을 수 없는 궁극적 최초가 있어야 한다. 내가 있는 것은 나의 부모가 있기 때문이고, 나의 부모는 그 부모가 있기 때문이고……. 이런 발생의 계열에도 더 이상 그 부모를 물을 수 없는 궁극적 최초가 있어야 한다. 마찬가지로 사물을 이루는 분자, 분자를 이루는 원자, 원자를 이루는 핵……. 이러한 사물의 구성에 있어서도 더 이상 다른 것으로 분할되거나 환원될 수 없는 궁극적 요소가 있어야만 한다. 그래야만 그 최초의 시작 이후의 오늘의 존재가 설명 가능하고, 최초의 인간 이후의 오늘의 나의 존재가 이해 가능하며, 궁극 요소의 화합으로 이루어진 현상 사물의 존재가 해명될 수 있기 때문이다. 이것이 실체론적 사유의 기본 논리이다.

　그렇다면 연기론적 사유는 실체론적 사유의 무엇을 부정하는 것인가? 연기론적 사유는 실체론적 사유가 무한소급을 피하기 위해 궁극적인 최초의 것을 설정하는 것을 비판한다. 실체론적 사유는 A가 B를 통해 있고,

B가 C를 통해 있고, C가 다시 D를 통해 있고…… 이러한 환원의 무한소급을 막기 위해 더 이상 다른 것을 통해 설명될 수 없는 그 자체로서 존재하는 최초의 요소를 설정한다. 그러나 연기론적 사유는 바로 그러한 최초를 부정한다. 다시 말해 최초라고 생각된 그것에 대해서도 "그것은 무엇을 통해 존재하는가?"라는 물음이 가능하다고 보는 것이다. 그러나 또 다른 요소를 찾아 그에 답하는 것이 아니다. 그럴 경우는 그 다른 요소에 대해 또 다시 그 물음이 가능하므로 결국 무한소급에 빠지게 되겠기 때문이다. 연기론적 사유가 무한소급을 피하는 길은 최초라고 생각된 그 어떤 것을 최후라고 생각된 그 어떤 것을 통해 존재하는 것으로 설명하는 것이다. 원의 시작점이 원을 완성하는 끝점과 맞물려 그 과정에 끝이 없듯이, 씨에서 싹이 트고 꽃이 피고 열매가 열리는데, 그 열매에서 다시 씨가 나와 그 과정에 시작과 끝이 없듯이, 그렇게 최초라는 것도 없고 최후라는 것도 없다는 것이다. 순환 속에는 근원적 시작이 존재하지 않으므로, 어느 것도 시작으로 상정될 수가 없다. 모든 발생은 과거(근원)를 향해서도 미래(결과)를 향해서도 끝이 없다는 것을 『미린다팡하』는 다음과 같은 비유를 들어 설명한다.

왕이 물었다. "그대는 모든 시간의 근원적 시작은 인식되지 않는다고 하였습니다. 비유를 들어주십시오." "대왕이여, 어떤 사람이 조그마한 씨앗 하나를 땅에 심는다고 합시다. 그 씨앗은 싹이 터서 점차 성장하고 무성하여 열매를 맺을 것입니다. 그 사람이 그 씨앗을 받아 다시 땅에 심으면 또 열매를 맺을 것입니다. 이 개체적 씨앗의 연속은 끝이 있겠습니까?" "없습니다." "그와 마찬가지로 시간의 근원적 시작은 인식되지 않습니다." "다시 한번 비유를 들어주십시오." "닭이 알을 낳고 그 알에서 닭이 생기고 또 그

불교의 무아론

68

닭에서 알이 생겨납니다. 이러한 연속에 끝이 있겠습니까?" "없습니다."
"마찬가지로 시간의 근원적 시작이란 인식되지 않습니다." "또 비유를 들어주십시오." 그 때 나가세나 존자는 땅에 원을 그려놓고 왕에게 물었다.
"이 원 둘레의 끝이 있습니까?" "없습니다." …… "대왕이여, 그러므로 시간의 근원적 시작은 인식되지 않습니다." [45]

이처럼 실체론을 반박하는 연기론적 사유는 무한소급을 끊을 수 있는 최초의 근원을 설정하지 않고 일체를 순환적으로 설명한다. 씨앗이 나무로 인해 있고, 나무는 다시 씨앗으로 인해 있으며, 닭은 알로 인해 있고, 알은 다시 닭으로 인해 있다. 원의 둘레가 끝없이 이어질 수 있듯이, 시작과 끝은 상호 의존 관계로 연결되어 있다. 이는 결국 일체의 발생은 동일한 구조로 무한히 반복된다는 것을 뜻한다.

실체론적 사유는 일체의 현상 세계를 떠받드는 궁극적 지점을 독단적으로 설정하는 것이다. "아르키메데스는 전체 지구를 그 자리에서 움직이기 위해 단 하나의 확고 부동한 점만을 요구하였다" [46]는 것이 그들 실체론자들의 기본 신념이다. 태초에 우주를 창조한 신이 존재하였다는 것이나, 태초에 빅뱅이 있어 그로부터 우주가 생성되었다는 것이나, 모두 단 하나의 궁극 원인, 단 하나의 기본 원리로부터 일체의 존재를 설명하고자 하

45 동봉 역, 『미린다팡하』, 홍법원, 1992, 81–82쪽.
46 데카르트, 『성찰』, 제2성찰.

는 실체론적 사유에 속한다. 반면 연기론적 사유는 궁극 원인을 부정하고 그 원인을 그 원인으로부터의 결과를 통해 다시 설명한다. 따라서 형식 논리적으로 보면 '순환논증의 오류'를 범하는 것처럼 보이지만, 그것은 최초가 있어야 한다고 전제하여 그 최초를 설정하는 '독단의 오류' 위에서 보았을 때의 오류일 뿐이다. 연기적 관점에서 보면 일체는 서로가 인과 과의 관계로 연결되어 있어, 최초도 최후도 존재하지 않는 상호 인과성 또는 상호 의존적 관계에 있는 것이다. 연기의 순환성은 곧 연기의 상호 의존성을 말해 준다.

이 연기의 순환성이 12지 연기에도 그대로 적용된다. 연기의 과정을 따라 생과 노사의 고통의 원인을 거슬러 올라갔을 때, 그 궁극 원인은 무명(無明)이지만, 그 무명은 원인 없이 어느 특정 순간부터 있게 된 것이 아니다. 무명은 바로 유정의 무명이며, 그것도 생과 노사의 과정을 거친 유정의 무명이다. 그 무명으로부터 행이 있고, 식이 있고, 명색이 있고 …… 생과 노사가 있고, 그 생과 노사를 인연으로 해서 다시 행을 낳는 무명이 있는 것이다. 그러므로 12연기 고리는 시작과 끝이 맞물려 있는 순환을 그린다.

이처럼 현상 세계는 단일한 궁극 실체로부터 출발하는 것이 아니라, 시

작과 끝이 맞물리는 순환 구조를 따라 끝없이 나아가게 된다. 발생에 있어 자기 자성을 가지는 단일 실체가 존재하지 않는다는 것은 곧 행위에 있어 주관적 실체, 주체에 해당하는 작자가 존재하지 않는다는 것을 의미한다. 그렇다면 주체 내지 작자 없이 어떻게 12지 연기가 성립할 수 있는가?

2. 무작자와 연기(緣起)

일체는 자기 자성이 있는 실체로서 존재하는 것이 아니라, 인연 화합의 결과 연기하는 것이다. 그러므로 인간 행위에 있어서도 주관적 실체라고 할 만한 자아가 존재하지 않는다. 이것이 바로 유업보 무작자가 의미하는 바이다. 업과 보는 있어도, 업의 주체로서의 작자(作者)는 있지 않다. 그렇다면 업과 보에 있어 작자가 존재하지 않는다는 것은 구체적으로 무엇을 의미하는가?

우리는 일상적으로 어떤 느낌이나 생각이나 뜻을 가지게 될 때, 그렇게 느끼고 생각하고 의지하는 내가 있어서 내가 느끼고 생각하고 뜻을 갖는다고 여긴다. 이것은 자아에 대한 실체론적 사유를 보여주는 것이다. 느낌이나 생각이나 뜻은 그런 것들을 가지는 내게 속하는 성질, 속성으로 존재하는 것이고, 그런 속성들을 가지는 나는 속성의 담지자인 실체로서 존재한다고 여기는 것이다. 이런 실체론적 사유에 따르면, 느낌이나 인식이 있으면 그런 것들은 반드시 그런 느낌이나 인식을 가지는 자아가 실체로서 존재하기 때문이다. 그러므로 느낌에 대해 "누가 느낌을 갖는가?", 인식에 대해 "누가 인식을 가지는가?"라는 물음을 묻게 되는 것이다. 내가 느낌이나 인식을 갖는 나로서 존재하기에, 그 내가 이런저런 느낌을 가지고, 이런저런 인식을 하게 된다고 여기는 것이다.

그런데 『잡아함경』은 식에 대해 "누가 인식을 가지는가?" "무엇이 식을 가지는 식의 주체인가?"를 물을 것이 아니라, 오히려 "무엇이 식의 인연이고 또 무엇이 식의 결과인가?"를 물어야 한다고 말한다. 식의 주체를 '식을 먹는 자'로 표현하면서 다음과 같이 말한다.

누가 식(識)을 먹는가? 석가가 비구에게 말하기를 나는 식을 먹는 자가 있다고 말하지 않는다. 만일 내가 식을 먹는 자가 있다고 말한다면, 너는 마땅히 그렇게 물어야 할 것이다. 그러나 나는 식이 곧 먹는 것이라고 말한다. 그러므로 너는 마땅히 다음과 같이 물어야 한다. "무엇을 인연으로 먹는 식이 있는가?" **47**

식에 대해 "누가 식을 먹느냐?"고 묻는 것은 "식의 작자가 누구냐?"를 묻는 것이며, 따라서 이미 식의 작자가 존재한다고 설정해 놓고 묻는 것이다. 반면 석가는 식의 활동인 업(業)과 보(報)는 있지만, 식의 작자는 따로 있지 않다는 '유업보 무작자'를 주장한다. 따라서 식이 있을 뿐이지 식을 가지는 자, 식을 먹는 자는 존재하지 않는다는 것이다. 그러므로 "누가 식을 가지는가?"를 물을 것이 아니라, 오히려 "무엇으로 인해 식이 있고 또 그 식으로 인해 무엇이 발생하는가?"를 물어야 한다고 주장한다. 이는 행위 주체를 설정하는 것이 옳지 않다는 주장이다.

우리가 우리 자신의 행위에 대해 그 행위 주체를 자기 자신으로 설정하는 것은 행위와 행위 주체가 질적으로 서로 다른 것이라고 여기기 때문이

47 『잡아함경』, 권15, 372 「파구나경」(『대정장』 2, 102상), "誰食此識? 佛告頗求那. 我不言有食識者. 我若言有食識者. 汝應作是問. 我說識是食. 汝應問言. 何因緣故, 有識食."

다. 예를 들어 만일 내가 밥을 먹는다면, 밥을 먹는 행위와 그렇게 먹는 자로서의 나를 둘로 구분해서 그 각각이 따로 존재한다고 보는 것이며, 이는 곧 밥을 먹는 나인 내 몸과 그 나에 의해 먹히는 음식인 밥을 따로 구분하기 때문이다.

그러나 밥 먹는 현재 순간으로 보면 먹는 내 몸과 먹히는 음식이 구분되지만, 오늘의 내 몸은 오늘까지 내가 먹은 음식의 결과이다. 내가 먹은 음식은 나에게 먹힘으로써 나의 몸으로 변화하며, 결국 그렇게 음식이 변화한 그 몸이 그 다음의 음식을 먹게 되는 것이다. 느낌이나 생각이나 의지 등도 이와 다르지 않다. 느낌이나 생각이나 의지를 가지게 될 때, 우리는 내가 느끼고 내가 생각하고 내가 의지한다고 여기지만, 그 나란 결국 그 이전까지의 느낌이나 생각들이 나로 화한 것에 지나지 않으며, 따라서 어떤 느낌이나 생각을 일으키는 것은 바로 그 이전 순간까지의 느낌이나 생각들 이외의 다른 것이 아닌 것이다. 한 느낌이 그 다음의 느낌을 낳고, 그것이 다시 어떤 생각을 일으키며, 그 생각이 또 다른 생각을 낳고, 그 다른 생각이 또 다른 의지를 낳고, 그런 식으로 이어지는 것이다. 이렇게 보면 느낌이나 생각이나 인식 등은 그런 것들을 속성으로 갖는 속성 담지자로서의 실체가 작자로서 따로 존재해서 그 작자가 일으키는 것이 아니라, 바로 그 느낌이나 생각이나 인식과 동일 차원의 것인 이전의 느낌이나 인식이나 뜻이나 생각 등이 불러일으키는 것이 된다. 이처럼 느낌이나 인식 등의 현상을 자기 동일적 주체를 상정함이 없이 인연에 따라 발생하는 것으로 설명하는 것이 연기론적 사유이다. 연기론적 사유에 따르면 느낌이나 생각 등은 모두 여러 중연이 화합해서 일어나는 것이지, 단일한 주체가 일으키는 것이 아니다.

그러나 그처럼 느낌이나 생각이나 인식 등이 여러 중연에 따라 또 다른 느낌이나 생각이나 인식 등을 일으키는 것이라면, 우리는 왜 그렇게 여기지 않고, 그들과 구별되는 개별 실체인 내가 존재해서 내가 느끼고 내가 생각하고 내가 인식하는 것으로 여기는 것일까? 이것은 우리의 의식의 한계에서 비롯된다. 즉 우리는 의식의 흐름 속에서 오직 현재적 의식에만 머무를 뿐이다. 느낌이나 생각이나 의지들은 그것이 의식에 떠오르는 현재적 순간에는 명료하게 의식되고 포착되지만, 그 한 순간이 지나고 나면 과거화되면서 의식의 뒤편으로 물러나게 된다. 그렇게 뒤로 물러난 과거의 의식 내용은 의식에 가려져 있어 의식으로 포착되지 않는다. 그러나 그럼에도 불구하고 그것은 과거의 의식 내용으로서 현재의 의식과 연결되어 있기에 현재의 느낌이나 생각이나 의지를 일으키는 중연으로 작용하는 것이다. 이처럼 현재의 의식을 일으키는 것이 과거의 느낌이나 생각이나 인식 등인데, 그것이 현재의 의식에는 가려져 있기에, 즉 밝게 드러나 있지 않기에, 그 밝지 않은 무명(無明) 상태에서 우리는 그것을 현재적 의식 활동의 주체로, 자아로 간주하게 되는 것이다. 현재 의식을 가능하게 하는 과거 의식 흐름이 의식의 무명 상태 안에서, 즉 무의식 안에서 바로 '나'라는 자기 의식을 형성하게 되며, 따라서 우리는 그 자기 의식에 따라 매 순간 내가 느끼고, 내가 생각하고, 내가 의지한다고 여기게 되는 것이다.

이렇게 보면 "누가 식을 갖는가" 또는 "누가 식을 먹는가?"라는 물음은 현재의 표면적인 의식만을 포착할 뿐 그 의식의 기반은 의식하지 못하는 무명 상태에서 제기되는 물음이다. 결국 무명으로 인해 자신의 과거의 의식 흐름을 자아로 설정하는 실체론적 사유 경향에 따라 묻는 물음인 것이다. 반면 "어떻게 해서 식이 생하는가?"의 물음은 그와 같은 방식으로 설정된 자아는 실재하는 것이 아니라는 것, 현재의 느낌이나 사유의 주체로 설정된 자아는 결국 과거의 느낌이나 사유 자체와 다를 바가 없다는 것을 일깨워 주는 물음이며 실체론을 부정하는 연기론적 물음이다. 이처럼 무아의 관점에 서면 '누가?'의 물음은 '무엇으로 인해?'의 물음으로 바뀌게 된다.

> 너는 마땅히 다음과 같이 물어야 한다. "무엇을 인연으로 먹는 식이 있는가?" 그러면 나는 마땅히 다음과 같이 답할 것이다. '[식은] 능히 미래의 존재[有]를 부르며, 상속하여 생하게 한다. 유가 있으므로 육입처가 있으며, 육입처를 인연하여 촉이 있다.[48]

여기에서는 식이 무엇을 인연하여 생하는가에 대해 말하지 않고, 대신 식을 인연하여 미래유가 생하고, 그 존재로 인해 육입처(六入處)가 생하고, 또 그 육입처로 인해 부딪침[觸]이 생한다는 것을 말하고 있다. "무엇으로 인해 식이 생기는가?"를 답해야 할 자리에서 "식으로 인해 무엇이 생기는가?"를 말하는 것이 동문서답이 아니라면, 그렇게 답하는 이유는 무엇인가? A를 생겨나게 하는 인연이 A로부터 생겨나는 것들 속에서 찾아진다는 것은 무엇을 의미하는가? 어린아이가 부모에게 "나는 어떻게 해서 생겨났나요?"를 물을 때, 우리는 이렇게 답할 수 있다. "네가 더 자라나서 어른이 되면, 네가 좋아하는 사람이 생기겠지. 그 사람하고 결혼해서 서로 사랑하게 되면, 아이가 생기게 된단다." 이것은 그 아이로 인해 생겨나게 되는 것을 통해 그 아이가 생겨나게 된 과정을 설명하는 것이다. 식으로 인해 발생하는 것들을 통해 식이 발생하게 되는 과정을 설명하는 것도 이와 같다. 이는 결국 식으로 인해 발생하는 것들이 실제로

---

48 『잡아함경』, 권15, 372 「파구나경」(『대정장』 2, 102상), "汝應問言. 何因緣故, 有識食? 我則答言. 能招未來有. 令相續生. 有有故有六入處. 六入處緣觸."

식을 발생시키는 원인이 되기 때문이다. 즉 식을 일으키는 원인과 식으로 인한 결과가 서로 맞물려 있는 것이다. 이렇게 해서 식으로 인해 발생하는 것이 식의 발생을 설명하며, 그 식의 발생이 곧 그 다음 식으로 인해 발생하는 것들을 설명한다. 이것이 곧 앞 장에서 논의된 바 연기가 가지는 순환 구조를 말해 주며, 연기적 설명이 발생에 대해 외적인 제1원인을 설정하지 않는 내재적 설명임을 보여주는 것이다. 이로부터 식을 둘러싼 연기의 순환성이 성립한다.

이런 이유에서 석가는 "무엇으로 인해 식이 있는가?"를 묻고는 "식이 미래유를 불러 생하게 하며, 그로 인해 육입처가 있고, 또 그로 인해 촉이 있다"고 말한다. 그리고 또 다른 곳에서는 "무엇으로 인해 식이 생기는가?"에 대해 직접적으로 "행을 인연하여 식이 있다"라고 답하기도 한다. 그럼 그 행은 무엇을 인연하여 있는가? 그것은 무명을 연하여 있다.

> 무명(無明)을 인연하여 행(行)이 있고 …… 행을 인연하여 식(識)이 있다.[49]

"행(行)으로 연하여 식이 생한다"에서 식을 가능하게 하는 행은 결국 식으로 인해 생기는 것들을 총체적으로 싸잡아서 한마디로 표현한 것이

49 『잡아함경』, 권12, 298 「법설의설경」(『대정장』 2, 85상중), "緣無明行 … 緣行識"

불교의 무아론

라고 볼 수 있다. 그러므로 실제로 식이 어떻게 생하게 되는가의 설명은 식으로부터 무엇이 생하는가에 대한 설명을 통해서 밝혀진다. 『잡아함경』은 행으로 인해 식이 있고, 그 식으로 인해 명색이 있으며, 그로 인해 육입처가 있고, 다시 그로 인해 촉이 있다고 말한다.

> 무명(無明)을 인연하여 행(行)이 있고, …… 행을 인연하여 식(識)이 있으며, …… 식을 인연하여 명색(名色)이 있고, …… 명색을 인연하여 육입처(六入處)가 있고, …… 육입처를 인연하여 촉이 있다.[50]

여기서 식으로 인한 명색은 수상행식의 명과 색을 합한 오온을 뜻한다. 그리고 오온을 연한 육입처란 12처 중에서 안이비설신의의 여섯 가지 내입처를 말한다. 이 내입처가 외입처인 6경과 화합하여 촉이 발생하게 되는 것이다. 불교에서는 존재를 분석할 때는 색수상행식을 '오온(五蘊)'이라고 하고, 안이비설신의를 '육근(六根)'이라고 말하지만, 연기 과정에서 그것들을 지칭할 때는 주로 '오취온(五取蘊)'과 '육입처(六入處)'라고 말한다. 오온과 육근은 현상을 있는 그대로 서술하는 개념이고, 오취온과 육입처는 그러한 것들이 발생하게 되는 과정이 무명과 집착에 근거한 것이라는 점에서 취착된 오온이고 탐진치의 번뇌 세계로 진입한 육근이라는 것을 강조한 표현이다.[51] 무명에 근거한 행으로부터 식이 생하고, 그

---

50 『잡아함경』, 권12, 298 「법설의설경」(『대정장』 2, 85상중), "緣無明行 … 緣行識 … 緣識名色 … 緣名色六入處 … 緣六入處觸"

51 이중표는 「육입처와 육근은 동일한가?」(『범한철학』, 17집, 1998)라는 논문에서 육근과 육입처가 다르다는 것을 논하는데, 그 의미가 본서에서 논하는 것과는 구분된다. 이중표는 12지 연기에서 무명으로부터 행·식·명색을 따라 연기하는 것은 육입처이지 육근이 아니라고 말하면서, "만약 육입처가 육근을 의미한다면, 육근이 무명에서 생긴다고 해야 할 뿐만 아니라 무명이 사라진 세존은 육근이 없어야 할 것이다"라고 말한다(이중표, 『근본불교』, 민족사, 2002, 137쪽). 여기서 사실 문제가

식으로 인해 발생하는 명색과 육입처는 모두 무명과 집착에 의거하여 형성된 연기 산물이다. 이렇게 연기의 인과 고리는 무명으로 시작해서 행, 식, 명색, 육입처, 촉으로 이어지게 된다.

무명 → 행 → 식 → 명색 → 육입처 → 촉

여기서 만약 "식으로 인해 발생하는 것들은 누구의 명색이고, 누구의 육입처이며, 누구의 부딪침인가?"라고 묻는다면, 이 물음 또한 잘못 제기된 물음이다. 행위의 작자를 상정하지 말아야 하는 것은 식에 대해서뿐만이 아니라, 일체 작용에 대해 타당하기 때문이다. 부딪침이나 느낌, 사랑이나 애착에 대해 그런 현상적 작용 너머 작자를 상정할 경우 우리는 누가 부딪치고 누가 느끼는가, 누가 사랑하고 누가 취하는가라고 묻게 된다.

되는 것은 12지 연기 자체에 대한 이해라고 본다. 12지 연기에서 무명에 따라 생하고 또 무명의 멸에 따라 멸하게 되는 것이 명색의 오온이며 육근이라는 것은 당연한 것 아닌가? 그것이 무명에 따라 생하여 탐진치가 묻어 있기에 오취온이고 번뇌적 인식 능력 내지 인식 기관이기에 육입처라고 하는 것이지, 어떻게 오온과 육근 등이 무명으로 인해 생기는 것이 아니라고 말할 수 있는가? 연기의 항은 육입처일 뿐 육근은 아니다라고 하여 그 둘을 구분하는 것은 결국 불교의 12지 연기설 나아가 윤회와 해탈의 문제를 단순히 인간의 심리적 집착과 그 집착의 해소만을 논하는 심리학적 차원의 논의로 축소시키면서, 본래 석가의 깨달음이 함축하는 인간 및 세계 존재에 대한 존재론적 측면을 배제하는 것이 된다. 더구나 "육입처가 육근을 의미한다면, 무명이 사라진 세존은 육근이 없어야 할 것"이라는 주장은 12지 연기의 발생론적 측면(이시적 상호 인과성에 기반한 순환적 설명 구조)을 간과한 것이다. 왜냐하면 12지 연기에서 육근의 몸은 과거 생의 무명과 업력으로부터 발생한 것이며 그 업력에 따라 지속되는 것이기 때문이다. 현생에서 무명을 멸하고 탐진치를 멸하면, 현생의 육근이 정화되고 새로운 업을 짓지 않게 되며, 따라서 미래 생을 낳지 않게 되는 것이지, 즉 미래의 오온이나 육근을 형성하지 않게 되는 것이지, 그것이 이미 생한 현생의 육근을 멸하는 것은 아니기 때문이다. 12지 연기의 상호 의존성은 일방향으로 진행하면서 순환 구조를 이루는 것이지, 역방향으로 작용하는 것은 아니기 때문이다. 안옥선도 『불교윤리의 현대적 이해』(52쪽 이하)에서 육입처와 육근이 다르다는 것을 강조하였지만, 최근 논문 「불교생태학에서 존재 평등의 근거」에서 그 둘이 동일한 것은 아니지만, "그러나 양자가 전적으로 다르기만 한 것인지에 대해서는 좀더 연구되어야 할 것이다"(『불교학연구』, 권10, 232–33쪽)라고 말한다. 이 문제가 12지 연기의 이해, 나아가 불교의 윤회나 해탈의 이해, 그리고 결국은 불교 자체의 이해와 연결되어 있기 때문에 신중을 기할 것이라고 여겨진다.

느끼는 작자, 사랑하는 작자를 느낌이나 사랑하는 행위의 주체로 설정하기 때문이다. 내가 느끼거나 내가 사랑하든지, 아니면 네가 느끼거나 네가 사랑하는 것으로서 각 행위의 주체가 있어야 한다고 생각하는 것이다. 그러나 이 일체에 대해 석가는 유업보 무작자의 관점을 견지한다.

누가 부딪칩니까? 석가가 비구에게 말하기를 나는 부딪치는 자가 있다고 말하지 않는다. 만일 내가 부딪치는 자가 있다고 말한다면, 너는 마땅히 그렇게 물어야 할 것이다. 그러나 [나는 그렇게 말하지 않는다. 그러므로] 너는 다음과 같이 물어야 한다. "무엇을 인연으로 해서 부딪침이 있는가?" 그러면 나는 마땅히 다음과 같이 답할 것이다. "육입처를 인연으로 하여 부딪침이 있고, 부딪침으로 인해 느낌이 있다." [비구가] 다시 물었다. 누가 느낍니까? 석가가 비구에게 말하였다. 나는 느끼는 자가 있다고 말하지 않는다. 만일 내가 느끼는 자가 있다고 말한다면, 너는 마땅히 그렇게 물어야 할 것이다. 그러나 너는 다음과 같이 물어야 한다. "무엇을 인연으로 하여 느낌이 있는가?" 그러면 나는 마땅히 다음과 같이 답할 것이다. "부딪침을 인연으로 하여 느낌이 있고, 느낌으로 인해 사랑이 있다." [비구가] 다시 물었다. 세존이여, 누가 사랑하는 것입니까? 석가가 답하였다. 나는 사랑하는 사람이 있다고 말하지 않는다. 만일 내가 사랑하는 사람이 있다고 말한다면, 너는 마땅히 그렇게 물어야 할 것이다. 그러나 너는 마땅히 다음과 같이 물어야 한다. "무엇을 인연하여 사랑이 있는가?" 그러면 나는 마땅히 다음과 같이 말할 것이다. "느낌을 인연하여 사랑이 있고, 사랑으로 인해 취함이 있다." [52]

1 부 근본 불교의 무아론

---

52 『잡아함경』, 권15, 372 「파구나경」(『대정장』 2, 102상중), "爲誰觸? 佛告頗求那, 我不言有觸者. 我若言有觸者, 汝應作是問. 爲誰觸. 汝應如是問, 何因緣故, 生觸? 我應如是答. 六入處緣觸, 觸緣受. 復問, 爲誰受? 佛告頗求那, 我不說有受者. 我若言有受者, 汝應問, 爲誰受. 汝應問言, 何因緣故有受. 我應如

이어 "누가 취하는가" "누가 존재하는가"라는 물음에 대해서도 동일한 방식으로 답한다. 일체 현상에 대해 그 현상의 담지자, 행위 주체를 묻지 말고, 그 현상이 있게 된 인연을 물으라는 것이다. 누가 느끼고 누가 사랑하는가 누가 취하는가 등을 묻지 않고, 무엇으로 인해 느낌이 있고, 무엇으로 인해 사랑이 있고, 무엇으로 인해 취함이 있는가를 묻고 답할 때, 그 현상을 제대로 이해한 것이 된다. 그렇게 해서 그 각각이 무엇을 인연으로 하여 생하고, 그로 인해 무엇이 발생하는가를 물으면, 그 인과 고리는 다음과 같은 식으로 이어진다.

> 육입처를 인연하여 촉이 있고, 촉을 인연하여 수가 있고, 수를 인연하여 애가 있고, 애를 인연하여 취가 있고, 취를 인연하여 존재[有]가 있고, 존재를 인연하여 생이 있고, 생을 인연하여 노병사와 근심·슬픔·번민·괴로움이 있다.[53]

앞서 무명으로부터 행이 있고, 행으로부터 식(識)이 있으며, 그로부터 명색과 육입처가 생한다고 하였고, 이제 그 육입처로 인해 촉이 발생하고, 촉은 수·애·취·유·생·노사로 이어진다고 하였으므로, 전체 인과 고리를 연결시켜 보면 다음과 같은 12연기 고리가 이어지게 된다.

무명 → 행 → 식 → 명색 → 육입처 → 촉 → 수 → 애 → 취 → 유 → 생 → 노사

是答. 觸緣故有受. 受緣愛. 復問. 世尊. 爲誰愛? 佛頗求那. 我不說有愛者. 我若說言有愛者. 汝應作是問. 爲誰愛. 汝應問言, 何緣故有愛. 我應如是答. 緣受故有愛. 愛緣取"
53 『잡아함경』, 권15, 372 「파구나경」(『대정장』 2, 102중), "六入處緣觸. 觸緣受. 受緣愛. 愛緣取. 取緣有. 有緣生. 生緣老病死. 憂悲惱苦."

이와 같이 12연기란 행위의 작자를 따로 상정함이 없이 행위 자체가 연속적으로 이어지게 되는 과정을 연결해 놓은 것이다. 연기 주체의 상정 없이 각 항목의 업으로부터 인연법에 따라 그 다음의 항목이 이어지는 것이다. 이는 곧 업과 보는 있되 업을 짓는 자, 보를 받는 자에 해당하는 작자가 따로 있는 것이 아니라는 유업보 무작자의 논리를 보여주는 것이다.

그런데 이 인과의 연속성은 처음 무명에서 시작해서 마지막 노사로 그치는 것이 아니라, 다시 그 노사로 인해 무명이 있는 방식으로 다음과 같은 일종의 순환이 된다.

이렇게 해서 12지 연기의 각 항목은 실체 내지 작자가 없음으로 인해 서로 인이 되고 과가 되는 순환적 인과 관계, 상호 의존적 인과 관계로 연결된다.

3. 이시적 상호 의존성

궁극 요소나 궁극 시작인 실체 또는 작자 없이 성립하는 연기적 순환 구조 속의 항들은 서로 상호 의존 관계에 있다. 그런데 이러한 상호 인과성 또는 상호 의존성은 두 가지 유형으로 구분 가능하다. 하나는 인식에 있어 근과 경 또는 주관과 객관의 관계에서 성립하는 바와 같은 그런 종류의 상호 의존성이다. 예를 들어 "눈이 인이 되어 색이 있고, 색이 인이 되어 눈이 있다" 는 식의 상호 인과성이 그것이다. 우리는 일상적으로 눈과 색, 인식 주관과 인식 객관을 상호 연관이 없는 별개의 것처럼 여기지만 실제로 보는 눈과 보여지는 색, 인식 주관과 인식 객관은 하나가 없으면 다른 하나가 성립하지 않는 그런 관계이다. 색을 보지 못하는 눈은 인식 능력인 근으로서의 눈이 아니고, 보여지지 않는 색은 색이 아닌 것이다. 따라서 안근이 있기 때문에 색을 볼 수 있으므로, 근을 인연하여 색이 있는 것이고, 또 보여진 색을 근거로 해서 보는 능력으로서의 근이 근으로서 존재하는 것이므로, 경을 인연하여 근이 있는 것이다.

그리고 또 다른 하나의 상호 인과성은 알과 닭에서 성립하는 것과 같은 그런 종류의 상호 의존성이다. 닭은 알로부터 부화해서 존재하는 것이지만, 또 알은 닭이 낳은 것이다. 그러므로 알이 없으면 닭이 있을 수 없고, 또 닭이 없으면 알이 있을 수가 없다. 알을 인연하여 닭이 있고, 또 닭을 인연하여 알이 있게 된다는 점에서 그 둘은 상호 인과성 또는 상호 의존 관계에 있다.

그런데 이 두 종류의 상호 인과성은 하나가 없이 다른 하나가 없다는 점에서는 동일하지만, 그 둘간에는 결코 간과해서는 안 될 근본적 차이점이 있다. 전자에 있어서는 한 항에 대해 그것의 인이 되는 것과 그것의 과가 되는 것이 수적으로 동일한 것이다. 안근과 색의 관계에 있어 특정한 색을 가능하게 하는 인으로서의 안근과 그 색에 의해 가능해진 과로서의 안근은 동일한 안근인 것이다. 내 눈이 있음으로써 그 색을 보게 되고, 그 보여진 색으로 인해 내 눈이 눈이 되는 것이다. 그러므로 눈을 연해서 경이 있게 되는 것과 그 경으로 인해 그 눈이 있게 되는 것은 동시적이다.

$$동시성: 근(눈) \longleftrightarrow 경(색)$$
$$t_1$$

　반면에 후자에 있어서는 한 항에 대해 그것의 인이 되는 것과 그것의 과가 되는 것이 수적으로 동일한 것이 아니다. 알과 닭의 관계에 있어 한 알을 가능하게 한 원인으로서의 닭과 다시 그 알에 의해 가능해진 결과로서의 닭은 동일한 닭이 아니다. 어미닭이 있음으로써 알이 있게 되고, 그 알이 있음으로써 병아리가 있게 되는데, 어미닭과 병아리는 수적으로 동일한 닭이 아닌 서로 다른 닭이기 때문이다. 따라서 닭을 연해 알이 있게 되는 것과 그 알로 인해 다시 닭이 있게 되는 것은 동시적이 아니고 순차적인 것이다. 그래야 알을 낳은 닭과 그 알에서 나온 닭이 서로 다른 닭이 될 수 있기 때문이다. 그러므로 여기에서 반복되는 것은 그 시간성과 시간 흐름에서 성립하는 개체적 차이성을 추상하고 남겨지는 구조적 동일성일 뿐이다.

$$비동시성: 닭1 \longrightarrow 알1 \longrightarrow 닭2 \longrightarrow 알2 \cdots\cdots$$
$$t_1 \qquad t_2 \qquad t_3 \cdots\cdots$$

　색과 근의 경우처럼 인과 과의 상호 인과 관계가 동시적으로 성립하는 상호 의존성을 '동시적(同時的) 상호 의존성'이라고 할 수 있으며, 반면 닭과 알의 경우처럼 인과 과의 상호 인과 관계가 시간적 흐름 속에서 성립하는 인과 과의 상호 의존 관계를 '이시적(異時的) 또는 계시적(繼時

的) 상호 인과성'이라고 할 수 있다. 후자의 경우 한 항에 대한 인과 그 항으로 인한 과가 서로 다른 것으로 되는 것은 그 사이에 시간이 흘러갔기 때문이다. 한 닭으로 인해 알이 생기는 것과 그 알로 인해 그 다음 닭이 생기는 것이 동시적으로 발생하는 것이 아니기에, 알을 낳은 닭과 그 알로부터 나온 닭이 서로 다른 닭일 수 있는 것이다. 그러므로 동시적이 아닌 이시적 상호 의존성만이 시간 흐름에 따라 새로운 것의 형성을 설명하는 발생의 논리일 수 있다.

동시적 상호 인과성   이시적 상호 인과성

동시적 상호 의존성에 있어서는 두 항목간의 인과 관계가 쌍방향으로 성립한다. 서로 인이 되고 과가 되는 두 항목이 동시에 존재하므로 한 항은 다른 항에 대해 인이면서 또 과일 수 있는 것이다. 반면에 이시적 상호 의존성에 있어서는 두 항목간의 인과 관계가 일방향으로만 성립하지, 역방향으로는 성립하지 않게 된다. 이는 두 항목간의 인과 과의 관계가 시간적 흐름 속에서 성립하므로, 역방향으로 현재에서 과거를 규정하는 것은 불가능하기 때문이다. 인과는 다음과 같은 일방향으로만 성립한다.

→ 어미닭 → 알 → 병아리

알을 낳은 어미닭과 그 알이 자라 병아리를 거쳐 된 어미닭은 서로 다른 닭이기 때문에 인과의 방향은 위에 표시된 그 한 방향으로만 가능하지, 어미닭이 알이 되고, 그 알이 다시 그 어미닭이 되는 식으로 다음과 같은 역방향으로는 성립하지 않는다.

$$\longrightarrow \text{어미닭} \not\longrightarrow \text{알} \longrightarrow \text{병아리}$$

이와 같이 상호 의존성을 동시적인 것과 이시적인 것, 일방향의 것과 쌍방향의 것으로 구분해 보면, 12연기는 그중 어디에 속하는가? 연기의 12항은 서로 어떤 관계인가?

> 무명을 연하여 행이 있으며 결국 큰 고가 쌓이고, 무명이 멸하므로 행이 멸하여 결국 큰 고가 멸한다.[54]

여기에서는 무명에서 행으로 행에서 식으로의 일방향의 인과만이 말해지고 있지, 거꾸로 식에서 행으로, 행에서 무명으로의 인과 관계가 말해지는 것이 아니다. 즉 연기 계열에 있어 인과 과의 관계는 일방향이지 역방향은 성립하지 않는다. 전 항을 인으로 하여 그 다음 항의 과가 있게 되는 것을 유전문이라고 하고, 인이 되는 전 항을 멸해서 과가 되는 그 다음 항을 멸하게 하는 것을 환멸문이라고 하는데, 유전문에 있어서도 환멸문에 있어서도 그 인과 과의 관계는 일방향이지 결코 쌍방향이 아니다.

무명 → 행 → 식 → 명색 → 육입처 → 촉 → 수 → 애 → 취 → 유 → 생 → 노사

54 『잡아함경』, 권12, 301 「가전연경」(『대정장』 2, 85하–86상), "緣無明行, 乃至純大苦聚集. 無明滅故行滅, 乃至純大苦聚滅."

12지 연기가 이처럼 일방향의 인과 관계이면서도 상호 의존 관계가 되는 것은 그 연기 고리에 있어 제1항인 무명이 연기의 절대적 시작점이 되는 것이 아니라, 그것이 다시 연기의 마지막 항인 노사로 인해 발생한 것이기 때문이다.

이처럼 12지 연기에서 성립하는 상호 인과성은 일방향의 이시적 상호 인과성이다. 그렇기 때문에 12지 연기가 시간의 흐름에 따라 생기하는 것들을 설명하는 발생의 논리일 수 있는 것이다. 즉 그 안에서 상호 의존 관계로써 표현되는 순환은 일종의 나선형의 원이지 동일한 원점으로 되돌아가는 닫힌 원이 아니다. 시작점이 끝점과 맞물리는 닫힌 원이라면 그 안에서 발생이 일어날 수 없을 것이다. 그것이 닫힌 원이 아니라 한 바퀴 돌아온 끝점이 시작점으로부터 멀어진 나선형 원이기에, 그 거리만큼 시간이 경과하고 그 시간 안에 다른 것이 발생할 수 있는 것이다. 그러므로 하나의 무명에 대해 그것을 가능하게 하는 노사와 그 무명으로부터 생겨나는 노사는 이름은 같은 노사이지만, 내용은 서로 다른 것이다.

이처럼 연기의 각 항들이 동시적 상호 인과가 아니라 이시적 상호 인과의 관계로서 존재하기에, 따라서 어느 항이든 그것이 인과 계열을 따라 한 바퀴 돌아오고 나면 이전의 그것과는 다른 것으로 바뀌어 되돌아오기에, 인과 관계로 이어지는 12지 연기는 발생의 논리이며 윤회의 논리가 되는 것이다.

그런데도 많은 불교 연구가들은 불교 연기에서의 상호 의존성을 일방향이 아닌 쌍방향의 것이라고 논한다. 이는 대개 일방향이 일직선적인 선형적 인과인 데 반해, 쌍방향이어야지 비선형적 상호 의존성이 확보된다고 보기 때문이다. 그러나 이는 일방향이되 시작과 끝이 맞물려 형성되는 순환 구조 속에서의 상호 의존성을 간과하기 때문이다. 즉 동시적(쌍방향적) 상호 의존성인가 이시적(일방향적) 상호 의존성인가는 모두 순환적인 상호 의존성 안에서의 구분이지, 선형적 인과와 비선형적 인과의 구분이 아닌 것이다.

물론 12지 연기를 동시성으로 파악하는 것이 불가능한 것은 아니다. 그러나 이것은 연기적 발생을 가능하게 하는 시간성을 추상하고서 그 논리적 구조만을 고찰하는 것이다. 시간 흐름을 따라 성립하는 발생의 측면, 즉 시간성을 배제하고, 따라서 연기로 인해 형성된 것들의 수적 차이성을 배제하고서, 단지 발생의 논리적 구조만을 고찰하면, 거기에서는 시간성이 배제되었기에 동시성으로 보여지게 되는 것이다. 안옥선이 12지 연기를 쌍방향이라고 논할 때에는 시간성을 배제하고 그 논리적 형식만을 고찰하기 때문이다. 반면 김성철 · 박경준 등은 12지 연기가 일방향이라고 인정한다. 그러면서 식과 명색의 관계만은 예외적으로 쌍방향 인과라고 주장한다.

> 십이연기설의 다른 지분들은 불가역적인 한 방향의 조건 관계로 표시되는데, 식과 명색만 가역적인 쌍방향의 조건 관계로 표시[된다].[55]

그렇다면 식과 명색에 있어 무엇이 문제가 되기에 다른 항들과 달리 쌍
방향 인과라는 주장이 나오게 된 것인가? 연기에 있어 식과 명색은 서로
어떤 관계에 있는가?

4. 식(識)과 명색(名色)의 관계

12지 연기는 쌍방향의 동시적 상호 인과가 아니라, 일방향의 이시적 상
호 인과이다. 그런데 유독 식과 명색에 있어서만은 쌍방향의 인과 관계가
성립하는 것으로 표현되어 있다. 즉 식을 연하여 명색이 있고, 명색을 연
하여 식이 있다고 설해지는 것이다.

> 명색은 식을 연하여 생한다.[56]

> 명과 색을 인으로 하고 명과 색을 연으로 하므로, 이를 식온이라고 한다.[57]

전자의 '명색연식생(名色緣識生)'(식→명색)에 따르면 식으로 인해
명색이 생하고, 후자의 '명색연식(名色緣識)'(명색→식)에 따르면 명색
으로 인해 식이 생한다. 따라서 이 둘간에는 서로 인이 되고 과가 되는 쌍
방향 인과가 성립하는 것처럼 보인다. 불교는 처음부터 이 문제를 의식하
고 있었다. 그러므로 『잡아함경』에서는 이 둘의 관계에 대해 다음과 같이

55 김성철, 「윤회의 공간적 · 시간적 조명」, 『불교평론』, 20, 2004 가을, 268쪽.
56 『잡아함경』, 권12, 288 「노경」(『대정장』 2, 81중), "名色緣識生."
57 『잡아함경』, 권2, 58 「음근경」(『대정장』 2, 14하), "名色因, 名色緣, 是故名爲識陰."

묻는다.

> 명색은 식을 연하여 생한다. 그런데 이제 다시 명색을 연하여 식이 있다고
> 하면, 어떻게 되는 것인가?[58]

12지 연기에서는 식으로 인해 명색이 있다고 설명하면서, 이제 다시 명색으로 인해 식이 있다고 하면, 이는 순환적이고 잘못된 설명이 아니냐고 묻는 것이다. 이에 대해 『잡아함경』은 다음과 같이 답한다.

> 비유를 들어 말하자면 세 개의 갈대단이 빈 땅에 설 때, 서로 의지하여 서는
> 것과 같다. 하나를 치우면 둘이 설 수 없고, 둘을 치우면 하나가 설 수 없게
> 끔 서로 의지하여 서는 것이다. 식이 명색의 연이 되는 것도 이와 같다. 서
> 로 의지하여 생장하는 것이다.[59]

이는 식과 명색의 관계에 있어서는 서로가 인이 되고 과가 되는 상호 의존성이 성립한다는 말이다. 식이 인연이 되어 명색이 있지만, 또 동시에 명색이 인연이 되어 식이 있다는 것이다. 이처럼 서로 인이 되고 과가 되는 상호 의존성을 서로 의지하여 기대고 서 있는 갈대단에 비유한 것이다. 식→명색과 동시에 명색→식이 성립하는 것으로 설명하는 것이다.

식과 명색의 관계가 일방향 인과인지, 쌍방향 인과인지를 답하기 전에 우선 12지 연기에서 식과 명색은 구체적으로 무엇을 의미하는지를 밝혀

---

58 『잡아함경』, 권12, 288 「노경」(『대정장』 2, 81중), "彼名色緣識生. 而今復言 名色緣識. 此義云何?"
59 『잡아함경』, 권12, 288 「노경」(『대정장』 2, 81중), "譬如三蘆立於空地. 展轉相依. 而得堅立. 若去其一, 二亦不立. 若去其二, 一亦不立. 展轉相依. 而得堅立. 識緣名色. 亦復如是. 展轉相依. 而得生長."

볼 필요가 있다. 12지 연기에서 식은 미래유를 불러 생하게 하는 것으로 설명된다.

> [식은] 능히 미래의 존재[有]를 부르며, 상속하여 생하게 한다.[60]

여기서의 미래유를 미래의 생인 내생으로 간주하면, 식이 미래유를 불러 생하게 한다는 것은 곧 식에 의해 현재유에서 미래유로 넘어가게 된다는 것을 뜻한다. 그런데 현생과 내생의 구분은 죽음을 통과해야만 가능하다. 현생에서 내생으로 또는 전생에서 현생으로 그 둘을 연결시키는 것이 바로 식인 것이다. 전생과 현생 사이에 머물러 있는 식을 죽음과 탄생 사이, 사유(死有)와 생유(生有) 사이의 중유(中有) 또는 중음신(中陰身)이라고 한다. 이 식은 전생에서 오온이 지은 업 중에서 아직 그 보를 받지 못하여 남아 있는 힘, 업력 덩어리이다. 업의 힘은 보로서 자신을 발휘하기까지, 즉 업력이 소진되기까지 존속되는 것이다. 그 업의 힘이 식이다. 식으로 인해 명색이 있다는 것은 식으로 인해 오온이 발생한다는 말이다. 식으로부터 오온인 명색으로의 이행을 『잡아함경』은 다음과 같이 설명한다.

> 만일 집착된 것을 따라 맛들여 집착하며 돌아보고 생각하여 마음을 묶으면, 그 마음(식)이 휘몰아 달리면서 명색을 좇아 다닌다. 명색을 인연하여 육입처가 있고, 육입처를 인연하여 촉이 있다.[61]

---

60 『잡아함경』, 권15, 372 「파구나경」(『대정장』 2, 102상), "[識]能招未來有. 令相續生."
61 『잡아함경』, 권12, 284 「대수경」(『대정장』 2, 79하), "於所取法, 隨生味著, 顧念心轉, 其心驅馳, 追逐名色, 名色緣六入處, 六入處緣觸."

만약 사량하거나 망상하면, 그것이 반연케 하여 식을 머물게 하며, 반연하여 식이 머무르기 때문에 명색에 들어가고, 명색에 들어가기 때문에 미래세의 생로병사와 근심·슬픔·번민·괴로움이 있다.[62]

대상에 맛들어 집착하며 돌아보고 생각하는 것이 곧 사량이고 망상이며, 이것이 바로 애탐이다. 이 애탐에 의해 식은 경계에 매여 벗어나지 못하게 된다. 즉 경계로 인해 발생한 식이 그 경계에 애착을 갖고 거기 매이게 되면 그 식은 그 경계를 벗어나지 못하고 결국 경계에 머무르게 된다. "경계를 반연하여 머무르는 식", "경계에 매인 식"이 되는 것이다. 우리가 흔히 한 생애에서 확인하는 것은 경계에 매인 마음은 결국 그 경계를 벗어나지 못하고 그 안에서 살아간다는 것이다. 애인에게 매인 마음은 그 눈길과 발길이 계속 그리로 향하게 되어 끝내 그 경계를 벗어나지 못한다. 그런데 불교는 경계에 매인 식이 경계를 반연하여 벗어나지 못하고 결국 그 경계 속으로 다시 되돌아오고 만다는 사실을 한 생애에서뿐 아니라 생애를 반복하여 계속되는 현상으로 논한다. 애탐에 의해 경계에 매인 식은 그 애탐의 힘인 업력이 남아 있는 한 그 경계로부터 풀려날 수가 없다. 그러므로 죽어서도 남아 있는 업력은 식으로서 다시 이 세계로 되돌아오게 되는 것이다.

우리가 일상적으로 그 안에 머무르는 세계, 물리적·심리적 요소들이 얽혀 있으며 욕망으로 인해 태어나고 욕망으로 인해 희노애락 속에 살게 되는 이 세계에 대한 애착이 남아 있는 한, 그 애착의 힘인 업력이 남아 있는 한, 그 업력 덩어리인 식은 반드시 이 세계로 되돌아오고자 한다. 되

---

62 『잡아함경』, 권14, 360 「사량경」(『대정장』 2, 100중), "若思量, 若妄想者, 則有使攀緣識住, 有攀緣識住故, 入於名色. 入名色故, 有未來世, 生老病死憂悲惱苦."

돌아오는 길은 모태를 통하는 수밖에 없으며, 모태로 들어가는 길은 수정란에 부착되는 수밖에 없다. 아니면 인간이 갖는 애착 중 가장 강한 본능이 성욕이기에 중음신은 실제로 성교하는 사람과 더불어 성교하는 상상을 하다가 수정란 속으로 미끄러져 들어가는 것인지도 모른다. 어쨌든 불교에 따르면 식은 애착의 힘에 의해 애착 대상인 이 세계로 다시 되돌아오게 되며, 수정란 속에 들어가 다음 생의 유를 가능하게 하는 것이다.

이처럼 중음신인 식이 수정란에 부착되어 다음 생의 유가 가능해지는 상황을 불교는 식으로 인해 명색이 있고, 명색으로 인해 식이 있다고 말한다. 문제는 여기서 명색이 무엇을 의미하며, 그것이 식과 어떤 관계에 있는가 하는 것이다. "식이 명색을 좇아 다닌다 …… 명색에 들어간다"는 것은 문자 그대로 식과 별도의 명색이 이미 존재하고 있음을 말하는 것인가? 아니면 식이 휘몰아쳐 명색의 오온으로 구체화되고 육화되는 것을 비유적으로 표현한 것인가? 식이 명색과 어떤 관계에 있는가 하는 문제는 생명체의 탄생에 있어 식(중음신), 수정란, 그리고 명색을 각기 어떤 것으로 이해할 것인가의 문제와 얽혀 있다. 식과 명색에 대해 세 가지 해석 가능성을 구분해 보자.

① 식을 중음신으로, 명색을 수정란으로 해석한다. 식이 "애착을 따라 명색을 좇는다" "명색으로 들어간다"는 표현을 문자 그대로 읽어 명색을 식이 생유(生有)로 태어나기 위해 들어가야 하는 수정란처럼 해석하는 것이다. 정자와 난자가 결합된 DNA 구조의 수정란을 물리적 · 심리적 정

보가 다 갖추어진 명색으로 간주하는 것이다.

이 경우 중음신은 수정란을 만나야지만 생명체로 태어날 수 있으므로, 식은 명색을 연하여 생한다고 말하게 되고[명색→식], 수정란 역시 중음신을 만나야지만 생명체로 태어날 수 있으므로 명색 역시 식을 연하여 생한다고 말하게 된다[식→명색]. 이렇게 해서 식과 명색의 관계를 쌍방향의 상호 인과성 관계로 해석하게 된다.

그러나 생명체의 발생을 이런 식으로 이해할 경우 그 생명체가 전개하는 것은 수정란에 담긴 DNA의 발현일 뿐이지 중음신 안에 담겨 있는 전생의 업력의 결과가 아니게 된다. 그리고 이것은 태아 발생에 있어 중음신의 존재를 결코 인정하지 않는 현대의 과학 사상과는 잘 어울리는 생각이지만, 불교 연기설의 내용은 아니다. 왜냐하면 불교에 따르면 전생의 업력에 따라 새로 형성되는 오온이 바로 명색인데, 그것은 전생의 업력에 따라 그 보로서 형성되는 것이며, 따라서 전생의 업력인 식의 결과이지 식과 무관한 다른 존재인 부모의 유전자로부터 생겨나는 결과가 아니기 때문이다.

② 중음신인 식을 명색의 명으로, 수정란의 물질성을 명색의 색으로 해석한다. 정자와 난자가 결합된 DNA 구조의 수정란을 순수 물질로 간주함으로써, 명을 중음신의 식이라고 해석하는 것이다.

김성철은 식과 명색을 바로 이와 같은 방식으로 해석한다.

식이 자궁 속에 들어가 수정란에 부착되면, 그 수정란은 하나의 생명으로서 성장하기 시작한다. 이때 식이 부착된 수정란을 명색이라고 부른다. 명이란 정신을 의미하고, 색이란 육체를 의미한다. DNA라는 물질 덩어리[색]였던 수정란에 식[명]이 부착됨으로써 비로소 생명이 탄생하게 되는 것이다.[63]

식과 명색을 이렇게 해석하면서 김성철은 그 둘간에 쌍방향적 인과 관계가 성립한다고 주장한다.

정자와 난자가 결합하여 수정란이 생겨도 그에 맞는 중음신이 없으면 수정란은 생명으로 자라나지 못하고, 중음신이 있어도 수정란이 없으면 그 중음신은 새로운 생명을 받을 수가 없다. 이렇게 중음신과 수정란은 상호 의존 관계에 있다. 그래서 경전에서는 "식이 있기에 명색이 있고, 명색이 있기에 식이 있다"고 가르치는 것이다.[64]

그러나 이 경우 중음신이 명색으로 발전하기 위해 물질적인 수정란을 필요로 한다고 해서, 명색을 연해서 식이 있다라고 말할 수 있는 것인가? 중음신이 수정란과 결합하여 명색으로 전개되고 나면, 이미 중음신이 명색으로 바뀌었는데, 명색이 어떻게 식[중음신]에 작용할 수 있으며, 명색으로 인해 식이 있다는 것이 무슨 의미가 있겠는가? 물론 이 해석은 앞의 해석 ①과 달리 육입처로 전개될 명색을 순전히 부모로부터 물려받은 물

---

63 김성철, 「중론: 논리로부터의 해탈, 논리에 의한 해탈」, 불교시대사, 2004, 211쪽.
64 김성철, 「중론: 논리로부터의 해탈, 논리에 의한 해탈」, 불교시대사, 2004, 211쪽. 그는 다른 글에서도 식과 명색 간의 쌍방향적 인과 관계성을 강조한다. "십이연기설의 다른 지분들은 불가역적인 한 방향의 조건 관계로 표시되는데, 식과 명색만 가역적인 쌍방향의 조건 관계로 표시되는 이유가 여기에 있는 것이다"(김성철, 「윤회의 공간적·시간적 조명」, 「불교평론」, 20, 2004 가을, 268쪽).

질적인 수정란만으로 설명하지 않고 전생의 업력을 담은 식으로부터도 그 일정 부분의 역할을 취한다는 점에서 불교적 입장에 가깝다고 볼 수 있다. 그러나 정신과 물질의 관계, 명에 해당하는 전생의 업력과 색에 해당하는 수정란의 DNA유전자와의 관계가 해명되지 않는 한, 문제는 그대로 남겨진다고 볼 수 있다. 중음신에 담겨 있던 전생의 업력과 그와는 아무 상관없던 부모로부터의 유전자라는 그 두 힘은 서로 어떤 관계를 유지하면서 현생의 삶을 이끌어간단 말인가?

③ 현생의 삶을 철저하게 중음신에 담겨 있던 전생의 업력의 보로 간주하자면, 12연기에서 명색의 오온과 육입처 이하를 식의 결과로 해석해야 한다. 그러기 위해 명색을 전생의 업력인 식에 의해 현실화된 물리 심리적 존재로 간주하고, 수정란은 그러한 현실화를 위해 식이 취하는 질료 정도로 해석하는 것이다. 즉 중음신은 수정란에 들어가서 그 수정란 안에 구비되어 있는 가능적 인자들을 자신의 업력의 내용에 따라 선택하여 구체화하고 현실화한다. 그렇게 업력의 내용에 따라 현실화된 구체적인 물리 심리적 존재를 명색으로 보는 것이다.

```
         식              ─────────►              명색
         ‖                                        ‖
    (능동인의) 식      +      (가능태)        (현실화된) 명색
         ‖                      ‖
       중음신                 수정란
```

예를 들어 내가 관음보살상을 만들려고 할 때 그 보살상의 형태를 아무리 떠올려봐도 그것으로부터 보살상이 만들어지지는 않는다. 일단 대리석한덩이를 구해서 내가 갖고 있는 보살상의 형태로 그 대리석을 깨고 다듬

어가다 보면, 결국 하나의 보살상이 나타나게 된다. 중음신과 수정란이 결합하여 명색이 형성되는 것 또한 이런 과정으로 비유될 수 있다. 내가 갖고 있는 보살상의 이념은 식과 같다. 보살상의 이념은 그것을 실현시키고자 하는 욕망이며 원함이다. 그것은 대리석 덩어리를 찾게 만들며 대리석과 결합하여 대리석 안에서 그 자신을 실현시킨다. 대리석은 그 이념과 원망에 따라 깎이고 다듬어져서 결국 보살상으로 완성되는 것이다. 이념이 질료와 결합하여 자신을 실현시키듯이 중음신[식]은 수정란과 결합하여 자신을 실현시킨다. 그렇게 실현시켜 나온 결과가 바로 그 생을 이끌어갈 명색인 것이다. 이렇게 보면 12지 연기에서 식 다음 항인 명색의 내용은 전생의 업력과 무관한 부모로부터의 수정란에 의해서가 아니라, 전생의 업력을 담고 있는 중음신에 의해 결정되는 것이 된다. 명색은 중음신이 수정란을 통해 자신을 실현시킨 결과로 나타난 현실적인 물리 심리적 존재인 것이다.

이와 같이 식을 중음신으로, 명색을 그 중음신이 수정란을 통해 자신을 실현시킨 물리 심리적 존재로 간주하면, 식과 명색에 있어 인과 관계는 역방향도 허용되는 쌍방적인 것이 아니라, 일방적인 것이 된다. 즉 중음신이 오온으로 전개되기 위해 수정란을 필요로 하긴 하지만, 12지 연기에서의 명색이 단지 수정란을 뜻하는 것이 아니기 때문에, 그 점에서 '연명색생식'[명색→식]을 성립시키는 것은 아니라는 것이다. 오히려 12지 연기에서 명색은 중음신이 수정란에 들어가서 구체적으로 현실화된 상태를 의미하는데, 이미 중음신이 현실화된 명색은 아직 그것이 현실화되기 전인 중음신[식]에 거꾸로 영향을 미칠 수는 없으므로 명색에서 식으로의 작용은 있을 수 없는 것이다.

그러나 경전은 분명히 '연명색생식'[명색→식]을 말하고 있지 않은가?

이는 불교의 연기가 무시 이래 끊임없이 진행되는 그 반복성을 강조하는 것이라고 볼 수 있다. 즉 불교의 연기는 역방향을 허용하지 않는 일방향이기는 하지만, 한 방향으로 인과 관계를 계속 따라가다 보면 결국은 과를 통해 다시 그 인이 설명된다는 점에서 상호 의존성을 보이게 된다는 것이다. 다시 말해 전체 12지가 계속 연결되어 있기 때문에 한 항목의 결과로서의 다음 항목도 그 순서를 따라 다시 한 바퀴 돌면 그 이전 항목의 원인이 될 수 있으며, 따라서 이런 의미에서 상호 의존적이라고 말할 수 있게 된다. 식과 명색의 경우도 마찬가지이다.

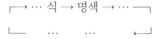

이 경우 일차적으로는 식이 연이 되어 명색이 생기는 것으로 드러난다 [식→명색]. 그런데 그 명색이 육입처의 연이 되고 육입처는 촉의 연이 되고 촉은 수의 연이 되며, 이런 식으로 이어져서 결국 생이 생기고 생이 노사의 연이 되고 노사가 무명의 연이 되고 무명이 행의 연이 되고 행이 식의 연이 되는 것을 보면, 결국 명색이 연이 되어 식이 생기는 것이 된다 [명색→식]. 이렇게 해서 12지 연기 전체가 그런 것처럼 일체는 다른 일체의 인이기도 하면서 또 동시에 과이기도 하다. 식은 명색의 인이면서 또 명색의 과이기도 한 것이다.

이러한 상호 의존성을 서로 인이 되고 과가 된다는 점에서 양방향의 인과처럼 간주하는 것은 연기설이 보여주는 발생론적 측면을 무시한 것이 된다. 새로운 것의 발생은 양방향의 동시적 인과 관계가 아니라, 일방향의 이시적 인과 관계에서만 성립하기 때문이다. 즉 하나의 명색을 가능하게 한 식과 그 명색으로부터 여러 인과 관계를 거쳐 발생하는 식은 이름은 같은 식이지만, 실질적으로는 서로 다른 식인 것이다. 전생의 식이 인간에 대한 애착을 갖고 있어 현생에서 인간의 명색[오온]으로 태어나지만, 이 인간의 명색으로부터 비롯되는 식은 현생의 식이지 전생의 식이 아니다. 그렇게 서로 다른 식이다. 따라서 '전생의 식→명색'에 대해 '명색→현생의 식'은 성립하지만, '명색→전생의 식'은 성립하지 않는다. 일방향의 인과만 성립하지 쌍방향으로 인과가 성립하는 것은 아니라는 말이다. 그런데 여기에서 시간성을 배제하고 '식→명색'과 '명색→식'을 주장함으로써 마치 쌍방향 인과가 성립하는 것처럼 말한다면 이는 정확한 표현이 아니다.

5. 12지 연기

12연기는 연기의 주체나 연기의 시작점을 상정함이 없이 각 항목의 업으로부터 그 다음의 항목으로 나아가는 과정을 인연법에 따라 서술한 것이다. 그렇다면 12지 전체는 어떤 방식으로 연결되는가?

식과 명색의 관계는 애착의 업력에 따라 후생을 받고자 하는 식(중음신)과 그 식이 수정란을 통해 자신을 실현시켜 현실화된 물리 심리적 존재인 오온으로 해석될 수 있다. 그렇다면 중음신인 식은 어떻게 해서 생긴 것인가? 불교는 행을 연하여 식이 생긴 것으로 말한다. 식은 업력 덩어리이다. 전생의 오온이 쌓은 업 중에서 그 생에서 미처 보를 받아 해소되지 못하고 남아 있는 업이 간직하고 있는 힘이다. 경계에 집착하는 사량과 분별, 망상과 집착이 바로 업력으로 남아 경계에 머물러 후유(後有)

를 받게 하는 것이다. 그럼 이런 사량과 분별, 망상과 집착은 어디에서 오는가? 불교는 일체의 집착을 집착하는 자아에 대한 집착인 아집(我執)에서 비롯되는 것으로 본다. 그리고 이는 집착할 만한 아가 없다는 무아를 알지 못하는 무명에서 온다. 자아 내지 오온의 실상을 제대로 여실지견하지 못하여 그러한 무명으로부터 사량과 분별, 망상과 집착의 업을 짓게 되고, 그 업으로부터 업력의 식(識)이 생겨나는 것이다. 이 식이 현생의 명색을 형성하는 식이라면, 그 식을 가능하게 한 업과 무명은 전생의 일이다. 따라서 12연기는 다음과 같은 방식으로 시작한다.

전생: 무명 → 행(사량, 망상, 집착) ─┐
현생: └→ 식 → 명색 → 육입처

식을 붙잡아 매어 거기 머무르게끔 하는 업을 짓는 것은 전생의 오온이고, 그 붙잡힘에 이끌려 식이 다시 이 경계로 돌아와 새롭게 형성해낸 것은 현생의 오온이다. 그러므로 색수상행식의 오온의 실상을 여실히 알지 못하기에 그것에 집착하고, 바로 그 집착으로부터 다시 미래의 색수상행식의 오온이 생한다고 말한다.

> 색을 바르게 알지 못하기 때문에 색에 즐겨 집착하고, 색에 즐겨 집착하기 때문에 미래의 색이 생한다. 이와 같이 범부는 수상행식을 바르게 알지 못하기 때문에 …… 식에 즐겨 집착하기 때문에 미래의 식이 생한다. 미래의 색수상행식이 생하기 때문에, 색에서 해탈하지 못하고, 수상행식에서 해탈하지 못한다.[65]

무명으로 인해 집착적인 업을 짓게 되는데, 이처럼 현생을 낳는 전생의 전체 업을 총괄하여 행(行)이라고 하며, 전생의 업의 업력 덩어리가 곧 식(識)이다. 이 식은 자기 자신과 가장 유사한 업력을 지닌 남녀가 만드는 수정란 속으로 들어가 현생이 시작되게 된다.

> [식은] 능히 미래의 존재[有]를 부르며, 상속하여 생하게 한다. 유가 있으므로 육입처가 있으며, 육입처를 인연하여 촉이 있다.[66]

식은 미래의 유를 이끌어오며 그것을 상속하여 생기게 하는 것으로 설명된다. 그렇게 해서 식은 모의 태 속에서 자신의 업력에 따라 수정란의 가능적 인자들을 구체적으로 현실화시켜 심리적 및 신체적 기재인 명색을 형성하게 되는데 그것이 곧 태아이다. 태아는 임신 후 5주가 지나 안이비설신과 의(意)의 여섯 가지 기관을 형성하게 되는데, 이를 육입, 육근 또는 육입처(六入處)라고 한다. 태아는 그렇게 육근으로서 모태 속에서 성장하다가 열 달이 지나면 모태 밖으로 나오게 되며, 세상으로 나와서는 외적인 대상들과 부딪치는 촉(觸)이 발생하게 된다. 그리고 그 촉으로부터 즐겁거나 괴롭거나 즐겁지도 괴롭지도 않은 갖가지 느낌들을 갖고 살아가는데, 이 느낌을 수(受)라고 한다. 느낌은 그 즐겁고 괴로움에 따라 좋아하거나 싫어하는 욕망인 애(愛)를 불러일으키며, 그 욕망으로부터 원하거나 피하고자 하는 집착인 취(取)가 발생한다. 그러한 욕망과

65 『잡아함경』, 권10, 267 「무지경」(『대정장』 2, 99하~100상), "於色不如實知故, 樂著於色. 樂著色故, 復生未來諸色. 如是凡愚, 不如實知受想行識 … 不如實知故, 樂著於識, 樂著識故, 復生未來諸識. 當生未來色受想行識故, 於色不解脫. 受想行識不解脫."
66 『잡아함경』, 권15, 372 「파구나경」(『대정장』 2, 102상), "汝應問言. 何因緣故, 有識食? 我則答言. 能招未來有. 令相續生. 有有故有六入處. 六入處緣觸."

집착으로부터 다시 수많은 업을 짓게 되며, 그 업으로부터 다시 내생을 가능하게 하는 존재[有]가 형성되는 것이다. 따라서 이 업 또는 유로부터 그 다음 생이 이끌려오는 것이 생(生)이며, 그렇게 생이 있으면 그로부터 노사(老死)가 발생하게 된다.

현생: 식→명색→육입처→촉→수→애→취→유 ─┐
내생: └→생→노사

이렇게 해서 전생과 현생과 내생에 걸치는 12지 연기가 성립하게 된다. 그중 무명으로부터 현생의 식이 발생하기 전까지 업의 행을 쌓는 과정은 과거생을 보여주고, 그렇게 발생한 업력의 식으로부터 명색이 생하고 그로부터 육입처와 촉과 수가 발생하기까지는 과거 업에 의한 결과로서의 현재생의 단계를 보여주며, 그 수에서 애와 취와 유로 나아가는 과정은 현생에서 다시 업을 쌓아 미래생을 준비하는 원인적 단계를 보여주고, 결국 그 유에 따라 생하여 노사로 이어지는 과정은 현생의 업의 결과로서 나타나는 미래생의 모습을 보여준다. 이처럼 12연기를 전생 · 현생 · 내생의 삼세에 걸친 이중적인 인과 관계로 해석하는 것을 '3세양중인과설(三世兩重因果說)'이라고 한다.

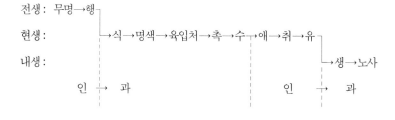

이와 같이 12연기는 업의 작자를 상정하지 않고 연기의 시작을 설정하지 않은 채, 즉 누가 느끼고 누가 사랑하고 누가 집착하고 누가 있는가를 묻지 않은 채, 느낌이 사랑으로, 사랑이 집착으로, 집착이 존재로 이어지고 있음을 설명하는 것이다. 이 이어짐 속에서 현상적으로 존재하는 것은 명색, 즉 색수상행식의 오온일 뿐이다. 오온은 자기 동일적인 것으로 머물러 있는 것이 아니라, 연기 과정의 변화 속에서 단지 연기의 인과 법칙에 따라 연속적으로 이어지는 것일 뿐이다. 현생의 오온이 다하고 내생의 오온이 생하는 것이 윤회이며, 윤회에 있어서도 자기 동일적 자아는 없고, 단지 연기에 따른 이어짐이 있을 뿐이다. 오온으로 이어지는 윤회에 있어 그처럼 미래의 유를 이끌어 오는 것이 식이며, 이 식으로부터 미래의 명색, 즉 오온이 형성된다. 따라서 식이란 바로 오온을 형성해내는 힘, 업력을 뜻한다. 결국 윤회란 업이나 업력 또는 식의 상속으로 이해될 수 있다.

2부

유부의 무아론 : 인무아

1장
유부(有部)¹의 존재론

1. 오위(五位)의 분류법

원시 근본 불교가 무아를 주장한 것은 개체적 자아가 실재하지 않는데도 그런 자아가 실재한다고 여기는 도치된 생각인 망상이 자아에의 집착인 아집을 일으켜 끝없는 삶의 고통을 낳기 때문이다. 따라서 고통을 멸하기 위해 아집을 벗어나야 하고, 아집을 벗자면 그렇게 집착할 만한 자

---

1 석가 멸후 100년 정도 지나는 동안 인도 사회가 바뀌어감에 따라 불교 교단 내에서도 석가의 가르침이나 계율을 해석함에 있어 전통 고수와 변혁이라는 갈등이 발생하게 되었다. 2차 결집 이후 결국 장로 비구들과 진보적 개혁파들이 결별함으로써 보수적 上座部와 급진적 大衆部의 분열이 일어났다. 이후 교단이 계속적으로 분열되어 20개 가량의 부파가 형성되었는데, 이 시기의 불교를 부파불교 또는 소승불교라고 한다. 설일체유부(說一切有部)는 부파불교 시기나 그 이후 대승불교 시기에 이르기까지 크게 영향력 있던 대표적 부파이다. 世友는 부파의 분열을 그 발생 순서를 따라 나열하는데, 도표화하면 다음과 같다(世友 造, 玄奘 역, 『異部宗輪論』, 『대정장』 49, 15상중) 참조).

1大衆部	2一說部	5多聞部	6說假部	7制多出部
		3說出世部		8西山住部
		4?胤部		9北山住部

上座部	1說一切有部(說因部)	3犢子部	4法上部	8化地部	9法藏部	10飮光部(善藏部)	11經量部(說轉部)
	2雪山部(本上座部)		5賢胄部				
			6正量部				
			7密林山部				

아란 존재하지 않는다는 사실을 깨달아야 하기에 무아를 설한 것이다.

집착할 만한 자아란 존재하지 않는다. 우리가 나라고 집착하는 것은 단지 색수상행식 오온 화합물일 뿐이다. 화합물이라는 것은 인연 화합의 결과물, 연기의 산물이라는 말이다. 요소들이 모이고 쌓여서 나라는 가상물인 오온을 만들어내고, 그 오온에 대해 나라는 망상·아견을 일으켜 아집이 발생하지만, 이는 내가 인연 화합물인 오온에 지나지 않는다는 것, 연기의 산물이라는 것을 모르기 때문이다. 불교의 이러한 주장은 인연 화합으로 구성된 것, 요소들이 모여 쌓인 것, 연기의 산물은 실유가 아니며, 그런 연기적 화합물을 구성하는 각각의 요소, 각각의 법은 실유라는 주장으로 해석될 여지가 있다. 바로 이런 방식으로 연기의 구성물인 오온으로서의 자아는 실재하지 않지만, 그런 구성물을 형성하는 각각의 요소인 법은 실재한다는 '아공법유(我空法有)'가 성립하게 되는데, 이것이 바로 설일체유부의 관점이다.[2]

유부는 일체 존재를 다섯 가지의 위상으로 크게 나누며, 이를 다시 더 세분하여 75가지로 분류한다. 5위의 분류는 근본 불교에서의 5온 12처의 분류 방식을 따르면서 부분적으로 더 보충한 것이라고 볼 수 있다. 오온설이 인연 화합된 존재인 유위(有爲)의 존재만을 다루면서, 그 존재를 명과 색, 심과 색으로 크게 이원화하여 구분한 것이라면, 오위의 분류법은 유위법뿐 아니라 무위법(無爲法)도 포괄하며, 심과 색인 심리적인 것과

---

2 이런 유부의 관점은 오온을 아무리 분석해 보아도 그 안에 더 이상 다른 것으로 분석 환원될 수 없는 궁극적 실재, 단단한 핵은 존재하지 않는다는 석가의 가르침에 위배되며, 이 점에서 소승의 아공법유에 대한 대승의 비판은 타당하다. 따라서 석가의 무아사상은 人無我뿐 아니라 法無我까지도 포함하며, 원시불교의 공사상은 아공뿐 아니라 법공까지도 포함해야 하는 것은 당연하다. 그러므로 불교의 무아사상을 논함에 있어 소승 유부의 아공법유의 인무아를 논한다면, 당연히 대승 유식의 아공법공의 법무아까지 논하지 않을 수 없다. 이렇게 보면 본서의 2, 3, 4부는 1부에서 논한 근본 불교의 무아론을 다시 풀어 서술하는 것이라고 볼 수 있다.

물리적인 것 이외에 색[물리적 실재]에도 심[심리적 실재]에도 속하지 않는 불상응행법을 인정한다는 점이 다르다.

오온과 달리 오위법에 무위법이 포함된 것은 유부가 오위법으로써 일체 존재를 설명하고자 하기 때문이다. 색수상행식의 오온이 원래는 인간 존재의 심과 신의 설명에서 출발하되, 오근의 대상으로서의 오경과 의근의 대상으로서의 법경을 함께 논함으로써 결국 인간 이외의 대상 세계까지도 포함하여 설명하였지만 그 범위가 현상 세계의 유위법에 국한되어 있었다면, 유부는 인연 화합을 통해 현상 세계를 구성하는 유위법뿐 아니라 무위법까지도 포함하여 일체를 설명하고자 한 것이다.

유부가 논하는 무위법은 유위의 현상 세계를 넘어선 것으로서 세 가지이다. 하나는 유위의 현상 세계의 터전으로서 불생불멸 부증불감의 '허공(虛空)'이다. 또 하나는 계박(繫縛)을 떠나 해탈에 이르도록 지혜로 선택되어서 그 번뇌가 멸해진 '택멸(擇滅)'이며, 또 다른 하나는 아예 현상이 될 인연이 갖추어지지 않아 미래의 현상으로 되지 못하고 사라져 버린 '비택멸(非擇滅)'이다. 이들 셋은 인연 화합의 연기적 현상 세계를 구성하는 요소로서의 '유위법'이 아닌 '무위법'이며, 따라서 그 안에서는 번뇌가 더해지지 않으므로 번뇌 있는 '유루(有漏)'가 아닌 번뇌 없는 '무루(無漏)'라고 한다.

> 허공 등 세 가지 무위와 도성제(道聖諦)를 무루법(無漏法)이라고 한다. 왜 그러한가? 온갖 번뇌가 그 속에서 따라 증가하지 않기 때문이다. 앞서 간략히 언급된 세 가지 무위(無爲) 중 허공은 오직 장애 없음이 본성이 된다. 장애가 없으므로 색이 그 안에서 행할 수 있다. 택멸은 계박(繫縛)을 떠남이 본성이 된다. 모든 유루법이 계박을 멀리 떠나면 해탈을 증득하게 되므로

택멸이라고 한다. …… 앞으로 생할 것을 영구히 장애하는 것은 비택멸이다. 즉 미래에 법이 생하는 것을 영구히 장애함으로써 멸을 얻으면 택멸과 달리 비택멸이라고 한다. 이는 간택함으로써가 아니라 단지 연이 결핍됨으로써 그런 것이다.[3]

이와 같은 세 가지 무위법을 제외하고 논해지는 나머지 유위법은 그로 인해 번뇌가 증폭되는 유루법(有漏法)이다. 그리고 오온설과 다르게 오위법에서 새로 첨가된 것은 무위법 이외에 두 가지가 더 있는데, 색법이되 법처에 속하는 것으로 간주되는 무표색(無表色)과 오온 중의 행온에 속하되 심소법에 속하지 않는 심불상응행법(心不相應行法)이 그것이다. 무표색과 불상응행법은 업의 상속을 설명하기 위해 부가된 새로운 존재이다. 이를 도표화하면 다음과 같다.

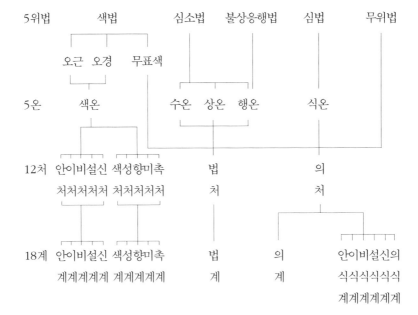

2. 아공법유(我空法有)

5위 75법은 일단 일체를 유위의 현상 세계와 무위법으로 나눈 것이다. 무위법은 유위의 현상 세계의 터전이되 현상 세계와는 구분되는 독립적인 법체이다. 그러나 유위의 현상 세계도 그런 현상 세계를 구성하는 기본 요소가 되는 일차적 존재와 그런 요소들이 인연 화합하여 형성된 결과물로서의 이차적 존재로 구분된다. 전자는 현상 세계를 구성하는 기본 요소인 법체이고, 후자는 그런 법체들이 인연 화합하여 드러난 양상이다. 따라서 전자는 존재한다고 할 수 있고, 후자는 존재한다고 할 수 없다. 전자는 유(有)이고, 후자는 가(假)이다.

> (문) 참으로 있는 모양[實有相]과 거짓으로 있는 모양[假有相]이 다른 것은 무엇을 말하는 것인가? (답) 따로 사물이 있는 것은 곧 참으로 있는 모양이니, 색과 성 등과 같은 것이다. 다만 모이고 쌓여 있는 것은 바로 가(假)로 있는 모양이니, 젖과 타락 등과 같은 것이다.[4]

75가지 법으로 칭해지는 것들은 각각 그 자체로 존재하는 실유이지만, 그런 요소들이 화합하여 형성된 현상 사물들은 인연 화합의 결과물로서 인연이 다하면 흩어져 사라지기에 실유가 아닌 가유라고 한다. 우리가 자아라고 간주하는 것은 75법 중 그 어느 것도 아니며, 단지 그런 요소들이

---

3   세친 조, 현장 역, 『아비달마구사론』, 권1(『대정장』 29, 1하), "此虛空等 三種無爲 及道聖諦, 名無漏法. 所以者何? 諸漏於中 不隨增故. 於略所說 三無爲中 虛空但以 無礙爲性. 由無障故 色於中行. 擇滅 卽以 離繫爲性, 諸有漏法 遠離繫縛, 證得解脫. … 無礙當生 得非擇滅, 謂能永礙未來法生得滅, 異前名 非擇滅, 得不因擇 但由闕緣."

4   『구사론』, 권29, 「파아집품」(『대정장』 29, 152하), "實有假有相別云何? 別有事物, 是實有相. 如色聲等. 但有聚集, 是假有相, 如乳酪等."

모여서 이루어진 오온 화합물을 칭하는 이름일 뿐이기에 가유이다. 이렇게 해서 유부는 자아는 실재하는 것이 아니고, 그 자아를 이루는 구성 요소들만 법으로서 실재한다는 '아공법유'를 주장한다.

유부에 따르면 외부 세계는 구체적인 개별 사물로서는 가유이지만, 그런 가유를 형성하는 기본 요소로서의 법은 실재한다. 요소의 화합물로서의 책상이나 우유 등은 화합물을 지칭하는 이름일 뿐 실유가 아니지만, 그런 화합물을 형성하는 각각의 것들, 각각의 감각 대상으로서의 색성향미촉은 실유로서 존재하는 것이다. 그런데 색법도 화합물이라는 것이 근본불교의 주장이 아니었는가? 유부도 그 점은 인정한다. 다만 색법을 이루는 가장 궁극 요소로서의 극미(極微)가 실재하며, 그 극미의 결합체로서의 법이 열 가지 서로 구분되는 색법의 법체로서 실유라고 간주하는 것이다.

> [극미는] 미세한 부분을 가지지 않으므로 분석될 수 없다. 볼 수도 없으며 들을 수도 없다. 냄새 맡고 맛볼 수도 없으며 만져볼 수도 없다. 그러므로 극미를 가장 미세한 색이라고 설한다.[5]

유부는 극미가 그 자체 감각 대상은 아니지만, 감각 대상이 되는 사물들을 형성하는 궁극적 요소로서 실재하는 것으로 간주한다. 극미가 간격을 가지고 일곱 개가 모이면 일 미진(微塵)이 되며, 다시 미진이 모여 수진, 토모진, 양모진 등으로 커지면서 우리의 감각 대상으로 나타난다고 보는 것이다.

5　『대비바사론』, 권136(『대정장』27, 702상), "無有細分, 不可分析. 不可觀見, 不可聽聞, 不可嗅嘗, 不可摩觸. 故說極微, 是最細極."

일곱 개의 극미가 하나의 미진을 이루는데, 이것이 곧 눈이 안식으로 취할 수 있는 색 중에서 가장 미세한 것이다.[6]

이와 같이 유부에 따르면 색수상행식 화합물로서의 자아는 실재하는 것이 아니지만, 각각의 구성 요소로서의 법은 실재한다. 극미 화합의 색법이 실재하고, 심법, 심소법, 불상응행법, 무위법이 그 각각으로서 실재한다. 색법은 물리적 실재이고, 심소법은 심리적 실재이며, 불상응행법은 논리적 내지 관념적 실재이고 무위법은 절대적 실재라고 할 수 있다. 우리가 오늘날 존재를 크게 물질과 정신, 색과 심, 색과 명으로 나눌 때는 색법 이외에 심리적·논리적·관념적·절대적 실재 등은 모두 마음 작용의 결과물로서 마음[심법] 바깥의 존재가 아니라고 여기지만, 유부는 오히려 그런 것들도 색법이 그렇듯이 마음으로부터 독립적인 객관적 실재로 간주한다. 생각과 지혜, 기쁨과 슬픔 등은 그 각각 심리적 실재로서 따로 존재하며, 우리 마음이 그것과 연결됨으로써 마음이 생각하게 되고 지혜로워지며 기뻐하거나 슬퍼하게 된다고 보는 것이다. 마음과 결합될 수 있는 그런 심리적 실재가 심소법이다. 논리적 실재는 득(得)이나 생주이멸(生住異滅) 그리고 명구문(名句文) 등이다. 이런 것들은 각각 그 자체로 존재하면서 현상적 사물에 작용하여 그것들을 생주이멸하게 만들고, 마음과 연결되어 명사(이름)나 명제(문장) 등을 인식하게 만든다. 이런 것들도 마음 상태로 간주될 수 없는 마음 밖의 객관적 실재인 불상응행법이다. 무

---

6 『대비바사론』, 권136(『대정장』 27, 702상), "此七極微, 成一微塵, 是眼眼識, 所取色中, 最微細者." 그러나 이것이 우리 범부의 눈에 실제로 보인다는 말은 아니다. 다만 원리상 볼 수 있는 존재 방식을 띠게 된다는 것이다. 범부의 肉眼이 아니라, 天眼, 轉論王眼, 菩薩眼 등 신통력을 가진 눈에 보인다는 말이다. 이는 곧 육안으로 안 보여도 원리상 볼 수 있는 것은 현미경이나 망원경 등을 통해 볼 수 있게 되는 것과 마찬가지이다.

위법 또한 유위의 현상 너머에 그 자체로 존재하는 객관적 실재이다. 여기서 마음은 그런 여러 실재들과 연결되어 작동하거나 그런 실재들을 포착하는 감각[전오식] 또는 표층적 의식[제6의식]으로만 간주되고 있다. 심법 자체가 표층적 의식 작용으로 간주된 것이다.

이렇게 해서 내가 나라고 여기는 것, 나라고 집착하고 있는 것은 인연화합물인 오온 그 어디에서도 발견되지 않은 것처럼 5위 75법 그 어디에서도 발견되지 않는다. 그러므로 자아란 실유가 아니라 가유이며 공이다. 이와 같은 방식으로 유부는 아공을 해명하며, 아공에 근거하여 아집을 버릴 것을 논한다.

그렇다면 아가 없는데도 나로 간주되고 나로 집착되는 것은 과연 무엇인가? 내가 없는데도, 나로 인한 업이나 보는 어떻게 성립할 수 있으며, 또한 업과 보의 연속성은 어떻게 정당화될 수 있는 것인가?

2장
업과 업력의 존재론적 위상에 대한 물음

1. 업의 본질은 무엇인가?

결정론 · 비결정론의 물음

12지 연기는 인과의 관계로서 연결되어 있다. 작게는 한 항목과 그 다음 항목의 관계가 전자를 연하여 후자가 있게 된다는 점에서 인과의 관계이며, 크게는 삼세양중(三世兩重) 인과가 말하듯 전생의 업(業 : 行)으로 인하여 현생의 보(報 : 식 · 명색 · 육입처 · 촉 · 수)가 있고 또 현생의 업[애 · 취 · 유]으로 인하여 내생의 보[생 · 노사]가 있다는 점에서 3세(世)에 걸친 인과의 관계를 보여준다.

그런데 인과라는 것은 원인이 있으면 반드시 그 결과가 있다는 것을 뜻하며 이런 식으로 현재의 상황을 과거 원인을 통해 설명한다는 점에서 결정론적인 색채를 띤다. 과거의 무명과 행이 있으면 그로부터 현생의 식(識)과 명색[오온]의 존재는 이미 결정되어 버리는 것이다. 그렇다면 불교는 인과의 연기를 설하고 있는 한, 결정론인가? 그렇지 않다면 불교의

12지 연기는 결정론적인 인과 설명과 어떻게 구분되는 것인가?

결정론적 인과에 있어서는 인과 고리에 있어 미래의 과를 규정하는 현재의 인은 다시 그 이전의 인에 의한 과로 설명된다.

$$인 \rightarrow 과$$
$$\parallel$$
$$인 \rightarrow 과$$
$$t_1 \qquad t_2 \qquad t_3$$

이에 반해 불교 12지 연기에 있어 인과 관계는 보를 낳는 업을 그대로 그 이전의 업의 보로 간주하지 않는다. 과거의 업의 보는 현재의 보로 끝나며, 미래의 보를 낳을 업은 현재 새롭게 조성하는 업으로 간주하는 것이다.

무명→행→식→명색→육입처→촉→수→애→취→유→생→노사

업　→　　　　보(수동성)

\+

업(능동성)　　→　보

$$t_1 \qquad \rightarrow \qquad\qquad t_2 \qquad\qquad \rightarrow \quad t_3$$

현생에 있어 촉(觸)과 수(受)까지는 수동적 상태인 보(報)에 해당하지만, 수동적 느낌 너머 능동적 행위인 애(愛)로 나아가면서부터는 새로운 조업(造業) 과정이 된다. 그러므로 업은 단순히 과거에 의해 규정되는 것이 아니라, 능동적인 의지 작용인 행위[行]인 것이다. 현재의 심리 상태가 과거 업에 의해 규정되어 있음에도 불구하고 그 현재 순간에 새로운 업을 지을 수 있는 것은 그 매순간이 비결정적이기 때문이다. 그리고 그 매순간이 비결정적인 것은 업이 보를 낳으면 그 업력은 이미 소실되기 때문이다. 즉 보는 업력의 발휘이다. 이미 발휘된 것은 더 이상 새로운 보를 낳을 힘을 가지지 않는다. 그러므로 미래의 보는 현재의 업을 통해서만 가능하지 이미 현재의 보로 실현된 과거의 업에 의해 가능한 것이 아니다.

이런 관점 하에서만 우리는 인과 과, 업과 보의 각 순간을 동일성의 반복이 아니라 새로운 찰나 생멸의 연속으로 이해할 수 있다. 인이 멸하고 과가 생하는 순간, 그 찰나 자체는 이전 찰나의 반복이 아닌 새로운 찰나이므로 새로운 힘의 작용, 새로운 업의 시작이 또한 가능한 것이다. 한 순간은 그 이전 순간의 업의 결과이지만, 바로 그 순간이 그 다음 순간을 결정하는 원인이 되는데, 그 순간의 현재적 작용력은 단지 과거에 의해 규정되는 것이 아니라 그 순간에 새롭게 발휘되는 힘이다. 따라서 매순간은 이전 순간에 의해 규정받는 수동성과 더불어 바로 그 순간에 새롭게 작용하는 능동성이 함께 한다. 바로 그 능동적 작용이 있기에 새로운 조업 작용이 가능하며, 그 새로운 업에 의해 과거로부터 내려오는 업의 흐름이 새로운 지향점을 향해 방향을 바꿔 나갈 수 있는 것이다.

이렇게 해서 현재는 과거와의 관계에서 보면 그것의 과로서 규정되어 있는 것이지만, 미래와의 관계에서 보면 미래를 새롭게 결정할 수 있게끔 열려 있는 것이 된다. 현재 순간의 새로운 업에 의해 미래는 과거의 업을 다 짊어진 채 과거와는 다른 방향으로 나아갈 수 있다. 그렇게 해서 업과 보로 이어지는 연기 과정이 그 안에서 다른 존재로 자신을 전개해 가는 이시적(異時的) 상호 의존 관계가 성립하게 된다. 이처럼 불교의 업설은 중생의 새로운 조업을 논함으로써 단순한 결정론을 벗어나 있다.[7]

그렇다면 행이나 애·취로 논해지는 업이란 구체적으로 어떤 것들인가? 불교는 일체의 업을 크게 열 가지로 정리하며, 그것을 다시 선·악에 따라 십선업(十善業)과 십악업(十惡業)으로 나눈다. 탐(貪)·진(瞋)·치(癡)·망어(妄語)·양설(兩舌)·악구(惡口)·기어(綺語)·살생(殺生)·투도(偸盜)·사음(邪淫)이 10악업이며, 그 반대가 10선업이 된다. 그리고 이 십업은 다시 무엇으로 짓는 업인가에 따라 셋으로 분류되는데, 뜻으로 짓는 의업(意業), 입의 말로 짓는 구업(口業), 몸으로 짓는 신업(身業)이 그것이다. 10악업 중에서 탐·진·치 세 가지 업이 의업이고, 망어·양설·악구·기어의 네 가지 업이 구업이며, 살생·투도·사음의 세 가지 업이 신업이다.[8]

三業:	意業	口業	身業
十惡業:	貪·瞋·癡	妄語·兩舌·惡口·綺語	殺生·偸盜·邪淫

---

7 일본의 불교학자 사사키 겐준(佐佐木現順)도 불교의 업설이 결정론 또는 숙명론이 아니라 오히려 인간의 자유 의지를 강조한 것이라는 점을 역설한다. 사사키 겐준의 『業の思想』(1984)는 진열에 의해 번역되어 있다(진열 역저, 『業 研究: 업의 원리와 그 재해석』, 경서원, 1988 참조). 이 문제와 연관하여서는 정승석, 「業說의 양면성과 불교 業說의 의의」(『가산학보』, 제3호, 179쪽 이하) 참조. 여기에서 이 주제와 관련된 많은 참고문헌 정보를 얻을 수 있다.

8 10악업 또는 선업을 기독교의 십계명과 비교해 보는 것도 흥미 있다. 10계명은 기독교가 외재신을 설정하기에 처음 3항목이 "나 외의 다른 신을 섬기지 말라"는 등 그 신에 관한 것이며, 4가 안식일을 지키라는 것, 5가 부모를 공경하라는 것이다. 그 다음 6, 7, 8이 각각 살인과 간음과 도둑질을 하지 말라는 것으로서 불교의 3가지 신업과 일치하며, 9가 "거짓말하지 말라"로서 불교의 구업에 해당하고, 10이 "탐내지 말라"로서 불교의 의업에 해당한다고 볼 수 있다. 불교가 처음부터 구업이나 신업에 앞서 의업을 강조한 데 반해, 기독교에서는 의업이 가장 뒤에 나온다. 또한 신업 중에서 불교는 "살생하지 말라"고 하여 일체 유정물을 죽이지 말라고 하는 데 반해, 기독교는 "살인하지 말라"고 하여 인간을 죽이지 말라고 한다.

행위를 하되 도덕적 의미의 선도 악도 아닌 행위들은 선업도 악업도 아니기에 그에 상응하는 보를 받게 되는 것이 아니다. 업보설이란 중생이 선업 또는 악업을 지으면, 그 업에 따라 보를 받게 된다는 설이다. 업은 그것으로부터 보가 발생해야만 업이라고 할 수가 있다. 아무런 작용력이 없는 행동, 보를 낳지 않는 행동은 업이 아니다.

한 업에서 그것의 보로의 이행은 단선적이기보다는 복합적이며 여러 인연인 중연(衆緣)이 화합함으로써 성립하는 것이므로, 보는 그 업에 이은 바로 다음 순간에 발생할 수도 있고, 그로부터 한참 뒤인 몇 시간 후 또는 몇 년 후에 발생할 수도 있다. 그리고 그것도 아니라면 현생에서가 아닌 내생에서 발생할 수도 있다. 업은 업력으로 존속하다가 그 보를 낳기 마련이므로, 그 보가 현생에서 발생하지 않는다면 내생에라도 발생해야 한다. 업력이 새로운 오온을 형성하여 내생을 이끌어오는 윤회 자체가 이미 업보(業報)의 과정이다. 업보의 윤회설에 따르면 현생의 오온이 선업을 쌓고 죽으면 남겨진 업력이 인간계 이상의 삼선도(三善道)에서 내생의 오온을 형성하고, 악업을 쌓고 죽으면 그 남은 업력이 축생계 이하의 삼악도(三惡道)에서 내생의 오온을 형성한다. 이것이 욕계(欲界)의 중생이 떠돌게 되는 육도(六道) 윤회이다.

그런데 불교에 있어 인과 관계는 크게 두 종류로 구분된다. 하나는 선인(善因)과 선과(善果), 악인(惡因)과 악과(惡果)로서 원인의 선악에 따라 결과의 선악이 그대로 유지되는 인과 관계이며, 다른 하나는 선인 악과(樂果), 악인 고과(苦果)로서 원인의 선악이 그대로 유지되지 않고 즐거움이나 괴로움으로 바뀌어서 결과를 낳게 되는 인과 관계이다. 전자를 인과가 선악에 있어 동일한 종류라는 점에서 등류인(等類因) 등류과(等類果)라고 하고, 후자를 인과에 있어 선악이 동일하게 남지 않고 다르

2부 유부의 무아론 :: 인무아

117

게 전개된 것이라는 점에서 이숙인(異熟因) 이숙과(異熟果)라고 한다.[9] 선한 생각이 선한 말을 가능하게 하는 것, 악한 의지가 악한 행동을 일으키는 것 등은 등류인과에 해당하며, 선한 행동의 결과 행복한 순간을 맞는 것, 악한 의지의 결과 불행한 삶을 맞는 것 등은 이숙인과에 해당한다.

현생에서 그 보를 맞게 되는 것은 등류인과일 수도 있고 이숙인과일 수도 있지만, 현생에서 남겨진 업력에 따라 내생으로 이어지게 되는 업보는 등류과가 아니라 이숙과일 뿐이다. 즉 현생에서 행한 선업이든 악업이든 그것이 내생으로 이어질 때 선한 삶이나 악한 삶을 가져오는 것이 아니라 단지 즐겁거나 괴로운 삶을 가져올 뿐이라는 것이다. 이는 곧 불교에 따르면 새로 태어나는 생명체, 새로 형성되는 오온은 그것이 어떤 존재이든 그 자체로 선하거나 악하지는 않다는 것을 말해 준다. 생명체 자체는 도덕적 선악을 넘어선 존재이다. 다만 그 존재가 하는 행위, 그가 짓는 업만이 선하거나 악할 수 있다. 전생의 선업에 따라 행복한 삶을 살게 된다고 해도 그것은 선한 삶이 아니라 단지 편안한 삶, 즐거운 삶일 뿐이고, 전생의 악업에 따라 힘든 삶을 살게 된다고 해도 그것은 악한 삶이 아니라 단지 불편한 삶, 괴로운 삶일 뿐이다. 불교가 업에 따른 윤회를 말한다고 하여도, 그것이 도덕적 결정성을 말하는 것은 결코 아니라는 것을 보여준다.

의도론 · 결과론의 물음

불교에 따르면 업은 크게 의업 · 구업 · 신업으로 구분된다. 이 중 의업

---

9   異熟(vipaka)은 인과 과가 선악과 고락으로서 그 종류가 서로 다르다는 뜻과 또 인이 멸한 그 순간에 과가 발생하지 않고 일정 시간이 경과한 후에 발생하여 그 시간이 서로 다르다는 뜻을 포함한다.

은 내적으로 생각하고 고려하고 작정하는 마음 또는 뜻의 행위이므로 당사자만이 알 수 있을 뿐 바깥의 제삼자는 알아볼 수 없게끔 표가 나지 않는 업이다. 반면 구업과 신업은 가까이의 누구나 들을 수 있고 볼 수 있게끔 말소리나 몸의 형태적 움직임으로 드러나는 업, 즉 표시가 나는 업이다. 그런데 구업이나 신업이 의업과 구분된다고 해서 그것이 일체의 의지적 작용이 배제된 단순한 소리나 몸의 움직임만을 뜻하는 것은 아니다. 강제적으로 또는 단순히 기계적으로 발생하는 신체의 물리적 움직임은 업이 아니다. 의지가 작용한 의도적 행위만이 도덕적 선악으로 규정 가능하며, 그런 행위만이 업으로 성립하기 때문이다. 남의 돈을 보고 그것을 갖고 싶어하고 탐내는 마음이 생기면 탐심(貪心)의 의업(意業)이 된다. 탐내는 마음이 커져 훔치기로 마음 먹는 것도 의업이다. 그리고 그 의도에 따라 몸이 움직여 남의 지갑을 내 주머니 속에 집어넣는다면 그것은 신업(身業)이다. 누군가가 그것을 보고 뭐하냐고 물을 때, '내 지갑이야'라고 대답한다면 그것은 거짓말의 구업(口業)이 된다. 탐심의 의업과 거짓말의 구업과 도둑질의 신업이 다 악업인데, 이 일련의 행위에 있어 악의 근본은 과연 어디에 놓여 있는 것일까?

　윤리학에서 도덕적 선악의 기준을 어디에다 두는가에 대해서는 상이한 입장이 있을 수 있다. 선악의 기준을 동기나 의도에 두는 것을 동기론 내지 의도론이라고 하고, 그와 달리 구체적 행위나 행위의 결과에 두는 것을 결과론 내지 목적론이라고 한다.[10] 불교에 따르면 이는 의업, 구업, 신

10　물론 이런 개념은 그렇게 정확한 것은 아니다. 의도가 행위 결과를 의도한 것이면, 결국 의도론이 곧 결과론이 되겠기 때문이다. 흔히 불교 윤리설을 이 두 구분에 따라 논하기에 그 틀을 따른 것일 뿐이다. 이와 달리 선악의 기준을 행위의 의도, 행위 자체, 행위의 결과 중 어디에다 두는가에 따라 구분하면, 의도론, 직관론, 결과론이 된다. 행위 자체나 행위 결과보다는 의지의 선함에 강조점을 두는 칸트는 의도론, 행위 자체의 선악을 논하는 직관주의는 직관론, 행위가 낳을 결과에 따라 선악을 논하는 공리주의는 결과론에 해당한다.

업 중 어느 것이 업의 근본인가, 어느 것에 선악의 근본이 놓여 있는가의 물음이 된다. 즉 업의 근본은 내적인 의업인가, 아니면 외적인 구업 또는 신업인가? 선악은 근본적으로 내적 의지에서 발동하는가, 아니면 신체적 행위에서 비롯되는가? 업의 근본을 행위를 일으키려는 의도인 의업에서 구한다면 동기론이라고 할 수 있고, 업의 근본을 의도가 아닌 구체적 행동인 신업에서 구한다면 결과론이라고 볼 수 있을 것이다.

우리의 일상적 행위는 대개 그렇게 하고자 하는 뜻과 그 뜻에 따른 몸의 움직임으로 성립한다. 예를 들어 도둑질의 경우 훔치고자 마음먹고 몸을 움직이므로 그 몸이 움직여 훔칠 수가 있는 것이다. 이 경우 그 악은 어디에 놓여 있는 것인가? 뜻의 의도인가, 몸의 행위인가?

이 물음이 보다 심각하게 제기되는 경우는 내적인 뜻의 의도와 외적인 신체의 행동이 연결되지 않고 어긋날 경우이다. 즉 행위하려는 의도는 가졌어도 실제로 그 의도에 따른 행위가 일어나지 않았다면, 그래도 악인가? 이 경우도 두 가지로 구분해 볼 수 있을 것이다. 의도는 했지만 막상 몸으로 실행을 하지는 않은 경우가 하나이며, 또 다른 하나는 그 뜻에 따라 행동하기는 했는데, 즉 도둑질을 하기 위해 옆의 지갑을 집어넣기는 했는데, 우연히 그 지갑이 남의 것이 아니라 뒤바뀐 자기 지갑일 경우이다. 그래도 이 경우 실제 도둑질만큼의 악이 행해졌다고 볼 것인가, 그렇지 않은가? 이 경우 실제로 남의 물건을 훔친 것이 아니기에 악한 행위가 있었던 것은 아니라고 본다면, 이는 곧 악의 근본은 구체적 몸의 행동에 있다는 말이 된다.

그러나 악한 행위를 할 의도가 전혀 없었는데도 불구하고 몸의 움직임이 우연하게 살생이나 투도 등의 결과를 일으킨 경우라면, 그래도 그것을 악한 신업이라고 하겠는가? 예를 들어 평상시처럼 옆의 지갑을 자기 지갑인 줄 알고 자기 주머니에 넣었는데, 그것이 우연히 다른 사람의 것이었을 경우, 그래도 그것을 악한 행위라고 규정할 수 있겠는가? 동일한 몸의 움직임이 어떤 때는 운동일 수도 있고 또 어떤 때는 구타일 수도 있다면, 선악을 판가름할 결정적인 것은 몸의 움직임 자체가 아니라 어떤 의도로 그 행위를 하는가가 아니겠는가? 이렇게 보면 선악의 근본은 신업이 아니라 의업에서 찾아져야 할 것처럼 보인다.

　불교에서 업의 본질은 그 행위를 의도하는 의업에 있는가, 아니면 의도와 무관하게 구체적으로 행해지는 신업이나 구업에 있는가? 살인의 업에 따른 보가 있다면, 살인의 업은 의도가 있어야 성립하는가, 아니면 행위 자체로서 성립하는가? 다음의 두 구절은 서로 상반된 주장을 하는 것처럼 보인다.

　　투라난타 비구니가 새벽에 옷을 입고 발우를 들고 속가에 갔더니, 어린아이 하나가 방앗간에서 자고 있었다. 투라난타가 곁으로 다가가서 디딜방아의 공이를 건드리니, 방아공이가 아이의 머리에 떨어져서 죽었다. 이를 걱정하니, 부처님께서 말씀하셨다. "너는 무슨 마음으로 그랬느냐?" "죽이려는 마음이 아니었습니다." "그러면 범함이 없다. 그러나 남의 방아공이를 건드리지 말아라."[11]

　　아버지는 늙어 걸음이 느렸다. 아들은 온갖 독한 짐승들이 무서워 급히 아버지를 부축하여 밀고 가다가 단단히 잡지 못해 그만 아버지를 밀어 땅에 넘어뜨렸다. 그래서 그 아버지는 아들 손에 맞아죽은 셈이 되었다. 아버지

11　『대정장』 22, 982上. 박경준, 「불교 업설에서의 동기론과 결과론」, 『불교학보』, 29집, 1992, 532쪽에서 재인용.

2부
유부의 무아론 :: 인무아

가 죽은 뒤 아들은 혼자 부처님께 나아갔다. 비구들이 그 사미에게 물었다. "너는 아침에 네 스승(아버지)과 함께 걸식하러 나갔는데, 지금 네 스승은 어디 있는가?" 사미는 사실대로 대답했다. 그 때 여러 비구들은 그 사미를 꾸짖었다. "너는 나쁜 놈이다. 아버지를 죽이고 동시에 스승을 죽였다." 그들은 부처님께 나아가 사뢰었다. 그러자 부처님이 말하였다. "그 스승이 죽었지만, 그것은 악의 때문이 아니다." 그리고 물었다. "너는 네 스승을 죽였느냐?" "저는 진실로 죽였습니다. 그러나 악의로 죽인 것은 아닙니다." "그렇다. 나는 네 마음을 안다. 네게 악의는 없었다. 지난 세상에도 그런 악의 없이 죽인 일이 있었다." 그 때 비구들이 이들 부자가 지난 세상에 어떤 인연으로 서로 죽였는가를 여쭈었다. 부처님은 말씀하셨다. "과거 한량없는 아승지겁 전에 이들 부자 두 사람이 한 곳에 살았다. 때에 아버지가 병이 중해 누워 있었는데, 파리가 자꾸 날아들었다. 아버지는 아들을 시켜 파리를 쫓고 편히 잠들고자 하였다. 아들은 파리를 쫓았으나, 파리는 그치지 않고 자꾸 왔다. 아들은 화가 나서 큰 몽둥이를 가지고 파리를 기다려 죽이려 했다. 파리들이 자꾸 아버지 이마에 오기에 그는 몽둥이로 파리를 때리다가 그만 아버지를 죽였다. 그러나 그 때에도 악의는 아니었다. 비구들이여, 알라. 그 때 아버지가 바로 이 사미요, 그 때 몽둥이로 아버지를 때린 아들이 바로 지금 죽은 저 비구이다. 그 때 그 아들은 몽둥이로 아버지를 죽였으나, 악의가 아니었기에, 지금의 그 갚음도 일부러 죽인 것이 아니다."[12]

전자의 살인에 대해 범함이 없다고 말하는 것은 의도가 없으면 그 행위인 업이 보를 낳지 않는다고 보는 것이다. 이는 곧 의업이 선행하지 않는

---

12 『賢愚經』, 권10, 「아오살부품」(『대정장』 4, 418上中). 박경준, 「불교 업설에서의 동기론과 결과론」, 『불교학보』, 29집, 1992, 536쪽에서 재인용.

다면, 단순한 몸의 움직임만으로는 업보가 성립하지 않는다는 말이다.

> 만일 의도를 가지고 업을 짓는다면, 나는 그것은 반드시 그 보를 받되 현세
> 에서 받거나 후세에서 받는다고 말한다. 만약 의도가 없이 업을 짓는다면,
> 나는 그것이 반드시 그 보를 받는 것은 아니라고 말한다.[13]

그러나 후자의 예는 의도와 상관없이 업보가 성립함을 말한다. 전생에 아들이 살인을 할 악한 의도는 없었어도 결과적으로 살인의 악업을 지었기에, 그 악업의 고과로서 그 자신이 살인을 당하게 된 것으로 보는 것이다. 이처럼 의도가 없는 몸의 움직임만으로도 악업 고과가 성립한다는 것이다.

이렇게 보면 전자와 후자는 서로 상반되는 주장을 하고 있는 것처럼 보인다. 전자는 업의 본질을 의업으로 간주하며 의도가 없으면 업보가 성립하지 않는다고 주장하고, 후자는 업의 본질을 구체적인 신업으로 간주하며 의도와 상관없이 업보가 성립한다고 주장하는 것처럼 보인다. 불교는 이처럼 의업과 신업을 다 업의 본질로 간주하며, 상황에 따라 보의 유무를 달리 해석하는 것인가?

그러나 다시 고찰해 보면 두 예문은 그렇게 서로 상반된 것이 아니다. 전자에서는 "의도가 없으면 꼭 보를 받는 것은 아니다"라고 말함으로써, 의도가 없어도 보를 받는 경우가 있을 수 있음을 언급하고 있으며, 후자에서 업을 성립시킨 것이 단순히 몸동작의 신업이 아니라 그런 행위를 가능하게 한 다른 심리적 요소들을 고려할 수 있기 때문이다.[14]

---

13 『중아함경』(『대정장』 1, 437中), "爾時世尊告諸比丘, 若有故作業, 我說彼必受其報. 惑現世受, 惑後世受. 若不故作業, 我說此不必受報."

의도가 없으면 꼭 보를 받는 것은 아니지만, 경우에 따라 보를 받을 수도 있으며, 후자는 바로 그런 경우를 보여주는 것이라고 볼 수 있다. 즉 아들은 고의로 아버지를 죽일 의도로 그렇게 행동한 것은 아니지만, 그 행위 자체가 부주의와 무지로 인한 것이기에 그로 인해 그 업의 보를 피할 수 없다는 것이다. 이렇게 보면 불교는 선악의 근본, 업의 근본을 행위 자체에 두지 않고 어디까지나 마음에 두고 있다고 말할 수 있다. 특정한 의도가 없어도 신업이 성립하게 되는 것은 그 행위가 주변을 돌아보는 주의나 배려의 마음 또는 상황에 대한 앎이 없는 부주의 또는 무지에 기반한 것이기 때문이다. 결국 투도나 살생을 하려는 탐심이나 진심이 전제되어 있지는 않다고 하더라도 주변 상황에 대한 무지인 치심이 전제되어 있기에, 그러한 의업에 기반한 신업으로서 악한 업이 되고 그 보를 받게 되는 것이라고 볼 수 있다. 그렇게 보면 불교는 선악의 근본 내지 업의 근본을 외적인 몸의 움직임에 두지 않고, 내적인 마음인 뜻에 두고 있다고 볼 수 있다.

2. 업력(業力)은 어떤 방식으로 존재하는가?

자기 동일적 자아 없이도 업이 자기 보를 낳기까지 인과의 연속성을 이

---

14 박경준은 이 구절 "不必受報"를 부분 부정으로 해석하면 의도가 없어도 보를 받을 수 있음을 인정하고 있는 것이므로, "불교의 업설은 원칙적으로는 동기론이면서도 상당 부분 결과론을 포용한다고 볼 수 있다"는 결론을 내린다(박경준, 「불교 업설에서의 동기론과 결과론」, 『불교학보』, 29집, 1992, 531쪽). 그러나 "의도가 없어도 보를 받을 수 있다"는 것은 두 가지 해석이 가능하다. ① 그 행위에 대한 특정 의도가 없어도 결과적으로 구업이나 신업의 악이 이루어졌기 때문일 수도 있고, ② 그 행위에 대한 특정 의도는 있지 않아도 그 행위를 낳기까지 탐진치의 의업이 있기 때문일 수도 있다. 이 중에서 전자는 결과론으로 해석할 여지가 있지만, 후자는 여전히 동기론에 속한다고 볼 수 있다.

룸으로써 업보가 성립하게 되는 것이라면, 그럼 그 연속성은 구체적으로 어떻게 발생하는 것인가? 업의 발생 이후 그 업의 보를 이루기까지 그 업이 어떻게 유지되기에 업보가 성립하게 되는 것인가? 업이 남긴 업력이 어디에 어떤 방식으로 보존되기에 악인 악과 또는 악인 고과가 성립하게 되는가?

예를 들어 도둑질에 있어 그 악의 근본을 의업에서 찾을 경우, 업력이 어떤 방식으로 보존되어 과를 낳기에 업보가 성립하는 것인가? 도둑질을 하려는 나쁜 생각이 눈덩이 불 듯 자꾸 불어나 나중에 또 다른 나쁜 생각을 일으키게 되므로 악과인가? 그렇다면 그 이후 마음을 고쳐먹고 바른 생각만 하게 된다면, 악과는 없게 된다는 말인가? 아니면 한번 나쁜 짓을 할 마음을 먹으면, 그 후 바른 생각을 하게끔 그렇게 마음을 고쳐먹기가 힘들게 된다는 말인가? 아니면 도둑질하려는 나쁜 생각이 그 이후 끊임없이 불안감과 수치심과 죄책감을 낳기에 고과가 된단 말인가? 그렇다면 도둑질을 하고도 그런 심리적 고통 없이 잘 사는 인간들의 삶은 또 어떻게 설명할 수 있단 말인가?

만일 업에 있어 악의 근본을 의업이 아니라 구업이나 신업에서 찾는다면, 그 업력은 어떤 방식으로 보존되는 것인가? 악업으로서의 나쁜 말소리는 말해짐과 동시에 사라져 버리고 없으며, 도둑질의 행위인 신업 또한 도둑질과 동시에 사라져 버리고 없다. 사라져 버리고 없는 업이 어떻게 그 힘을 유지하여 과를 낳아 악인 악과 또는 악인 고과를 성립시킨단 말인가? 물론 우리는 일상적으로 영혼의 활동은 망각을 통해서 또는 회개를 통해서 흔적을 남기지 않고 치유될 수 있지만, 반면 몸의 활동은 어떤 방식으로든 흔적이 남는다고 말하기도 한다. 예를 들어 나쁜 생각은 후에 반성하거나 혹은 잊어버림으로써 깨끗이 지워질 수도 있지만, 일단 몸에 발생한 일, 예를 들어 음주가 간에 남긴 술기운, 흡연이 폐에 남긴 니코틴 등 신체적 행위를 통해 몸에 남겨진 흔적은 후에 아무리 후회하고 반성한다고 해도 그 때문에 그냥 지워지지는 않고 간질환으로든 폐병으로든 어떤 영향력을 발휘한다는 것이다.

그러나 불교에서 말하는 신업에서 업보의 관계는 그처럼 물리적인 차원에서 성립하는 물질적 인과가 아니다. 도둑질이나 살인을 할 경우 몸의 움직임으로 인해 그 업이 성립하는 것이지, 그 움직임 안에서 술이나 담배 연기처럼 어떤 물리적인 것이 외부로부터 몸 안으로 스며들어오는 것은 아니기 때문이다. 그러므로 구업이나 신업에 있어서 그 업은 말소리가 사라지는 순간 또는 몸의 특정한 형태가 흩어지는 순간 동시에 사라지고 없다. 그렇다면 그렇게 사라지고 없는 업이 어떻게 그 힘을 유지하여 보를 낳게 된단 말인가?

구업이나 신업에서의 업이 그 순간으로 사라져 버리고 만다면, 그럼 무엇에 근거해서 업보의 관계가 성립하는 것일까? 우리는 흔히 그 업보의 관계를 타인이나 사회에 의한 형벌에서 구하기도 한다. 완전 범죄란 없다. 예를 들어 도둑질을 하면 결국은 잡혀서 사회적으로 형벌을 받게 됨으로써 악인 고과가 성립하게 된다고 주장하는 것이다. 그러나 우리의 현실적 삶에 있어서는 도둑질을 하고도 벌을 받는 대신 오히려 늘어난 재산으로 남들보다 더 잘 먹고 더 잘 사는 경우가 있지 않은가? 업이 다른 사람들의 눈에 드러남으로써 사회적 · 법적으로 그에 상응하는 과를 받게 된다는 것은 현실적으로 존재하는 반례에 비추어보면 정확한 설명이 아니게 된다.

이처럼 타인이나 사회의 눈으로는 업보의 관계가 완전하게 설명되지 않으므로 우리는 다시 인간보다 더 정확하게 업보의 관계를 성립시킬 만한 보다 더 완벽한 눈, 완벽한 감시와 심판의 제3의 눈을 설정하기도 한다.

즉 인간의 마음속과 인간의 행위 일체를 속속들이 들여다보는 신(神)이 인간의 의업과 신업까지도 다 기억하여 그 업에 따라 인간을 심판한다는 것이 그것이다. 의업은 어차피 남의 눈에 보이지 않고, 신업도 남의 눈을 속일 수는 있지만, 의업이든 신업이든 신(神)의 눈은 벗어날 수 없다고 보는 것이다. 그리고 그 신이 업에 상응하는 보를 내려줌으로써 업보가 유지된다고 주장하는 것이다.[15]

그러나 불교에서 업은 그 자체로 과를 낳는 힘을 갖고 있는 것으로 이해되며 따라서 업보의 보는 업 자체로부터 발생하는 보이지, 업에 따라 타인이나 사회가 결정하는 상벌, 또는 업에 따라 신이 내리는 심판을 의미하는 것이 아니다. 업보는 업 자체의 힘으로 인해 성립하는 관계인 것이다. 그렇다면 업이 어떤 방식으로 유지되기에 보를 낳게 된다는 말인가? 이것이 문제가 되는 것이다. 업은 어떤 방식으로 그 업력을 남기고 유지하여 보를 낳게 되는가? 행위가 사라짐과 동시에 그 행위의 업이 여력을 남기지 않고 완전히 사라져 버린다면, 그 업은 보를 낳을 수 없게 된다. 도둑질에서의 악업이 도둑질을 하려는 의도나 생각 등 마음의 활동에서가 아니라 도둑질의 행위 자체에 있는 것이라면, 도둑질이 끝나고 나서 그 도둑질로부터 남겨지는 것은 기억이나 회상 등 심리적 잔재가 아닌 다른 것이어야 한다. 그러나 그렇다고 해서 술기운이나 담배 연기처럼 그렇게 완전히 신체적인 것일 수만도 없다. 그렇다면 도둑질의 업으로부터 그 보가 발생하기까지 남겨지는 것은 과연 무엇이란 말인가? 말소리나 몸의 움직임이 흩어지고 나서 무엇이 남겨져서 그 보를 낳을 수 있는 것인가?

15 석가 당시 인도 브라만교에서는 우주 만물을 창조하고 인간을 심판하고 인간의 행불행을 좌우하는 大自在天에 대한 숭배 사상이 있었다. 석가는 이를 비판하면서 업사상을 전개한 것이라고 볼 수 있다. 사후 신의 심판에 따라 인간이 천당이나 지옥으로 보내진다고 말하는 기독교 역시 이와 유사하다.

수행을 하면서 계율을 지키는 생활을 했을 때 그 계를 지킴으로 인해 발생하는 결과가 나타나기까지 수행의 힘이 어디에 어떤 방식으로 유지되는 것이란 말인가?

술 마시기나 담배 피우기처럼 물리적인 흡수 과정과는 구분되는 몸으로 짓는 업의 방식은 자전거 타기 연습 과정으로 비유해 볼 수 있을 것이다. 자전거를 못 타던 내가 며칠을 계속 자전거 타기를 연습하면 어느 날인가부터 자전거를 잘 탈 수 있게 된다. 자전거 타기를 연습하는 것을 신체적 행위인 신업으로 보고, 자전거를 잘 타게 되는 것을 그 결과라는 의미에서 보(報)라고 하면, 우리가 묻는 것은 다음과 같다. 자전거 타기를 연습하는 그 행위는 연습을 마치는 순간 사라져 버리고 없다. 그런데 어떻게 해서 그 연습으로 인해 자전거를 잘 타게 되는 것일까? 연습하는 행위인 가시적 행위, 그 업은 사라지고 없는데, 어떻게 그 이미 없어진 원인으로부터 그 뒤에 자전거를 잘 타게 되는 결과가 나타나게 된단 말인가? 우리는 연습을 통해 능력이 배양되었기 때문이라고 말할 것이다. 그렇다면 능력이 생긴다는 것, 몸이 익숙해진다는 것은 무엇을 의미하는가? 몸이 익숙해진다는 것은 신경 세포 안에 어떤 변화가 일어난다는 말인가? 정보가 뇌에 입력되는 것인가? 정보가 팔과 다리의 신경에 입력되는 것인가? 몸 전체의 신경 구조가 바뀌는 것인가? 뇌나 팔 다리 등 신체 구조 안에 어떤 변화가 생기는 것인가? 신경 세포의 변화, 신경 구조의 변화인가? 신경이 받아들인 정보의 축적인가? 그렇다면 정보란 어떤 존재인가?

3장
유부에서 업과 업력:
표색(表色)과 무표색(無表色)

1. 구업과 신업의 본질: 소리와 형색(形色)

유부에서도 유근신(有根身)의 유정세간(有情世間)과 그 유정들이 머물러 사는 세계인 기세간(器世間 : 無情世間)의 차별적 모습들은 모두 유정이 지은 업(業)으로 인한 것이라고 설명한다. 그러므로 업을 어떻게 이해하는가는 그 업이 남기는 업력을 무엇으로 이해할 것인가, 그리고 그 업력으로 인해 형성되는 세간 존재를 어떤 존재로 이해할 것인가의 문제와 연결되는 것이다.

불교는 처음부터 업을 의업 · 구업 · 신업으로 나누어 왔는데, 의업은 마음을 조작하는 행위로서의 생각인 사(思, cetana)에 해당하며, 구업과 신업은 그러한 생각에 기반을 두고 행해지는 것으로 간주된다.

> 세상의 차별은 업(業)으로 인해 생기는 것이니, 업은 생각과 생각으로 인해 행해지는 것이다. 생각이 곧 의업이며, 생각으로 인해 행해지는 것이 곧 신업과 어업이다.[16]

생각[思]은 마음에 조작이 있게 하는 능력을 뜻한다.[17]

따라서 의업을 그대로 사업(思業)이라고도 하며, 생각에 의해 행해지는 구업과 신업을 생각에 따라 생각과 함께 일어나는 업이란 의미에서 사이업(思已業)이라고도 한다.

의업 = 사업(思業)

구업 ┐
　　　├ 사이업(思已業)
신업 ┘

의업은 의지 작용에서 성립하는 업이고, 구업과 신업은 의지 작용에 기반한 사이업으로서 의지에 따라 말이나 신체 행위로 나타나는 업이다. 그렇다면 구업이나 신업에 있어서도 그 업의 본질은 결국 그런 말이나 행동을 야기시킨 의지 작용 내지 의도에 있는 것인가, 아니면 그런 의도에 기반하되 그 자체는 의도와 구분되는 말이나 신체적 행위 자체에 있는 것인가?

유부는 구업과 신업의 본질을 의도나 생각이 아니라, 구체적인 소리나 몸의 동작에서 구한다. 구업에 있어서는 입으로 말을 할 때 만들어지는 소리가 업의 본체이며, 신업에 있어서는 몸으로 업을 지을 때 만들어지는 신체적 형태, 즉 형색이 바로 그 업을 성립시키는 업의 본체이다.

몸[身]의 표업은 별도의 형색(形色)이고, …… 말[語]의 표업은 말의 소

16 『구사론』, 권13, 「분별업품」(『대정장』, 29, 67중), "世別由業生. 思及思所作. 思卽是意業, 所作謂身語."
17 『구사론』, 권4, 「분별근품」(『대정장』, 29, 19상), "思謂能令 心有造作.

리[聲]이다.[18]

그런데 특정한 행위는 언제나 그 이전 상태와 그 이후 상태로 이어지는 연속상에서 발생할 수밖에 없기 때문에, 의도가 실행되는 한순간의 행위도 그 행위를 이끌어오는 예비적 행위와 그 행위로부터 발생하는 부수적 행위를 함께 지니게 된다. 이 예비적 행위를 가행(加行)이라고 하고 부수적 행위를 후기(後起)라고 하며, 이 가행과 후기 사이에서 의도 자체가 실행되는 순간의 구체적 행위를 그 순간 업이 이루어진다는 의미에서 근본 업도(根本業道)라고 한다.

加行　　→　　根本業道　　→　　後起

예비적 행위　　　　　　　　부수적 행위

예를 들어 도둑질을 하려고 마음먹고서 도둑질의 행위를 하게 되면 그것이 신업인데, 그 도둑질하는 행위는 도둑질을 하기 위해 남의 지갑이 있는 방으로 들어가는 행위, 지갑을 손에 들고 자기 주머니에 넣는 행위, 그리고 그 상태에서 방을 나오는 행위로 구분해 볼 수 있다. 지갑을 손에 들고 주머니에 넣는 것이 근본 업도라면, 그렇게 하기까지 방으로 걸어 들어가는 것이 가행이고, 그렇게 하고 나서 다시 방을 걸어 나오는 것은

---

18 『구사론』, 권13, 「분별업품」(『대정장』, 29, 67하), "身表許別形, 語表許言聲." 유부는 물체에 있어 顯色[色相]과 形色[形相]을 구분한다. 색깔과 형태를 별개의 것으로 구분하는 것이다. 그러나 경량부는 그 둘이 서로 다른 것이 아니며, 실재하는 것은 오직 현색일 뿐이라고 주장한다. 색을 통해서 형체가 나타나는 것이지, 색을 떠나 다른 방식으로 형태가 존재하는 것이 아니라는 말이다. "경부에서는 형색은 실유가 아니라고 설한다. 예를 들어 현색이 일 면으로 모여서 많이 발생하면, 그중에서 假立하여 긴 물질이라고 하는 것이다(經部說, 形非實有, 謂顯色聚, 一面多生, 即於其中, 假立長色)" (『구사론』, 권13, 「분별업품」, 『대정장』, 29, 68중). 따라서 경량부는 있지도 않는 형색을 업의 본질로 삼는 유부를 비판한다고 볼 수 있다.

후기가 된다.

유부에 따르면 이 과정에서 업을 성립시키는 것은 근본 업도의 순간 그 몸이 나타내는 모습인 형색(形色)이다. 의도나 가행이나 후기 등은 모두 근본 업도를 이루기 위한 준비나 부수적 결과일 뿐이며, 근본적 업은 근본 업도에서 이루어진다고 본 것이다. 신체가 업을 짓는 그 순간의 몸의 형태인 형색(形色)이 업을 성립시킨다는 말이다. 남의 지갑에 손을 대는 몸의 형태가 도둑질의 업에 해당한다. 형색은 12처 중 색처(色處)에 해당한다. 나아가 구업에서의 근본 업도는 일정한 의도에 따라 말을 할 때 발생하는 말소리가 되는데, 말소리는 성처(聲處)에 해당한다. 이들은 모두 감각 대상으로서 구체적으로 표시나는 것이므로, 이를 표시나는 업인 표업(表業, vijñapti karma)이라고 한다.

그러나 이처럼 업의 본질을 표시나는 표업으로 본다면, 문제는 그런 업으로부터 어떻게 그 과가 발생할 수 있게 되는가 하는 것이다. 즉 구업과 신업에서의 말소리와 몸의 형태는 바로 근본 업도의 그 순간이 지나면 사라져 버리고 없는데, 그렇게 없어져 버린 것이 어떻게 힘을 유지하여 과보(果報)를 일으킬 수 있단 말인가?

2. 표업이 남긴 업력: 무표색(無表色)

업이 남긴 힘이 어떻게 유지되는가를 설명하기 위해 유부는 구업이나 신업의 행위가 사라지더라도 그 결과를 낳기까지 그 몸에 그 행위의 흔적이 남겨진다는 것을 주장하며, 그렇게 표업의 결과로 몸에 남겨지는 것을 무표 내지 무표색이라고 한다. 또는 보를 낳기까지 유지되는 업이라는 의미에서 무표업이라고도 한다. 무표색 내지 무표업이 신체상에 남아 있음으로써 업력이 유지된다고 보는 것이다. 『구사론』은 유부에서의 무표(無表)의 주장을 다음과 같이 정리한다.

> 몸의 가행에서 비롯되는 일[근본 업도]이 다 마치게 되면 [그 표업은] 몸과 마음을 떠나게 되지만, 능히 [행위하는 자의] 몸 중에 별도로 무표(無表)의 법(法)이 발생하게 된다.[19]

이렇게 구업이나 신업으로 인해 생긴 무표업이 몸에 남아 있다가 인연이 갖추어지면 득(得, prapti)이라고 하는 힘에 의해 마음과 결합되어 그 결과를 산출함으로써 업보의 인과가 이루어진다고 보는 것이다.

의도　　→　　가행　　→　　근본 업도　　→　　후기

표색, 표업 : **업**

↓

무표색, 무표업 : **업력**

↓

보

무표색은 구업이나 신업의 표업으로 인해 생긴 것이다. 따라서 극미소조의 형색인 표업으로부터 생겨났기에 색온 내지 색법에 속하는 것으로 간주된다. 그러나 무표색은 표가 나는 것이 아니므로 보거나 들을 수 있

---

19 『구사론』, 권13, 「분별업품」(『대정장』 29, 69하), "由身加行, 事究竟時, 離於心身, 於能敎者, 身中別有, 無表法生."

는 감각 대상이 아니라 오직 의식에게만 알려지는 법처 소속의 것으로 간주된다. 즉 무표는 다른 물질적 사물처럼 대종(大種 : 四大)으로 이루어지기는 하지만, 표색을 형성하는 대종과는 다른 대종이라고 간주되며, 또 물체를 이루는 극미로 이루어진 것도 아니라고 간주된다. 따라서 표업으로 인해 발생하는 것이지만, 그 존재 구성 요소가 표업에 해당하는 소리[聲處]나 형색[色處]의 요소와는 다르기에 법처 소속으로 분류된다.

> 무표색은 표색과는 다른 대종에 의해 만들어졌다. 왜 그렇다고 보는가? 같은 하나로부터 화합되는데 미세한 결과[무표색]와 거친 결과 [표색]가 있게 된다면, 그건 이치에 맞지 않기 때문이다.[20]

유부에 따르면 표업의 행위가 마음의 의도에 기반하되 그 자체로서는 마음과 독립적인 것이듯이, 그 표업이 남겨놓는 결과물인 무표색 또한 마음과 독립적으로 신체상에 유지된다. 그러다가 그 무표색이 보를 산출하기 위해서는 법처에 속하는 또 다른 법인 득(得)과 결합되어야 한다. 무표색은 찰나 생멸하는 현재의 우리 행위가 그럼에도 불구하고 그 업보를 발휘할 수 있게끔 그 업력을 보존해 주는 역할을 하는 것이다.

유부가 업보를 설명하기 위해 제시하는 무표색이란 정확히 무엇을 의미하는가? 무표색은 말이나 행동 등 구체적으로 표시나는 업이 사라지고 난 후에도 그 업의 보가 발생하기 위해 남아 있어야 할 행위의 잔재적 힘을 의미한다. 구체적 행위인 업은 사라져도 그 업의 여력이 어떤 형태로든 남겨져 있어야 언젠가 그 행위의 보가 있을 수 있기 때문이다. 유부는

20 『구사론』, 권13, 「분별업품」(『대정장』 29, 70상), "無表與表, 異大種生. 所以者? 從一和合, 有細麤果, 不應理故."

구체적 표업을 통해 남겨지는 세력을 마치 술을 마시면 간에 남겨지는 알코올이나 흡연을 하면 폐에 쌓이는 니코틴처럼 그렇게 몸에 남겨지는 색으로 간주한다. 다만 알코올이나 니코틴은 몸 밖에 있다가 직접적으로 몸 안으로 흘러 들어간 물리적인 것이지만, 업력은 행위의 업을 통해 비로소 산출되어서 몸에 쌓이되 물질처럼 표가 나는 것이 아니기에 무표색이라고 하는 것이다. 그것은 몸의 운동이 신경에 정보로 남겨지는 것처럼 신체에 부착되어 있다가 몸에 특정한 방식의 영향력을 미치는 그런 힘인 것이다.

이처럼 무표색은 신체적 업을 통해 발생하며 그 신체의 색온에 부착되어 남겨지기에 색법에 속하는 것이지만, 그러나 표업처럼 표가 나는 것이 아니며 오근 오경 이외의 것이기에 법처에 속하는 것으로 간주된다.[21] 결국 무표색은 색온에 포함되면서 또 동시에 심소(心所)처럼 법처에 포함된다는 이중성을 가진다.

---

21 무표색이 표가 나는 감각 대상이 아니라는 것은 五境이 아니라는 것일 뿐, 오경이 아니라면 五根일 수도 있지 않은가? 더구나 유부에 따르면 오근은 감각 대상의 부진근이 아니라, 감각 능력으로서의 淨色의 승의근일 뿐이다. 더구나 업의 결과 축적되는 업력의 무표색은 주체적 능력을 증장시킨다는 점에서 오근과 같은 속성이 아닐까? 그러나 유부는 무표색을 오경뿐 아니라 오근과도 구분되는 것으로 간주한다. 유부는 오근을 정색이되 극미소조의 것으로 간주하기 때문이다. 반면 무표색의 색은 표나는 표색과 달리 정색이기는 하지만, 오근처럼 극미소조가 아니라 순수한 성질, 사대종만으로 존재한다고 본다.

4장
유부적 설명의 한계와 다른 부파의 설명

유부가 업력의 담지자를 무표색으로 규정하여 색법에 속하는 것으로 간주하고, 심의 영역에 속하는 것으로 보지 않은 것은 유부가 심을 표층적인 의식으로 간주하기 때문이다. 전오식이나 의식은 계속 이어지는 것이 아니라 많은 순간 단절이 있다. 꿈도 없이 깊이 잠들거나 기절하는 등 일상 차원에서도 그 단절을 찾아볼 수 있으며, 그 외에 수행 과정에서도 멸진정에서처럼 의식이 단절되는 경우가 있다. 만약 업력의 소재를 표층적인 6식의 차원에 둔다면, 그와 같이 식이 단절할 경우 업보의 연속성이 성립하지 않게 되므로, 식을 표층적 식으로 이해한 유부는 업력의 소재를 식의 차원에 둘 수 없었으며, 따라서 업력을 담지한 무표색을 색온인 몸에 부착되어 보존되는 것으로 간주한 것이다.

그러나 유부의 주장대로 업력의 담지자가 무표색으로서 색온에 포함된다면, 색온이 파괴될 경우 몸에 부착되어 있던 무표색도 함께 멸하게 되는데, 어떻게 그 업력이 남아 다시 오온을 형성하여 윤회를 성립시키는가의 문제가 발생하게 된다. 구업이나 신업의 표업으로부터 발생하여 그 신체상에 부착된 무표색이 신체가 멸하는 죽음을 거쳐서도 업력으로 남아 있다는 것이 어떻게 가능한가?

나아가 업력의 번뇌를 오로지 표층적인 의식적 번뇌만으로 간주할 경우, 성자와 범인의 구분이 어떻게 가능하겠는가라는 문제도 발생한다. 즉 오직 현재적인 표층 의식만으로 판단해 보면 과거에 아무리 악한 업을 지었다 하더라도 어느 한순간 선한 마음을 발동하면 그 순간에는 불선심이 하나도 없어 성자와 다를 바가 없게 된다. 그러나 그처럼 성자와 범인의 구별 기준이 찰나마다의 선심 또는 불선심에 있게 된다면, 결국 성자와 범인이 궁극적으로 구분되지 않는다는 말이 되지 않겠는가?

이러한 문제들을 해결하기 위해 대중부, 일설부, 설출세부에서는 업과 업력에 대해 설일체유부와는 다른 관점을 제시한다. 현재적 번뇌나 현재적 의식과는 다른 존재 방식의 번뇌, 즉 잠재적 번뇌를 주장하는 것이다. 그들은 잠재적 번뇌로서 '수면(隨眠)'을 주장하는데, 수면은 유부의 5위 75법의 분류에 따르면 심소법[심상응법]에 속하는 것이지만, 그것을 잠재적 번뇌로 해석하면 그것은 현재적 마음에 상응하지 않으므로 더 이상 심상응법이 아니라 심불상응행법으로 간주된다. 이처럼 현재적이지 않은 수면이라는 번뇌의 존재를 인정할 경우, 의식 표층상으로는 번뇌를 느끼지 않고 선한 마음을 먹는다고 해도, 그 마음 심층에 수면이라는 잠재적 번뇌가 있을 수 있다. 그리고 바로 이러한 표층적 의식 너머의 잠재적 수면을 통해 성자와 범인을 구분하는 것이 가능해지게 된다.

그러나 이와 같이 불상응행법으로 분류된 수면을 전후 생멸하는 잠재적 인자로서 일체 업력의 담지자로 확립한 것은 화지부(化地部)나 독자부(犢子部)에 이르러서이다.[22] 그들은 업의 상속을 설명하기 위해 유부가

---

[22] 세우 조, 현장 역, 『이부종륜론』(『대정장』, 15중 이하) 참조. 수면에 대해서는 경량부의 종자를 설명하는 과정에서 늘 함께 연구되고 논의되고 있다. 불상응행법으로서의 수면설이 확립되기까지의 과

설정한 색법(色法) 소속의 무표색을 인정하지 않으며, 그 대신 현행적 의식인 전(纏)과 구분되는 잠재적 번뇌인 수면이 업력의 담지자로서 존재한다고 보는 것이다. 현행적인 번뇌 의식인 전(纏)이 심에 상응하는 심소법에 해당한다면, 잠재적 수면은 심에 상응하지도 않고 그렇다고 색법에 속하지도 않고 불상응행법에 속한다는 것을 강조한다.

> 수면은 심법도 아니고 심소법도 아니며, 소연도 없다. 수면은 전과 다르며, 전은 수면과 다르다. 따라서 수면은 심불상응법, 전은 심상응법이라고 해야 한다.[23]

여기서 수면을 색법도 심소법도 아닌 심불상응행법이라고 주장하는 것은 마치 몸의 운동과 훈련을 통해 획득된 정보는 몸과 같은 차원의 색법이라고도 할 수 없고 그렇다고 표층적 의식 상태인 심소 또는 심상응법이라고도 할 수 없는 것과 같다. 행위를 통해 우리에게 축적되는 정보 자체는 물리적 실재도 심리적 실재도 아니고 오히려 논리적 실재라고 할 수 있듯이, 화지부나 독자부는 수면을 색에도 심에도 속하지 않는 불상응행법으로 간주한 것이다. 심불상응행법으로서의 수면이 잠재적 번뇌로서 존속하다가 인연이 닿으면 또 다른 불상응행법인 득(得)과 결합하여 그 잠재태가 구체적으로 현실화된다고 보는 것이다.

정에 대해서는 권오민, 「행위의 인과상속에 관한 경량부적 해명」(『불교학보』, 제29집, 1992, 495쪽 이하) 참조. 종자설에 대해서는 이만, 「종자설의 연원에 관한 연구: 업사상을 중심으로」(『한국불교학』, 제7집, 1982, 169 이하); 結城令聞, "唯識學に至る種子說構成の經過と理由"(『宗教研究』, 1권 3호, 16쪽 이하); 加藤精神, "唯識學に於ける種子說の發達に就いて"(『日本佛教學協會報』, 제4권, 206쪽 이하) 참조.

23 『이부종륜론』(『대정장』, 15하~16상), "隨眠非心, 非心所法, 亦無所緣. 隨眠異纏, 纏異隨眠. 應說隨眠與心不相應, 纏與心相應."

여기서 번뇌란 업의 산물로서의 업력이다. 업의 산물로서 번뇌가 구체적으로 의식에 떠오르면 그것을 전(纏)이라고 하고, 구체적으로 의식에 떠오르지 않아도 잠재적으로 번뇌가 마음속에 있는 것을 수면(隨眠)이라고 하는 것이다. 그러므로 수면이란 의식 표층으로 포착 가능한 표업으로서의 업이 사라지고 난 후 의식 심층에 남아 있는 업의 세력이라고 할 수 있다. 그런 마음 심층의 잠재적인 것을 심법이나 심소법으로 간주하지 않고 심으로부터 독립적인 심불상응행법으로 간주한 것이다.

업력의 전달자를 불상응행법 소속의 것으로 분류한 또 다른 부파는 정량부(正量部)이다. 정량부는 업력이 색의 차원에서나 심소의 차원에서 사라져도 그 자체는 멸하지 않고 유지된다는 의미에서 '부실법(不失法)'을 주장한다. 정량부는 신업의 본질을 유부처럼 형색이 아니라, 행동이라고 보는데, 여기서 행동은 생한 다음 순간에 곧 멸하는 생멸 과정이 아니라 생과 멸 사이에 머무르다가 바뀌는 주(住)와 이(異)를 포함한 생주이멸의 과정으로 간주된다. 따라서 멸하기 전까지 남겨지는 행동이 부실법으로서 업력을 간직하다가 보를 낳게 되며, 그로써 행위의 상속이 가능하다고 보는 것이다.[24] 이 부실법 또한 색법도 심법도 아닌 불상응행법에 속하는 것이다.

이처럼 업력을 불상응행법으로 간주하는 것은 그럴 경우 심법에 해당하는 표면적인 의식인 심이 단절되는 경우나 색법에 해당하는 몸이 사멸하는 죽음을 거치는 경우에도 그 업력이 남아 있게 된다고 볼 수 있기 때문이다. 이로써 멸진정을 거쳐서도 업보의 관계가 유지될 수 있으며, 나아

---

24 정량부의 부실법에 대한 좀더 자세한 설명은 권오민, 「행위의 인과상속에 관한 경량부적 해명」(『불교학보』, 제29집, 1992, 503쪽 이하) 참조. 여기서 권오민은 정량부의 부실법이 '中有'나 경량부에서의 '종자'와 마찬가지 의미일 수 있음을 언급한다.

가 죽음을 거쳐서도 업보가 유지되어 윤회가 성립한다는 것을 설명할 수 있다고 보는 것이다.

그러나 수면이든 부실법이든 그것을 심법 바깥의 불상응행법이라고 간주하는 것은 이들 부파 역시 심법 내지 심소법을 표층적인 의식 차원의 것으로 제한하여 이해했기 때문이라고 볼 수 있다. 식을 전오식과 제6의 식을 포함하는 표층의 식인 육식으로 간주하기 때문에, 잠재적인 번뇌는 심이 아닌 불상응행법으로 분류된 것이다.

3부

경량부의 무아론 : 상속전변차별

1장
경량부에서 업과 업력: 사(思)와 종자(種子)

1. 업의 본질: 사(思)

경량부는 구업이나 신업에 있어서도 그 업의 본질을 유부처럼 말소리나 형색으로 간주하지 않고 사(思)로 간주한다. 그렇다고 이것이 업의 본질을 구체적 행위 이전의 단순한 의도라고 설명하는 것은 아니다. 오히려 유부가 구업이나 신업의 표업을 사와 구분되는 것으로 간주한 데 반해, 경량부는 구업이나 신업 역시 광의의 사(思)에 지나지 않는다고 해석하면서, 그 광의의 사(思)를 업의 본질로 간주하는 것이다.

경량부도 의·구·신 삼업에 대해 사업(思業)과 사이업(思已業)의 이분을 따른다. 사업은 마음의 생각으로서 소위 의업에 해당한다. 그런데 사업의 사(思)는 다시 둘로 구분되는데, 어떤 행위를 하려고 고려하는 '심려사(心慮思)'와 그 고려에 따라 어떤 행위를 하기로 결정하는 '결정사(決定思)'가 그것이다. 그리고 사이업(思已業)은 그런 생각이 이미 있은 후 그 생각이 말이나 몸을 통해 밖으로 표출된 구체적 행위를 뜻한다. 그런데 이 사이업은 그것이 의업인 사업을 전제했다는 의미에서 사(思)

와 연결될 뿐 아니라, 그 자체가 다시금 일종의 사(思)로 간주된다. 즉 사업이 어떤 행위를 하겠다는 의도적 생각인 '사유사(思惟思)'라면, 사이업은 그런 행위를 실행하는 생각인 '작사사(作事思)'이다. 그중에서 말을 일으키는 생각을 '능발어사(能發語思)'라고 하며, 몸의 행동을 일으키는 생각을 '능동신사(能動身思)'라고 한다.

> 업은 사의 차별을 본성으로 하는 것이다. …… 행위하려는 뜻에 따라 조작되는 바가 있게 되는데, 이것이 업의 뜻이 된다. 몸을 동하게 하는 사(思)를 신업(身業)이라고 한다. …… 다 갖추어서 말하자면 마땅히 '몸을 움직이는 업(動身之業)'이라고 해야 한다. 그 중에서 동(動)자와 지(之)자를 빼고 단지 '신업'이라고 부르는 것이다. …… 말을 발하게 하는 사(思)를 어업(語業)이라고 한다. …… 다 갖추어서 말하자면 마땅히 '말을 발하게 하는 업(發語之業)'이라고 해야 한다. 그 중에서 발(發)자와 지(之)자를 빼고 단지 '어업'이라고 부르는 것이다.[1]

이렇게 보면 말이나 몸의 움직임이 업으로서 성립하는 것은 단순히 그런 물리적 움직임 때문이 아니며, 그렇다고 단지 그렇게 행동하리라고 마음먹는 선행하는 의도 때문도 아니라, 바로 그 행위 순간에 행위를 일으키는 생각 때문인 것이다. 이상을 간략히 도표화하면 다음과 같다.

사업 = 思惟思 ┌ 心慮思 ┐ 의업
              └ 決定思 ┘

1   세친 조, 현장 역, 『大乘成業論』(『대정장』 31, 785하~786상), "業即是思差別爲性. … 隨作者意, 有所造作. 是爲業義. 能動身思, 說名身業. … 具足應言, 動身之業, 除動之言, 但名身業. … 能發語思, 說名

사이업 = 作事思 ┌ 能發語思 -- 어업(구업)
　　　　　　　 └ 能動身思 -- 신업

　이는 의업과 구·신업의 표업 또는 심(心)과 신(身)을 절대적 단절이
나 별개의 것으로 간주하지 않고, 그 둘을 연속적인 것으로 간주한다는
것을 의미한다. 구업이나 신업은 말이나 몸을 통해 구체화된 생각, 작사
사에 지나지 않는 것이며, 따라서 일체 업의 본질은 사(思)가 되는 것이
다. 사실 행위 순간의 생각과 그 생각의 구체화로서의 행위는 본질적으로
이원적으로 분별될 수 있는 것이 아니다. 손을 올려야지 하는 생각과 실
제로 손의 올라감을 우리는 구분할 수 없다. 물론 손을 올리겠다고 마음
먹는 의도로서의 생각은 실제로 손을 올리는 행위에 앞선다. 이런 생각은
사유사이다. 그러나 그 의도에 따라 실제로 손을 올리는 순간의 생각, 즉
작사사는 그렇게 해서 실제로 손이 올라가는 행위와 구분되지 않는다. 실
제로 손을 올리기 위해 우리가 하는 것은 손을 올리는 생각뿐이고 그 생
각에 따라 몸이 움직이는 것이다. 말을 하는 경우도 마찬가지이다. 어떤
말을 하겠다고 미리 생각해 보는 사유사는 실제적 말에 선행하지만, 그
생각을 말로 표현하는 순간의 작사사는 그렇게 해서 나온 말과 구분되지
않는다. 작사사란 운동 신경을 자극하는 생각이며, 그 운동 신경의 자극
이 그대로 혀나 사지의 움직임이 되기 때문이다. 그러므로 신체상의 장애
가 있지 않는 한, 작사사는 그대로 입이나 몸을 매개로 외화되는 것이다.
이렇게 보면 의업과 구업 신업은 유부에서처럼 의업과 표업, 심과 색으로
서 단절된 두 차원의 것이 아니라, 모두 사(思)의 영역, 심리적인 심소법

語業 … 具足應言, 發語之業, 除發之言, 但名語業 ”

에 속하는 것으로 이해된다. 그것은 사업과 사이업 또는 사유사와 작사사로서 모두 사(思)의 상속 차별에 지나지 않는 것이다.

업의 본질을 이처럼 생각[사]에서 구할 경우, 그 업으로 인한 업보가 성립하기 위해 유지되어야 할 업력은 그럼 어떤 방식으로 존재하는 것인가?

2. 사(思)의 상속: 종자(種子)

구업이나 신업의 결과로 남겨지는 업의 힘인 업력을 정보의 축적 또는 신경 세포의 변화로 보자면, 유부는 그 잔재적 힘을 구업이나 신업의 표업과는 구분되는 무표색으로 간주한다. 무표색이 형색의 표업으로부터 발생하는 것이지만, 표시나지 않는 업이기에 색법이 아닌 법처에 속하는 것으로 간주한다. 반면 일설부 화지부 독자부는 그 남아 있는 힘을 잠재적 번뇌인 수면이라고 부르며 그것을 색법도 심법도 아닌 심불상응행법이라고 간주한다. 마치 정보는 더 이상 물리적인 것도 그렇다고 심리적인 것도 아닌 그 자체 색과 심 너머의 논리적 실재인 것처럼 간주하는 것과 같다. 그리고 그 정보가 무의식을 채우고 있다가 인연이 닿으면 의식화되고 현행화되는 것으로 간주하는 것이다.

그런데 경량부는 구업이나 신업도 모두 사(思)에 지나지 않는다고 주장한다. 이것은 사를 정보의 움직임, 신경 세포의 활동으로 본다면, 구업이나 신업도 실제로는 그런 정보의 활동 내지 정보의 현실화 이외에 다른 것이 아니라고 보는 것을 의미한다. 무표색뿐만 아니라 표업도 유부가 무표색의 존재 방식으로 생각하는 것과 별반 다를 바가 없는 것이다. 사(思)는 심소법으로서 법처에 포함되며, 의식의 대상에 지나지 않는다. 따라서 사의 업에서 비롯되는 업력 또한 마음 바깥의 객관 실재일 수가 없다. 그리고 화지부나 독자부가 논하는 수면이라는 것도 마음의 잠재 상태 이외의 다른 것이 아니므로 심소법에 포함된다. 이런 의미에서 경량부는 유부의 무표색이나 일설부 화지부 독자부의 수면이나 부실법 등을 모두 업력을 담지하는 심 밖의 객관적 실재로 인정하지 않는다. 경량부에 따르면 업은 그 보를 낳기까지 사(思)의 상속으로 이어진다. 그렇다면 사가 어떤 방식으로 상속하기에 업이 보로 이어지게 되는 것인가? 업력은 사(思)로써 상속하는데, 경량부는 이를 사종자(思種子)라고 한다.

종자(種子, bija)란 현행법과 별도의 존재가 아니라 선행 현행법의 차별공능이다. 현행법에 의해 생겨난 흔적으로서 그 자체 점차적으로 변화해 가다가 그 다음의 현행법을 산출할 수 있는 힘인 것이다. 그리고 일체의 업이 사를 본질로 하므로, 종자란 곧 사종자(思種子)이다. 일설부나 화지부가 잠재적 번뇌를 수면이라고 한 데 대해, 경량부는 그러한 잠재적 번뇌를 아직 현재화되지 않은 종자로 설명한다. 현행 번뇌를 전(纏)이라고 하고, 잠재 번뇌를 수면이라고 할 때는 그 둘의 의식 방식상의 차이만을 말해 줄 뿐이지, 그 둘간의 인과 관계를 말하고 있지는 않다. 더구나 현행 번뇌인 전은 심소법이고 수면은 불상응행법이어서 그 존재론적 위상이 서로 다르므로, 그 둘이 서로 어떻게 연결되는지가 설명되고 있지 않다. 이를 설명하기 위해 수면이 현재화되기 위해 결합되어야 할 득(得)을 논하지만, 이는 또 다른 불상응행법일 뿐이어서 그렇게 서로 다른 것들이 어떻게 연결되는지의 문제가 해결된 것은 아닌 것이다. 반면 잠재 번뇌를 종자라고 하고, 현행 번뇌를 종자의 발현으로 간주할 때는 그 둘간의 의식 방식상의 차이뿐 아니라 하나에서 다른 하나가 발생하게 되는 그 연관 관계를 말해 주는 것이다. 종자는 싹을 내고 나무가 되며, 다시 그 나무로부터 열매를 거쳐 종자가 생기기 때문에, 현행업과 그 업의 세력의 관계를 잘 보여준다. 이런 문맥에서 『구사론』에서 세친은 불상응행법에 속한다고 주장되는 수면설을 부정하고 종자설을 주장한다.

> 그들은 욕탐이 수면의 뜻이라고 말한다. 그러나 수면 자체는 심상응도 아니고 심불상응도 아니다. 별도의 사물이 아니기 때문이다. 번뇌가 잠자고 있는 상태를 수면이라고 말하고, 번뇌가 깨어 있는 상태를 전이라고 말하는 것이다. (문) 무엇을 잠자는 상태라고 하는가? (답) 현행하지 않고 종자로서 있는 것을 말한다. (문) 무엇을 깨어 있는 상태라고 하는가? (답) 번뇌가 현기하여 심을 속박하는 것을 말한다.[2]

그렇다면 잠재 번뇌를 수면이라고 하지 않고 종자라고 할 때, 그 번뇌 종자란 어떤 것인가? 『구사론』은 다음과 같이 답한다.

> (문) 번뇌 종자는 무엇인가? (답) 번뇌를 좇아 생기며 번뇌를 생기게 할 수 있는 자체상의 차별공능이다. 마치 염 종자가 증지에서 생기고 또 다음 염을 생기게 할 수 있는 공능차별인 것과 같으며, 또 싹이 앞의 열매로부터 생기고 다음의 열매를 생기게 할 수 있는 공능차별인 것과 같다.[3]

종자는 선행 원인에 따라 결과를 낳기까지 찰나마다 상속하며 변화하다

2   『구사론』, 권19, 「分別隨眠品」(『대정장』 29, 99상), "彼說欲貪之隨眠義. 然隨眠體, 非心相應, 非不相應. 無別物故. 煩惱睡位, 說名隨眠. 於覺位中, 卽名纏故. 何名爲睡? 謂不現行, 種子隨逐. 何名爲覺? 謂諸煩惱現起纏心."
3   『구사론』, 권19, 「분별수면품」(『대정장』 29, 99상), "何等名爲, 隨眠種子? 謂自體上 差別功能. 從煩惱生, 能生煩惱. 如念種子, 是證智生, 能生當念. 功能差別. 又如芽等, 有前果生, 能生後果. 功能差別."

가 어느 순간 차별적으로 변화하여 결과를 나타낸다. 그래서 종자의 활동을 한마디로 '상속전변차별(相續轉變差別)'이라고 규정한다. 여기에서 '상속(相續)'은 계시적인 인과에 있어 전찰나의 유위법이 후찰나의 유위법에 대해 인이 되고, 후찰나의 유위법은 전찰나의 유위법에 대해 과가 되는 인과 관계를 뜻한다. 그렇게 해서 전찰나와 후찰나 간에는 불변 상주하는 유위법이 없이도 단멸하지 않고 이어지게 된다. 전찰나의 것이 멸하므로 항상된 것도 아니지만, 그에 따라 후찰나의 것이 생하므로 단멸하는 것도 아니다. 이처럼 항상되지도 단멸하지도 않는 관계로서 이어지는 것을 상속한다고 하는 것이다. 항상되지 않으므로 앞의 것과 뒤의 것이 같은 것도 아니고, 상속하는 바가 있으므로 앞의 것과 뒤의 것이 완전히 다른 것도 아니다. 종자는 이런 식으로 상속한다.

이처럼 단멸되지 않고 연속적으로 계기하면서 그 상속에 있어 전후가 다르게 일어나는 것을 '전변(轉變)'이라고 한다. 그리고 그처럼 전변하다가 최후 순간 특별한 공능을 따라 지금까지의 상속과 성격을 달리하는 전변을 일으키는 것을 '차별(差別)'이라고 한다. 마치 어떤 것이 시간 흐름에 따라 양적으로 물리적으로 변화하다가 어느 순간 질적 변화 또는 화학적 변화를 일으키게 된다면, 전자는 전변에 해당하고, 후자는 차별에 해당하는 것이다. 잠재적 종자로서의 연속이 전변이고, 그 종자가 드디어 현행화되는 것을 차별이라고 할 수 있다. 종자는 상속 전변하다가 차별의 과정을 거쳐 현재화되는 것이다.

이와 같이 경량부는 업력의 담지자를 종자로 간주하며, 종자에 입각하여 업과 보의 관계를 설명한다. 한순간에 행해지는 업이 그 순간과 더불어 사라져도 그 남은 힘은 업력으로써 종자의 형태로 보존되어 보를 낳을 수 있다고 하면, 긴 시간적 간격을 두고 발생하는 업과 보의 연속성도 설명될 수 있다. 그러나 종자로 남아 있는 그 사이에 심이 단절하는 경우, 예를 들어 무심 상태인 무상정이나 멸진정에 들었다면 심종자도 따라서 멸할 텐데, 어떻게 그 무심에서 출정하여 다시 유심으로 나아갈 수 있는 것인가? 또는 무색계에 살던 중생이 색계로 하생하는 경우, 무색에서 어떻게 유색의 존재로 될 수 있단 말인가?

이런 문제를 해결하기 위해 경량부는 종자 상호 훈습설을 주장한다.[4] 즉 종자가 유정에 머무를 때, 색과 심의 종자가 각기 분화되어 별도의 종자로서 머무르는 것이 아니라, 상호 교류하면서 하나의 유정신을 상속시킨다고 보았다. 다시 말해 마음과 신체는 각각 다른 종자를 상속시키는 것이 아니라 상호 훈습하며, 또 다른 방식으로 현행한다고 본 것이다. 신체의 현행으로부터 심종자가 훈습되기도 하고 마음의 현행으로부터 색종자가 훈습되기도 하며, 또 심종자가 신체로 현행하기도 하고 색종자가 심리 상태로 현행하기도 한다고 본 것이다. 그래야만 무색에서 유색으로, 또는 무심에서 유심으로의 상속이 설명될 수 있기 때문이다.

(문) 이 두 정(定) [무상정과 멸진정] 에서는 마음이 오래도록 끊어지는데 어떻게 그 후에 다시 마음이 생겨날 수 있는 것인가? (답) 비바사(유부) 논

---

4 종자가 업에 의해 남겨져서 보를 낳기까지 업력을 담지하는 것이라면, 구업이나 신업을 통해 남겨진 사종자는 곧 심종자가 아닌가? 그럼 색종자는 어떻게 형성되어, 무엇으로 현행화되는 종자란 말인가? 이에 대한 경량부의 정확한 대답은 아직 찾지 못했다. 다만 경량부가 외부 세계를 색법으로 인정하고, 인간 유근신도 그 색법에 속하는 것으로 간주하므로, 그런 색법(유근신과 외부 세계)과 관계되는 종자로 색종자를 설했을 것이라고 볼 수 있을 것이다. 그러면서 이 색과 심의 상호 작용을 색심 호훈설로 논한 것이라고 본다. 사실 엄밀히 말해 경량부가 신업이나 구업도 모두 심소의 思로 해석할 때는, 마찬가지로 외부 세계도 심종자의 발현 이외의 다른 것이 아니라고 말했어야 했을 것이다. 그러나 이것은 유식의 주장이지, 경량부는 아직 거기까지 나아가지는 못했다. 경량부는 유부의 무표색이나 화지부 독자부의 수면이나 부실법 등을 모두 종자로 해석함으로써 심소법과 불상응행법을 유정의 마음 독립적인 객관 실재로 인정하지 않고 오직 종자의 전변 차별로 간주하였지만, 외부 세계의 색법만은 아직도 심 독립적인 객관 실재로 간주한 것이다.

사들은 "앞서 있었던 이전 마음이 그 후 등무간연이 된다"고 말한다. 다른 (경량부) 논사들은 다음과 같이 말한다. "무색계에 들면 색법이 오랫동안 단멸하는데, 그 후 어떻게 다시 색이 생겨날 수 있는가? 그것은 반드시 [무색계에서 단멸된] 색법에 의해서가 아니라, 바로 [무색계에서도 유지된] 심에 의해서 그렇게 되는 것이다. 이와 마찬가지로 출정 후의 마음 역시 [정에 있어 단멸된] 마음에 의해서가 아니라, 유근신에 의해서 [유근신에 훈습된 색종자에 의해서] 생겨나는 것이다." 그러므로 선대의 모든 궤범사들은 "심과 유근신[색]의 두 법은 서로 종자가 된다"고 말하였다.[5]

색이 단멸한 무색계의 중생이 다시 색계에 태어날 수 있는 것은 무색계에 남아 있던 심종자로부터 유근신의 색이 형성될 수 있기 때문이며, 심이 단멸한 무심정에 있던 중생이 다시 유심의 상태로 출정할 수 있는 것은 무심정 상태에 남아 있던 유근신의 색종자로부터 심이 형성될 수 있기 때문이다. 즉 전자는 심종자로부터 색의 현현을 보여주고, 후자는 색종자로부터 심의 현현을 말해 주는 것이다. 따라서 심과 색은 상호적으로 종자를 낳기도 하고 또 상호적으로 현행하기도 한다는 것이다. 이처럼 경량부는 심의 연속성과 색의 연속성을 색심 호훈설로 해결하고자 한다.

이상과 같이 경량부에 따르면 업력의 담지자는 종자이며, 일체의 활동은 종자의 상속전변차별로써 설명된다. 이와 같이 종자의 상속전변차별로서 업보의 연속성을 설명하므로, 경량부는 그런 연속을 논하기 위해 '보특가라' 라는 자아를 따로 설정하는 독자부를 비판한다.

5 『구사론』, 권5, 「분별근품」(『대정장』, 29, 25하), 국역 132, "今二定中 心久時斷. 如何於後 心復得生? 毘婆沙師, 許過去有 前心爲後 等無間緣, 有餘師言, 如生無色 色久時斷, 如何於後 色復得生? 彼生定 應, 由心非色. 如是 出定心亦應然. 由有根身, 非由心起. 故彼先代 諸軌範師 咸言, 二法互爲種子."

2장
종자의 상속전변차별

1. 업보의 연속성

불교 업보설의 특징은 앞서 논했듯이 '유업보 무작자'이다. 업과 보의 관계는 성립하지만, 업을 짓는 자와 보를 받는 자가 따로 있지는 않다는 것이다. 우리는 일상적으로 업을 짓고 보를 받는 자로서의 자아를 상정할 뿐 아니라, 업보의 정당성은 바로 그러한 자아의 자기 동일성 위에서만 성립한다고 간주한다. 따라서 작자가 따로 없다는 무아에 대해 그렇다면 어떻게 업보를 정당화할 수 있는가라고 반문하게 된다. 살인을 한 업에 대해 그에 상응하는 보를 받게 된다고 말하려면, 보를 받는 그 사람이 바로 살인을 한 그 사람이라는 것이 전제되어야 하지 않는가? 그런데 살인한 자와 보받는 자 사이에 자기 동일적 자아가 있는 것이 아니라면, 어떻게 업과 보의 관계가 정당화될 수 있겠는가?

그러나 이 물음은 업과 보 바깥에 이미 자아를 설정해 놓고서 제기된 물음이다. 무작자인 무아의 논리 대신에 업을 짓는 작자(作者)와 보를 받는 수자(受者)를 각각 자아로 설정해 놓고 그 자아가 동일한 자아가 아니라 서로 다른 자아라면 어떻게 업보가 정당화될 수 있겠느냐고 반문하는 것이다. 반면 불교는 작자와 수자가 동일인이냐 아니냐를 문제삼는 것이 아니라, 같거나 다르거나 할 그런 자아 자체가 아예 없다는 것이다.

자아를 설정해 놓고 업보를 논하는 일반적 관점과 무아론에 기반하여 업보를 논하는 불교적 관점의 근본적 차이는 무엇인가? 이를 공을 던지고 받는 상황에 비유해 보자. 그러면 업을 짓는 것은 공을 던지는 것에, 보를 받는 것은 그 공을 받는 것에 비유될 수 있다. 여기서 작자를 상정하는 것은 던져지고 받아지는 공 이외에 따로 그 곁에 서서 공을 던지고 받고 할 자아를 상정하는 것이 된다. 그리고 업보가 정당하려면 공을 던진 자와 공을 받는 자는 동일해야 한다고 주장하는 것이다. 내가 던져놓고 나 아닌 다른 사람이 그 공을 받는다면 정당한 업보가 아닌 것이 되기 때문이다. 그런데 불교에서 무아를 주장하는 것은 업을 짓고 보를 받는 자아란 결국 오온인데, 오온 자체가 선행하는 업력의 결과물 이외에 다른 것이 아니라는 것이다. 그러므로 던져지고 받아지는 공 이외에 공을 던지거나 받을 자아를 따로 설정하지 않는 것이다. 던져지는 공이 업(業)이고 그 업력에 의해 떨어지는 공이 보(報)이지, 그 공 너머에 따로 그 곁에 서서 공을 던지고 받고 할 자아, 업을 짓고 보를 받을 작자란 존재하지 않는다는 것이다. 오늘 던져지는 공은 오늘의 오온이 짓는 업이며, 내일 떨어지는 공은 바로 그 업의 보이다. 우리가 자아로 여기는 오온은 바로 업의 힘, 업력에 의해 형성된 존재이지, 즉 굴러가는 공 자체이지 공 바깥에 따로 서 있는 자가 아니라는 것이다. 우리가 던져진 공 바깥에 따로 자아를 설정하는 것은 업 바깥에 자아를 설정하는 것과 같다. 그러나 자아란 업력에 의해 형성된 것이지, 업력 바깥에 따로 존재해서 업을 받고 피하고 할 수 있는 그런 존재가 아니라는 것이다. 불교의 업보론은 이런 의미에서 작자를 설정하지 않은 무아의 업보론이다. 이 업보가 12지 연기를 따라 현생에서 내생으로 이어지는 것이 윤회이므로 불교의 윤회는 윤회 주체를 따로 설정하지 않는 '무아 윤회'인 것이다.

그런데도 우리는 흔히 업이나 보와 독립적으로 업을 짓는 자와 보를 받는 자를 따로 설정해 놓고, 그 작자(作者)와 수자(受者)가 결국 둘이 아니고 하나이어야 하지 않느냐고 반문하는 것이다. 이처럼 무아를 모르는 무명을 타파하기 위해 불교는 '유업보 무작자'를 설한 것이다. 자아란 업과 보의 관계로서 연속성을 가지고 이어지는 것, 상속하는 것이지 업보와 독립적으로 따로 존재하는 것이 아니라는 것이다. 불교는 이를 다음과 같은 비유로 설한다.

> 어떤 사람이 한 등에서 다른 등으로 불을 붙인다고 할 경우, 한 등이 다른 등으로 옮겨간다고 할 수 있겠는가?[6]

한 등에서 다른 등으로 불을 붙이면, 등이 바뀌어도 뒤의 등불은 앞의 등불로 인해 계속 타게 된다. 앞의 것을 연해서 뒤의 것이 있기 때문에 인과 과의 관계로 연속성을 갖게 되며, 이러한 인과 과가 곧 업과 보이다. 그러나 그렇다고 해서 두 등 사이에 자기 동일적 불이 있어서 한 등에서 다른 등으로 건너간 것은 아니다. 마찬가지로 전생의 오온이 지은 업력으로 인해 그 보로써 후생의 오온이 형성되면, 그 두 오온간에는 업보의 연속성이 있어 윤회를 말할 수 있지만, 그렇다고 그것이 업이나 보 너머에 자기 동일적 자아가 따로 존재해서 그 자아가 전생을 마치고 후생으로 건

6 『미린다팡하』, 동봉 역, 홍법원, 1992, 112쪽.

너오는 것은 아니다. 그러므로 우리가 자아라고 생각하는 것은 실제로 오온일 뿐이며, 전생의 오온과 후생의 오온에 대해서는 그 둘을 같다거나 다르다거나 말할 수 없게 된다. 앞의 등불(전생의 오온의 업)과 뒤의 등불(그 보인 후생의 오온)을 같다고 하겠는가, 다르다고 하겠는가? 같다고 하기에는 분명히 등이 다른 등이며, 다르다고 하기에는 앞의 등불과 뒤의 등불이 분명히 이어지고 있다. 그 둘을 같은 것이라고 하는 것은 동일한 자아가 상주한다는 상견이고, 다르다고 하는 것은 자아의 단멸을 주장하는 단견인데, 불교가 말하는 것은 업과 보, 즉 오온 너머에 같은 자아가 있는 것도 아니고 다른 자아가 있는 것도 아니라는 것이다. 존재하면서 업과 보의 관계로 연결되는 것은 단지 오온일 뿐이며, 그 오온에 대해서는 같다 다르다라고 말하는 것이 무의미해진다는 것이다. 전생의 오온과 후생의 오온은 전자가 지은 업력에 의해 후자가 형성된다는 점에서 같지도 다르지도 않은 채, 인과 과, 업과 보로서 연속성을 가지는 것이다. 그러므로 불교는 자아란 존재하지 않는다는 무아를 설한다. 자아란 오온 자체도 아니고 오온 너머에 따로 있는 것도 아니고, 그렇게 존재하지 않는다는 것이다.

그러나 우리가 가지고 있는 일상적 자아 의식은 우리로 하여금 끊임없이 자아의 존재를 설정하게 만든다. 오온 자체도 아니고, 오온을 떠나 있는 것도 아니라면, 바로 그런 것으로서, 즉 비즉비리온아(非卽非離蘊我)로서 자아가 존재하는 것이 아닐까? 이것이 바로 독자부의 생각이다. 반면 무아론에 충실하고자 하는 경량부는 이런 독자부의 비즉비리온아로서의 보특가라를 부정한다.

2. 보특가라 존재의 부정

불교 무아론은 자아를 업의 상속으로 설명한다. 그러한 무아의 진리를 모르는 무명 상태에서의 자아에 대한 집착은 크게 두 종류로 분류될 수 있는데, 색수상행식의 오온 안에 자아가 있다고 집착하는 것과 오온 바깥에 자아가 있다고 집착하는 것이 그것이다. 그렇게 집착된 그 각각의 아를 '오온에 즉한 아[卽蘊我]'와 '오온을 떠난 아[離蘊我]'라고 부른다. 불교는 처음부터 즉온아도 이온아도 실재하는 것이 아님을 설하고 있다. 앞서 논한 '상일주재의 자아'는 곧 오온 밖에 설립된 이온아에 해당하고, '오온의 자아'는 오온 안에 설립된 즉온아에 해당한다고 볼 수 있다. 상일주재의 자아는 단순한 이름과 명칭의 가설(假說)에 불과하다는 것, 그리고 오온의 자아는 인연 화합으로 형성된 가아(假我)에 지나지 않는다는 것이 불교의 기본 관점이므로, 불교는 결국 오온을 떠나서도 오온 안에도 자아란 실재하지 않는다는 무아를 설하는 것이다.

온에 있어서도 또는 온을 떠나서도 자아가 있는 것이 아니라면, 자아는 정말로 존재하지 않는 것일까? 부파불교 시대의 한 부파였던 독자부는 그 둘과 구분되는 제3의 길을 취해 "온과 하나도 아니고 다르지도 않은 아(非卽非離蘊我)"를 주장한다. 그리고 그 아를 '보특가라(補特伽羅)'라고 부르면서, "보특가라는 존재한다"고 주장하는 것이다.

독자부는 '보특가라가 있는데, 그 자체는 오온과 하나도 아니고 다르지도 않다'고 주장한다.[7]

---

7 『구사론』, 권29, 「파아집품」(『대정장』 29, 152하), 국역219, "犢子部執, 有補特伽羅, 其體與蘊, 不一不異."

독자부가 보특가라를 내세우게 된 것은 석가에 의해 이미 그 실재성이 부정된 즉온아나 이온아는 아니지만, 그럼에도 불구하고 자아로서 실재하는 어떤 것이 존재한다고 생각하기 때문이다. 그래서 그것을 즉온아도 이온아도 아닌 아, 즉 비즉비리온아로서 규정한 것이다. 말하자면 오온과 관계되기는 하지만 그렇다고 그 자체 오온인 것도 아니고 또 그렇다고 오온을 완전히 떠나 있는 것도 아닌 것, 그런 '비즉비리온아'를 '보특가라'라고 칭하며, 보특가라는 존재한다고 주장하는 것이다. 그들은 보특가라가 존재한다는 것을 석가가 설한 짐과 짐꾼의 경우를 들어 논한다.

> 만약 보특가라가 단순히 오취온을 칭하는 것이라면, 어째서 세존이 "비구여, 나는 당신들에게 짐, 짐을 짐, 짐을 내려놓음 그리고 짐을 지는 자에 대해 설명하겠다"라고 말할 수 있었겠는가?[8]

　여기서 보특가라는 짐꾼에, 오취온은 짐에 비유되고 있다. 만약 보특가라가 단순히 오취온이라면, 즉 짐꾼이 곧 짐이라면, 어떻게 짐을 진다 또는 짐을 벗는다는 것이 가능하겠는가? 그러므로 이런 비유를 말하고 있는 석가는 이미 짐과 구분되는 짐꾼으로서 보특가라의 존재를 인정하고 있다는 것이다. 그러나 석가는 무아를 말하지 않았는가? 이에 독자부는 불교 무아설에서 부정된 자아는 즉온아와 이온아이지 비즉비리온아가 아니며, 비즉비리온아로서의 자아는 인정할 수밖에 없다고 주장한다. 짐꾼은 짐을 지어야 짐꾼이므로 짐과 완전히 분리된 것도 아니지만, 짐을 내려놓을 수

8　『구사론』, 권30, 「파아집품」(『대정장』 29, 155상), 국역231, "若唯五取蘊 名補特伽羅, 何故世尊, 作如是說, '吾今爲汝, 說諸重擔, 取舍重擔, 荷重擔者'?" 석가는 이미 『잡아함경』에서 짐과 짐꾼, 짐을 짐과 짐을 벗음에 대해 논하였다.

도 있다는 점에서 짐과 완전히 하나인 것도 아니다. 이렇게 이온아도 아니고 즉온아도 아닌 비즉비리온아로서의 보특가라가 존재한다는 것이다.

그러나 불교 무아론이 정말 짐과 구분되는 짐꾼을 인정하고 있는가? 물론 일상적으로 "내가 밥을 먹는다" 또는 "내가 생각한다"고 말할 때 우리는 당연히 밥을 먹는 나, 생각하는 나를 밥이나 생각과는 구분되는 것으로서 인정한다. 그러나 불교는 바로 그렇게 설정되는 자아가 실은 따로 존재하는 것이 아니라, 내가 먹은 밥이 내가 되고, 내가 하는 생각이 내가 된 것이라고 논하는 것이다. 밥이 내 밖에 있으면 내 몸과 밥이 구분되지만, 그 밥을 먹으면 그것이 곧 나의 몸이 된다. 생각을 처음 접할 때는 그것을 생각하는 나와 그 생각이 구분되지만, 그 생각이 일단 받아들여지면 그것은 곧 그 다음의 생각을 일으키는 생각의 주체가 된다. 바로 그 생각의 주체가 우리가 일상적으로 나라고 여기는 것이다. 마찬가지로 짐이 내 밖에 있으면 나와 그 짐이 구분되지만, 그렇게 짐을 지는 나는 바로 지금까지 내가 지어온 그 짐으로 인해 있게 된 것이다. 짐을 지는 행위가 애탐에 의한 행(行)이고 업(業)이라면, 바로 그 업에 의해 짐 지게 된 존재가 바로 그 다음의 짐을 지는 나인 것이다. 이렇게 해서 짐꾼이 있어 짐을 지지만, 그렇게 지어진 짐이 결국 다음에 짐을 질 짐꾼을 형성한다는 점에서, 짐과 짐꾼은 서로 인이 되고 과가 되어 연속적으로 이어지는 것일 뿐 짐과 구분되는 짐꾼이 따로 있는 것이 아니라는 것이 불교 무아론이 주장하는 바이다. 그러므로 세친은 독자부가 아함에서의 짐과 짐꾼의 비유를 들어 보특가라의 존재를 주장하려는 것에 대해 다음과 같이 반론한다.

앞에 인용한 경전의 구절은 "이 보특가라가 무상하다고 할 수 있고 실유성이 아니다"라는 것을 알리기 위한 것이다. 오취온이 스스로 핍박하고 해치므로 무거운 짐이라고 칭한 것이다. 앞 찰나의 것이 그 다음 찰나의 것을 이끌기 때문에 짐을 진다고 말하는 것이다. 그러므로 보특가라가 실제 존재하는 것이 아니다.[9]

독자부가 보특가라의 존재를 주장하기 위해 제시하는 '섶에 대한 불'이라는 또 다른 비유도 마찬가지 구조를 가진다.

(문) [보특가라는] 어떻게 해서 세우는가? (답) 이는 세상에서 섶에 의하여 불을 세우는 것과 같다. (문) 어떻게 불을 세워야 섶에 의한 것이라고 말할 수 있는가? (답) 섶을 여의지 않고 불이 있다고 세우는 것이다. 그래서 섶이 불과 다르지도 않고 하나도 아니라고 말한다.[10]

어떤 의미에서 불은 섶인 땔감과 다르지도 않고 같지도 않은가? 만일 섶이 불과 다르다고 하면, 불이 뜨겁게 타는 것이지 섶이 뜨겁게 타는 것은 아니어야 할 텐데, 실제로 불이 타는 것은 곧 섶이 타고 있는 것과 다르지 않으므로 섶과 불이 다르지 않다는 것이다. 그렇다고 섶과 불을 하나라고 할 수도 없는 것은 불은 능히 태우고 있는 것[能燒]이고 섶은 그것에 의해 태워지고 있는 것[所燒]으로서 능소의 구분이 있기 때문이다. 이처럼 불은 섶에 의해 있게 되어 섶을 따라 세운 것이면서 또 섶과 하나도 아니고 다른 것도 아닌 것으로서 실재한다는 것이다. 그리고 바로 이

9 『구사론』, 권30, 「파아집품」(『대정장』 29, 155중), 국역232, "如上所引 人經文句, 爲令了此 報特伽羅, 可說有性, 非實有性. 卽五取蘊, 自相逼迫, 得重擔名. 前前刹那, 引後後故, 名爲荷者. 故非實有, 報特伽羅."
10 『구사론』, 권29, 「파아집품」(『대정장』 29, 152하), 국역220, "所立云何? 此如世間, 依薪立火. 如何立火, 可說依薪? 謂非離薪, 可立有火, 而薪與火, 非異非一."

런 식으로 보특가라는 오온을 따라 존재하며 오온을 따라 세운 것이지만, 오온과 하나도 아니고 다른 것도 아니라는 것이다.

여기서 태워지는 섶은 오온에, 태우는 불은 보특가라에 비유되고 있으며, 이 비유를 통해 독자부는 섶으로 인해 타되 섶과 구분되는 보특가라의 존재를 주장한다. 불이 타는 섶을 따라 세워진 것이어서 섶과 다르지 않듯이 보특가라는 오온이 있는 한에서만 그 오온을 따라 세워진 것이기에 오온과 다른 것이 아니다. 그러나 그럼에도 불구하고 불이 한 섶에서 다른 섶으로 나아갈 수 있다는 것은 불이 섶과 하나인 것도 아니라는 것을 말해 주며, 그렇듯 보특가라는 오온과 완전히 같은 것도 아니라는 것이다. 이처럼 독자부는 오온과 같지도 않고 다르지도 않은 비즉비리온아로서의 보특가라의 실재성을 주장하며, 바로 그 보특가라를 행위와 윤회에서의 주체인 자아로 해석하는 것이다.

이처럼 독자부는 오온에 의하여 있되 오온과 구분되는 보특가라를 주장한다. 그런데 이는 곧 과거의 섶을 태우는 불과 현재의 섶을 태우는 불을 동일한 불로 보는 것을 뜻한다. 따라서 오온이 바뀌어도 보특가라는 동일한 자아로 남음으로써 행위나 윤회가 가능하다고 주장하는 것이다.

그러나 석가는 등불의 비유에 있어 등불의 동일성을 말하지 않았다. 타는 불은 태워지는 등기름 내지 태워지는 섶에 의해 생기는 것이다. 현재 섶을 태우는 불은 이전 섶이 탐으로써 생긴 불일 뿐이며, 현재 섶이 탐으로써 생겨나는 그 다음의 불로 연속성을 갖고 이어지는 것이지, 자기 동일성을 유지하면서 존재하는 것은 아닌 것이다. 마찬가지로 독자부가 오온과 구분되는 것으로 생각하는 보특가라는 이전의 오온이 지은 업의 힘으로부터 형성된 결과인 오온일 뿐이며, 이전 오온과 현재 오온 간에 연속성이 존재하는 것이지, 그 둘 사이에 자기 동일적 자아가 있는 것은 아닌 것이다. 한마디로 말해 독자부는 짐이 바뀌어도 그 짐들을 취하거나 내려놓는 동일한 하나의 짐꾼이 있고, 섶이 바뀌어도 그것들을 태우는 동일한 하나의 불이 있다고 여겨, 그것을 오온의 변화(윤회) 속에서 자기 동일성을 유지하는 자아(보특가라)에 비유한 것이라면, 세친은 짐꾼은 짐을 짐으로써 형성되고, 불은 섶이 탐으로써 형성되는 것이듯이, 우리가 자아라고 여기는 것은 전생의 오온으로부터의 업의 결과(업력)일 뿐이라는 것이다. 이를 도표화해 보면 다음과 같다.

<pre>
              독자부   세친

        t₁   t₂   t₁   t₂   t₁   t₂   t₁   t₂

오온: 짐 ≠ 짐   섶 ≠ 섶   짐 ≠ 짐   섶 ≠ 섶

        ↑   ↑   ↑   ↑   ↑ ↘ ↑   ↑ ↘ ↑

 * :   짐꾼 = 짐꾼   불 = 불   짐꾼 ≠ 짐꾼   불 ≠ 불
</pre>

* = 자기동일적 자아(보특가라) ＊ = 선행 오온의 업에 따라
　　　　　　　　　　　　　　　　　　　　다음 오온을 형성할 업력

그런데 업력을 불에 비유하고 오온을 섶에 비유할 경우, 우리는 불과 섶의 관계를 순환적 관계로 이해해야 한다. 즉 현생의 오온이 현생에서 업을 짓는 것은 섶이 타서 불이 발생하는 것에 비유될 수 있지만, 현생의 업력이 내생의 오온을 형성하는 것은 결국 타는 불이 타게 될 섶을 형성한다는 말이 된다. 이렇게 보면 불도 "변화하는 섶과 구분되는 자기 동일적 실체"가 아니고, 섶도 "불과 독립적으로 따로 존재하는 실체"가 아닌 것이다. 이런 의미에서 불교는 '이온아'도 부정하고, '즉온아'도 부정한

다. 자기 동일적 실체란 개념이고 말인 가설(假說)일 뿐이고, 오온은 업력이 형성한 거짓 가아(假我)일 뿐이다.[11] 그러므로 독자부가 "불은 섶에 의해 세워지되[非離蘊] 섶과 구분되는[非卽蘊] 것"이라고 주장하면서 보특가라를 '비즉비리온아'라고 칭하여도, 보특가라를 "섶과 구분되는 자기 동일적 실체"로서의 자아로 규정하는 한, 그것은 결국 불교가 부정하는 이온아의 특징을 갖게 되는 것이다. 이 점에서 세친은 독자부의 보특가라를 부정한다.

나아가 보특가라의 실재성을 인정할 수 없는 또 다른 근거로서 세친은 그것이 어떤 식의 대상도 되지 않는다는 것을 제시한다. 독자부는 보특가

---

11 오늘날에는 인간의 신체와 정신의 관계가 섶과 불의 관계로 비유되어, 정신이 신체로부터 발생하며 신체 의존적이라는 것이 주장되기도 한다. 그러나 이러한 섶과 불의 비유를 따라 인간의 신체와 정신의 관계 또는 정신의 사멸성 내지 불멸성의 문제를 가장 심각하게 논의했던 경우를 우리는 중국 위진 시대 神滅不滅論 논쟁에서 찾아볼 수 있다. 그것은 물론 당시 중국 고유 사상인 유교와 외국으로부터 전래된 불교 간의 논쟁이기도 한데, 거기에서 유교는 신멸론의 관점을, 불교는 신불멸론의 관점을 대변한다. 그 둘 다 기의 취합으로서의 신체를 섶에, 그 신체 속에서 자신을 실현하는 정신, 즉 神을 불에 비유하고 있지만, 그로부터 얻어내는 결론은 서로 다르다. 유교는 섶이 있어야 불이 있을 수 있고 섶이 다하면 불이 꺼지듯이, 인간은 수명이 다해 죽으면 그 神 역시 따라서 멸할 뿐이라는 신멸론을 주장하고 있는 데 반해, 불교는 섶으로부터 불이 생기는 것이 아니라, 섶에 불이 붙어야 섶이 탈 수 있고, 또 한 섶을 다 태운 불이 그 다음의 섶으로 옮아가 탈 수 있듯이, 몸으로부터 神이 나온다든가 몸의 사멸이 곧 神의 사멸을 뜻하는 것은 아니라는 신불멸론을 제시하고 있다.

그런데 석가가 오온과 업력의 관계를 섶과 불의 관계로 비유할 때는, 한 오온으로부터 업력이 나오지만 그 다음의 오온을 형성하는 것이 그 이전의 업력이기에, 섶이나 불 중 그 어느 하나도 자기 독립적 실재성을 가지는 실체로 간주되어서는 안 된다는 것이었다. 한무더기의 섶이 타고 있을 때, 불은 섶에 의존하며, 따라서 섶이 남아 있는 한에서만 불이 거기 머무를 수 있지만, 그 섶 무더기 자체가 그것을 태울 그 불 없이 거기 그냥 있게 된 것은 아닌 것이다. 다시 말해 섶은 불로 인해 섶으로 있게 된 것이며, 그 불에 의해 타고 있는 한에서만 섶인 것이다. 반면 오늘날 우리가 몸과 마음의 관계를 섶과 불의 관계로 비유할 때는 흔히 몸 또는 섶을 그 자체 실재하는 것으로 이미 전제해 놓고, 마음 또는 불이 그 몸이나 섶 없이 있을 수 있는가 없는가만을 문제 삼을 뿐이다. 따라서 문제제기에서부터 이미 불교적 통찰과는 멀어져 있는 것이다.

경량부가 독자부에 대해 "이미 여러 온을 잡아서 보특가라를 이룬 것이라면, 보특가라는 응당 假로서 있는 것이다" 그리고 "가로서 있는 것이라면, 우리[경량부]가 말하는 것과 같게 된다"(「구사론」, 권9, 「파아집품」, 「대정장」 29, 국역220)라고 말하는 것은 불교가 무아를 말할 때는 항상 오온의 가성을 염두에 두고 있는 것임을 상기시켜 준다. 신멸론자같이 神이 오온으로부터 나와서 그 오온과 더불어 멸한다고 보든, 신불멸론자같이 神으로부터 오온이 형성되고 그 오온 너머로 신이 이어진다고 하든, 신도 오온도 자기 자성을 가진 독립적 실재, 항상된 실체적 자아는 아니라는 것이다.

라가 6식으로 인식 가능하다고 주장한다. 안식 등 전오식이 오경을 인식하거나 의식이 법경을 인식할 때, 그로 인하여 보특가라가 있다는 것을 알게 된다고 보는 것이다.

> 만일 어느 때에 안식이 색을 인식하면 그로 인해 보특가라가 있는 것을 알게 되니, 이를 [보특가라는] 안식으로 인식하는 바라고 하는 것이고, 색과 더불어 하나라고도 다르다고도 말하지 못하는 것이다. 나아가 어느 때에 의식이 법을 인식하면 그로 인해 보특가라가 있는 것을 알게 되니, 이를 의식으로 인식하는 바라고 하는 것이고, 법과 더불어 하나라고도 다르다고도 말하지 못하는 것이다.[12]

그러나 세친의 관점에서 보면 6식에 의해 직접적으로 인식되는 것, 즉 현량(現量)으로 알 수 있는 것은 각 식의 대상인 6경과 의근이며, 또 6식을 가능하게 하는 인연으로 추론되는 것, 즉 비량(比量)으로 알 수 있는 것은 5근이다.[13] 그런데 보특가라는 현량 대상의 6경이나 의근도 아니고 비량 대상의 5근도 아니다. 그러므로 인식되지 않는다는 것이다. 이러한

---

[12] 『구사론』, 권29, 「파아집품」(『대정장』, 29, 153중), 국역223, "若於一時, 眼識識色, 因玆知有, 補特伽羅. 說此名爲, 眼識所識, 而不可說, 與色一異. 乃至一時, 意識識法, 因玆知有, 報特伽羅, 說此名爲, 意識所識, 而不可說, 與法一異."

[13] 5근이 비량의 대상이라는 것을 세친은 다음과 같은 방식으로 논증한다. "다섯의 색근을 비량으로 얻는다고 말하는 것은 세간에서 현재적으로 보는 데에 있어, 비록 중연이 있어도 다른 연이 빠짐으로 인해 결과가 있지 않게 되고, 그 연이 빠지지 않으면 결과가 있게 되는 경우와 같다. 마치 종자에서 싹이 나는 것과 같다. 이와 같이 비록 현재적 境과 作意 등의 緣[6경과 의근]이 다 있어도 눈멀고 귀멈과 눈멀고 귀멀지 않음에 따라 식이 일어나지 않기도 하고 식이 일어나기도 하므로, 이로부터 반드시 특별한 연이 빠지거나 빠지지 않은 것이라는 것, 그리고 그 특별한 연은 눈 등의 근이라는 것을 알 수 있다. 이렇게 해서 색근을 비량이라고 이름하는 것이다(言五色根, 比量得者. 如世現見, 雖有衆緣, 由闕別緣, 果便非有, 不闕便有, 如種生芽. 如是亦見, 雖有現境, 作意等緣, 而諸盲聾, 不盲聾等, 識不起起, 定知別緣, 有闕不闕. 此別緣者, 卽眼等根. 如是名爲, 色根比量)"(『구사론』, 권29, 「파아집품」, 『대정장』, 29, 152하, 국역219).

세친의 주장은 다음과 같이 정리될 수 있다.

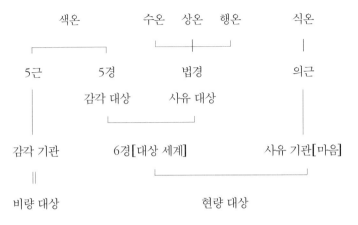

만일 그[독자부]가 마침내 "보특가라는 식에 의한 대상[識所緣]이 아니다"라고 말한다면, 마땅히 인식될 수 있는 것이 아니다. 만일 인식될 수 있는 것이 아니라면, 마땅히 알 수 있는 것이 아니다. 만약 알 수 있는 것이 아니라면, 어떻게 있다고 설립할 수 있는가? 만약 있다고 설립하지 않는다면, 곧 자체의 종지가 무너지게 된다.[14]

보특가라가 비즉비리온아로서의 위상도 확립 불가능하고 그 자체 인식도 불가능한데, 그럼에도 불구하고 독자부가 그것을 '자아'로 규정하면서 실재로 간주하는 것을 비판하는 것이다. 세친은 어떤 이름으로 불리든 자아란 오직 "가설적으로 시설된 것[假施設]"에 지나지 않는다고 보는 것이다.

14 『구사론』, 권29, 「파아집품」(『대정장』, 29, 153하), 국역225, "若彼遂謂, 報特伽羅, 非識所緣, 應非所識. 若非所識, 應非所知. 若非所知, 如何立有? 若不立有, 便壞自宗."

보특가라는 응당 [색에 입각해 시설된] 젖 따위와 같아 오직 가(假)로서 시설(施設된) 것이다.[15]

말하자면 우리가 인식하는 것은 다 나가 아닌 것인데, 마치 그 안에서 나를 보고 있는 것처럼 주장하는 것이 문제인 것이다.

대개 "눈이 보특가라를 본다"고 여기지만, 마땅히 알아야 한다. 눈 등의 근이 [색 등 경으로] 있는 것을 봄에 있어서, '나'가 아닌 것을 보면서 '나'를 본다고 여기기 때문에 잘못된 견해의 깊은 구덩이에 미끄러져 떨어지고 마는 것이다.[16]

세친의 관점에서 보면 독자부의 보특가라는 실유가 아니라 가유일 뿐이다. 그런 가유를 실유로 생각하여, 그것을 오온의 제반 활동의 작자인 자아로 간주하는 것이 잘못인 것이다.

『승의공경』에서 말하기를 "업(業)이 있고 이숙(異熟)이 있으나, 작자(作者)는 얻을 수 없다"고 하였다. 이는 이 오온을 버리는 것과 다른 온을 취하는 것이 오직 법의 가(假)라는 말이다. 그러므로 석가는 [보특가라는] 이미 부정하였다.[17]

---

15 『구사론』, 권29, 「파아집품」(『대정장』 29, 153중), 국역223, "報特伽羅, 應同乳等, 唯假施設."
16 『구사론』, 권29, 「파아집품」(『대정장』 29, 154상), 국역226, "諸謂眼見, 報特伽羅. 應知眼根, 見此所有, 於色非我, 謂見我故. 彼便躓墜, 惡見深抏."
17 『구사론』, 권30, 「파아집품」(『대정장』 29, 155), 국역232, "如勝義空契經中說, 有業有異熟. 作者不可得. 謂能捨此蘊, 及能續餘蘊, 唯除法假, 故佛已遮."

석가가 그처럼 오온과 구분되는 자아의 존재를 부정하기에, 그런 자아를 이미 상정하고 묻는 물음에 대해 무기를 보일 수밖에 없는 것이었다고 강조한다.

> (문) 만약 보특가라가 곧 온이라면, 석가는 왜 "목숨[命]이 바로 몸[身]이다"라고 하지 않았는가? (답) 묻는 사람의 뜻을 관찰하였기 때문이다. 묻는 사람이 이미 "내적으로 작용하는 사람의 본체는 실하고 허망한 것이 아니므로 목숨이라고 이름한다"고 집착하면서, 그 목숨에 대해 석가에게 "몸과 하나인가, 다른가?"라고 묻는 것이다. [그러나] 그런 것은 아예 없는 것이므로, 하나인가 다른가의 물음이 성립되지 않는다. 어떻게 몸과 더불어 하나인가, 다른가를 말할 수 있겠는가? 이는 마치 "거북이의 털은 거센가, 연한가?"를 말할 수 없음과 마찬가지이다.[18]

오온 안에서 작용하는 진실되고 허망하지 않은 자아 자체의 존재를 상정하고, 그것을 목숨이라고 부르면서, 그 목숨이 오온과 하나인가 하나가 아닌가를 물을 때, 우리는 그렇다 아니다라고 대답하기에 앞서 그 물음의 전제 자체를 검토해봐야 하는 것이다. 불교는 그런 현상 너머의 자기 동일적 자아를 설정하지 않는다. 보특가라 역시 그렇게 설정된 자기 동일적 자아의 일종이므로, 세친은 적극적으로 그것의 실재성을 부정한 것이다.

그러나 그처럼 단호하게 업보와 구분되는 작자, 오온 너머의 자아, 보특가라의 존재를 부정한다면, 석가는 "자아가 있는가, 없는가"라는 물음

---

18 『구사론』, 권30, 「파아집품」(『대정장』 29, 155하), 국역233, "若報特伽羅, 卽諸蘊者, 世尊何不記命者卽身? 觀能問者, 阿世耶故. 問者執一 內用士夫 體實非虛 名爲命者. 依此問佛與身一異, 此都無故, 一異不成. 如何與身, 可記一異. 如不可記, 龜毛硬軟."

앞에서 왜 침묵하였는가? 왜 "자아는 존재하지 않는다"라고 잘라 말하지 않고, 있다는 것(상견)이나 없다는 것(단견)이나 모두 다 잘못된 것으로 간주한 것일까? 『잡아함경』에서 이미 제기되었던 이 문제를 『구사론』은 다음과 같이 인용하고 있다.

> 벌차라는 성을 가진 한 출가 외도가 내게 와서 질문하여 말하기를 "나는 세상에 있는 것입니까, 있는 것이 아닙니까?" 하였는데, 나는 대답하지 않았다. 왜 그랬는가? 만일 있다고 말하면, 법의 진리에 어긋날 것이기 때문이니, 일체 법은 모두 무아이기 때문이다. 또 만일 없다고 말하면, 그의 어리석은 의혹이 증가할 것이기 때문이니, 그가 곧 "나는 전에 있다가 지금 없게 되었다"고 할 것이기 때문이다. 있다고 집착하는 어리석음보다 [없다고 여기는] 이 어리석음이 더 심한 것이다. 아가 있다고 집착하면 상견에 떨어지며, 아가 없다고 집착하면 곧 단견에 떨어진다.[19]

여기에서도 역시 자아가 있다고 보는 상견과 자아가 없다고 보는 단견을 다 비판하고 있다. 불교가 무아를 주장함에도 불구하고, "자아가 없다"는 주장을 망설이는 까닭은 무엇인가? 이에 대해 다음과 같은 게송으로 답한다.

진아(眞我)가 있다고 고집하면
소견(所見)의 이빨에 상할 것이며,

19 『구사론』, 권30, 「파아집품」(『대정장』 29, 156), 국역235, "有姓筏蹉 出家外道, 來至我所, 作是問言. 我於世間, 爲有非有? 我不爲記. 所以者何? 若記爲有, 違法眞理. 以一切法, 皆無我故. 若記爲無, 增彼愚惑. 彼便謂我, 先有今無, 對執有愚, 此愚更甚. 謂執有我, 則墮常邊. 若執無我, 便墮斷邊."

속아(俗我)가 없다고 부정하면

선업(善業)의 종자를 무너뜨리네.[20]

　여기서 강조되고 있는 것은 자아가 없다고 해서 현상적인 자아, 세속의
자아가 없다는 말은 아니라는 것이다. 세속의 자아는 곧 오온으로서의 자
아이다. 다만 오온으로서의 자아와 구분하여 참된 자아, 상일주재의 자아
또는 보특가라가 따로 존재하는 것은 아니라는 것이다. 결국 가아로서의
오온과 구분하여 실유로서 상정되는 진아의 존재는 부정하며, 가로서의
자아인 오온의 자아는 현상적 자아로서 긍정하고 있는 것이다. 오온의 자
아를 세속의 나로서 인정한다는 말은 곧 기억이나 생각이나 윤회 등 일체
세속적인 자아의 현상들은 자기 동일적 자아를 상정함이 없이도 오온의
연속성으로서 설명 가능하다는 말이다. 그렇다면 과연 어떤 방식으로 설
명되는 것인가?

20　『구사론』, 권30, 「파아집품」(『대정장』 29, 156상), 국역235, "執眞我爲有, 則爲見牙傷. 撥俗我爲無,
　　便壞善業子."

3장
업 상속의 제 현상

1. 기억과 사유

어떤 대상을 본 나와 그것을 기억하는 나 사이에 그 시간적 차이에도 불구하고 동일하게 남아 있는 자기동일적 자아가 전제되지 않는다면, 기억이라는 것은 어떻게 가능한가?

(문) 만일 모든 종류의 자아 자체가 전혀 없는 것이라면, 찰나에 멸하는 마음이 일찍이 느꼈던 것을 오랜 후 비슷한 경계에 접하여 어떻게 기억하여 알 수 있는 것인가? …… 어떻게 앞의 다른 마음이 [대상을] 보았는데, 뒤의 다른 마음이 [그것을] 기억할 수 있는 것인가? (답) 우리는 "다른 마음이 대상을 보고, 다른 마음이 기억한다"라고 말하지 않는다. 그 둘이 상속하여 하나이기 때문이다. 과거에 저 대상을 반연한 마음으로부터 지금 기억하여 아는 의식이 이끌려 일어나는데, 이것이 곧 앞서 논한 대로 연속과 전변과 차별의 힘 때문이다. …… 앞서 본 마음으로부터 뒤의 기억이 일어나는데, 이런 이치에 따라 '그가 기억한다'라고 말하는 것이다.[21]

이와 같이 세친에 따르면 보는 나와 기억하는 나가 따로 존재하는 것이 아니다. 보는 의식 활동과 기억하는 의식 활동만이 있을 뿐이며, 이전의 보는 의식 활동의 마음이 지금의 기억하는 의식 활동을 일으킨 것이다. 즉 앞의 보는 의식을 인연으로 해서 그로부터 지금의 기억하는 의식이 발생하는 것이다. 그러므로 그 두 의식은 인과 과의 연속으로서 상속전변차별의 힘으로 성립하는 것이지, 그 두 의식의 기반에 자기동일적 자아가 따로 존재하는 것이 아닌 것이다.

그러나 본다거나 기억하는 의식 활동 내지 정신 활동에 있어, 만일 그러한 현상적 활동을 지탱하는 자기동일적 자아가 활동 주체로서 존재하는 것이 아니라면, 그럼 어떻게 그런 정신 활동 자체가 있을 수 있는가라는 물음이 발생한다.

(독) 자아 자체가 없다면, 무엇이 생각하는 것인가? (경) 어떤 의미에 따라 제6[소유격의 6격]이라는 말이 성립하는가? (독) 제6이라는 말[소유격]은 "주체에 속한다"는 의미에 따른 것이다. (경) 어떤 것이 어떤 주체에 속하는 것인가? …… 원인을 주체[실체]라고 말하고, 결과는 속하는 것[속성]이라고 말한다. 원인이 증상함에 의해 결과가 생기도록 하므로, 원인을 주체라고 이름하고, 결과는 그것이 생길 때 원인으로 인해 있게 된 것이므로 속하는 것이라고 이름한다. 그러므로 생각을 일으키는 원인이 족히 생각의 주체가 되는 것인데, 어찌하여 수고롭게 자아를 세워 생각의 주체라고 하겠는가? …… 대상에 대해 식이 상속하여 생겨날 때, 앞의 식이 원인이 되어

21 「구사론」, 권30, 「파아집품」(「대정장」 29, 156하-157상), 국역239, "若一切類, 我體都無, 刹那滅心, 於曾所受, 久相似境, 何能憶知? … 如何異心見, 後異心能憶? … 我等不言, 異心見境, 異心能憶, 相續一故. 然從過去 緣彼境心 引起今時, 能憶念識, 謂如前說, 相續轉變差別力故. … 從先見心, 後憶念起 依如是理, 說彼能憶."

뒤의 식을 이끌어 일으키므로, "식이 분별한다"고 말해도 허물이 없다. 세간에서 그 원인을 작자(作者)라고 말하기 때문이다.[22]

인식 또는 의식 활동에 있어 인식 주체란 바로 결과로서의 인식이 그에게 속하게 되는 원인, 즉 인식을 일으키는 원인을 말한다. 그런데 한 인식이 발생할 때, 그 인식의 원인은 바로 그 인식을 가능하게 한 것, 즉 그 인식을 이끌어오는 그 앞의 인식이다. 앞의 인식이 원인이 되어 그 다음의 인식이 결과로 생기는 것인데, 그 결과에 대해 그 원인을 결과의 주체, 인식의 주체라고 이름하는 것일 뿐이다. 그러므로 인식의 주체로서의 자아가 인식과 별도로 따로 존재하는 것이 아니다.

이렇게 보면 제6의식에 있어 그 활동의 근으로 상정되는 의(意)는 의식과 구분되는 의식의 주체가 아니라, 현재의 의식을 일으키는 과거의 의식에 지나지 않는 것이다. 그래서 세친은 현재의 의(意)는 이전의 의식(意識)이라고 말한다. 그러므로 지금 내가 떠올리는 생각에 대해 "내가 이렇게 생각한다"라는 말보다는 "이전의 생각이 지금의 이런 생각을 일으킨다"는 말이 더 정확한 것이 된다. 다만 세간에서 다음 식을 이끌어오는 원인을 그 다음 식의 작자라고 말하므로, "내가 생각한다"라고 말하게 되는 것이다.

그렇다면 앞의 생각이 인이 되어 나중의 생각을 과로 이끄는 것인데, 왜 앞의 생각과 나중 생각에 차이가 있게 되는가? 일으키는 앞의 생각과 그에 의해 일으켜진 뒤의 생각이 왜 같지 않고 다르게 되는가?

---

22 『구사론』, 권30, 「파아집품」(『대정장』 29, 157상중), 국역240-42, "我體若無, 是誰之念? 爲依何義, 說第六聲? 此第六聲, 依屬主義. 如何物屬如主? … 則因名主, 果名能屬. 由因增上, 令果得生. 故因名主, 果於生時, 是因所有, 故名能屬, 卽生念因, 足爲念主, 何勞立我, 爲念主耶? … 或識於境, 相續生時, 前識爲因, 引後識起, 說識能了, 亦無有失. 世間於因, 說作者故."

(문) 만약 뒤의 인식이 생겨나는 것이 [앞의] 인식으로 인한 것이지, 자아로 인한 것이 아니라면, 무슨 까닭으로 뒤따르는 인식이 앞의 인식과 항상 같은 것도 아니고, 또는 싹 · 줄기 · 잎 등처럼 차례로 생겨나는 것이 정해져 있지도 않은가? (답) 유위법에는 모두 머무르는 상[住相]과 달라지는 상[異相]이 있기 때문이다.[23]

　　앞 생각과 뒷 생각에 차이가 있게 되는 것은 우리의 생각이 유위법으로서 생주이멸의 모습을 갖기 때문이다. 이것이 앞서 12연기에서 논한 대로 이시적(異時的) 인과 관계를 성립시키는 근거이다. 어떤 것들을 인연으로 하여 무엇인가가 과로서 발생할 때, 그 인과 과는 서로 동일한 것이 아니다. 동일한 것이라면, 인과 과로 구분될 수가 없을 뿐 아니라, 일체의 변화가 불가능해질 것이다. 시간의 흐름에 따라 각 찰나마다 그 모습이 조금씩 바뀌어가는 것을 전변(轉變)이라고 하고, 그렇게 바뀌어가다가 궁극의 모습을 드러낼 때, 선행의 인(因)과 전혀 다른 모습을 띠게 되는 것을 차별(差別)이라고 한다. 그러면서도 그 둘이 완전히 무관한 서로 다른 것은 아니게끔 그 둘은 인(因)과 과(果)의 관계로 연결되어 있으니, 이것이 바로 상속(相續)이다. 이처럼 세친은 인식하는 자 또는 기억하는 자를 자기동일적 자아 내지 인식의 작자로 상정하지 않고서 상속전변차별에 입각하여 인식과 기억의 현상을 설명한다.

23　『구사론』, 권30, 「파아집품」(『대정장』, 29, 157하), 국역243, "若後識生從識非我, 何緣從識, 不恒似前? 及不定次生, 如芽莖葉等? 有爲皆有, 住異相故."

2. 업보의 연속성과 윤회

그렇다면 우리가 의도적으로 하는 행위인 업(業)과 그 행위의 결과인 보(報)와의 관계에 있어 그 둘의 연속성은 어떻게 설명될 수 있는가? 업에 대한 보의 관계가 자기동일적 자아가 상정됨이 없이도 설명될 수 있는가? 동일한 자아를 상정함이 없이 어떤 근거에서 윤리적 책임을 물을 수 있으며, 나아가 업에 따른 윤회를 말할 수 있는가? 다음의 비유는 이 점을 잘 설명하고 있다.

스님 : 인간은 현재의 명색[오온]으로 인하여 선행과 악행을 하게 되고 그러한 행위에 따라서 또 하나의 새로운 명색으로 저 세상에 태어나는 것입니다. 그러므로 새로 태어난 인간은 그의 업으로부터 벗어나지 못하는 것입니다.

왕 : 비유를 들어주십시오.

스님 : 어떤 사람이 등불을 가지고 자기 집 꼭대기 방으로 들어가 식사를 했는데 등불이 지붕을 태우고 이어서 마을을 태웠다고 합시다. 마을 사람들이 그 사나이를 붙잡아 "당신은 어찌하여 마을을 태웠소?" 라고 물었습니다. 사나이는 "왜요? 나는 마을을 태우지 않았습니다. 내가 식사를 하기 위해 밝힌 불과 마을을 태운 불은 다릅니다" 라고 대답했습니다. 그들이 입씨름을 하다가 왕에게 가서 그대로 말한다면 왕은 어느 쪽 말이 옳다고 하겠습니까?

왕 : 마을 사람들의 말이 옳다고 하겠습니다.

스님 : 어째서 그렇습니까?

왕 : 그 사람이 무슨 말을 하더라도 마을을 태운 불은 그 사람이 식사하기 위해 사용한 불로부터 일어났기 때문입니다.

스님 : 왕이여, 마찬가지로 죽음과 함께 끝나는 현재의 명색과 저 세상에

다시 태어나는 명색이 다르기는 하지만 두 번째 것은 첫 번째 것으로부터 나온 결과이기 때문에 악업으로부터 벗어날 수 없는 것입니다.[24]

윤리적 책임의 문제뿐 아니라 윤회까지도 자기동일적 자아를 상정함이 없이 업과 보의 연속성을 통해 설명될 수 있음을 보여주는 것이다. 그러나 이처럼 자기동일적 자아가 존재하는 것이 아니라면, 우리가 일상적으로 자아라고 생각하는 그 자아는 과연 무엇인가? 그리고 업은 어떻게 해서 그 보로 이어지는 것인가?

(문) 만일 자아가 실제로 없다면, 누가 업을 짓고, 누가 과를 받는가? …… 만일 실제로 자아가 없다면, 업이 이미 멸하여 무너지는데, 어떻게 다시 미래의 과를 생한다고 말할 수 있는가? …… (답) 업으로부터 상속전변차별하기 때문이니, 이는 종자에서 열매가 생기는 것과 같다. …… 그러므로 비록 "업으로부터 과가 생긴다"라고 말하지만, 이미 무너진 업으로부터 생기는 것도 아니고, 또 업으로부터 간단없이 과가 생기는 것도 아니다. 단지 업의 상속전변차별로 인해 생기는 것이다. (문) 무엇을 상속전변차별이라고 하는가? (답) 업이 먼저 있고, 그 후에 색과 심이 일어나는데, 그 사이에 끊어짐이 없음을 '상속(相續)'이라고 한다. 그 상속에 있어 이후의 찰나가 이전 찰나와 달리 생기는 것을 '전변(轉變)'이라고 한다. 그 전변에 있어 최후의 시간에 뛰어난 공능으로 간단없이 과를 내는 것이 나머지 전변보다 뛰어난 것을 '차별(差別)'이라고 한다.[25]

24 동봉 역, 「미린다팡하」, 홍법원, 1992, 75–76쪽.
25 「구사론」, 권30, 「파아집품」(「대정장」 29, 158중–159상), 국역248–250, "若我實無, 誰能作業, 誰能受果? … 若實無我, 業已滅壞, 云何復能, 生未來果? … 從業相續轉變差別, 如種生果 … 如是雖言,

마치 앞의 생각과 뒤의 생각이 인과 과의 관계로서 서로 연결되면서도 그 둘간에 전변 차별이 있게 되듯이, 우리가 일상적으로 업과 보라고 부르는 것도 인과 연기 법칙에 따라 전변 차별하는 오온의 연속성 이외의 다른 것이 아니다. 업에 의해서 오온이 형성되므로 업이 과를 갖는 것이고, 다시 그 오온이 짓는 업이 오온의 변화를 일으키며 오온의 상속에 전변 차별이 있게 되므로 인과가 성립한다. 이와 같은 방식으로 업과 보가 이어지고 있으므로, 자기동일적 자아를 상정함이 없이도 윤리적 책임의 문제 역시 해명될 수 있다.

자기동일적 자아가 존재하지 않는다면, 무엇이 윤회하는 것인가? 경전에 보면 연기 법칙에 따르는 유정의 윤회를 말하고 있으므로, 마땅히 윤회 주체로서의 자아가 있어야 하는 것이 아닌가라는 의문이 생길 수 있다.

> (독) 만약 정말로 보특가라가 없는 것이라면, 누가 생사 유전하는 것이라고 말하겠는가? 마땅히 생사 자체가 유전하는 것은 아니기 때문이다. 그러므로 석가가 경전에서 말하기를 "모든 중생이 무명에 덮이고 탐애에 얽매여 생사를 헤맨다"고 하였다. 그러므로 마땅히 보특가라가 있음이 분명하다. (경) 그것이 어떻게 생사를 유전하는가? (독) 그것이 앞의 온을 버리고, 뒤의 온을 취하기 때문이다. (경) 그것은 이미 앞서 부정되었다. 타는 불은 비록 찰나에 꺼지지만, 불길이 계속되므로 유전한다고 말한다. 그와 같이 온으로 모인 것을 가(假)로서 유정(有情)이라고 말하는 것이다. 애와 취로 인해 생사를 유전한다. …… 옛적의 내가 지금의 나와 더불어 하나로 상속하는 것을

從業生果, 而非從彼已壞業生. 亦非從業無間生果. 但從業相續轉變差別生. 何名相續轉變差別? 謂業爲先, 後色心起中無間斷, 名爲相續. 卽此相續, 後後刹那, 異前前生, 名爲轉變. 卽此轉變, 於最後時, 有勝功能, 無間生果, 勝餘轉變, 故名差別."

밝히는 것이니, "이 불이 일찍이 저 사물을 태웠다"고 말하는 것과 같다.[26]

 윤회라는 것은 업을 짓는 나, 그리고 보를 받는 나가 존재하여 그 자기 동일적 나가 이생에서 내생으로 넘어가는 것이 아니다. 업으로 형성된 하나의 온이 멸하고 나면 거기 남겨진 업력이 다시 그 다음의 온을 형성하고, 그렇게 해서 온에서 온으로의 연속성, 즉 온의 상속만이 있을 뿐, 자기동일적 실체가 오온 너머의 별도의 자아로서 존재하는 것이 아니다. 인으로서의 오온과 과로서의 오온을 하나라고도 말할 수 없고 그렇다고 완전히 서로 다른 것이라고도 말할 수 없는 것은, 한 촛불에 있어서도 아침에 타는 불과 저녁에 타는 불을 서로 같다고도 다르다고도 말할 수 없는 것과 같다. 불길은 인과 과의 관계로 연속성을 가지며 계속되는 것일 뿐이다. 그처럼 유정의 오온도 인과 과의 관계로서 연속성을 가지며 한 생에서 그 다음 생으로 계속되는데, 이를 윤회라고 하는 것이다. 이와 같이 불교는 자기동일적 윤회 주체를 상정함이 없이, 한 생에서 다음 생으로 이어지는 오온 상속으로서의 윤회를 설한다.

26 『구사론』, 권30, 「파아집품」(『대정장』 29, 156하), 국역238, "若定無有 報特伽羅, 爲說阿誰流轉生死? 不應生死 自流轉故. 然薄伽梵 於契經中, 說諸有情, 無明所覆, 貪愛所繫, 馳流生死, 故應定有 報特伽羅. 此復云何, 流轉生死? 由捨前蘊, 取後蘊故. 如是義宗, 前已徵遣. 如燈原火, 雖刹那滅, 而由相續, 說有流轉. 如是蘊聚, 假說有情, 愛取爲緣, 流轉生死. … 顯昔與今, 是一相續, 如言此火, 曾燒彼事."

4장
미세식의 발견

『구사론』에서 세친은 자기동일적 자아를 상정하지 않고 기억, 인식, 윤회, 윤리적 책임 등의 문제를 업과 보의 연속성의 관계로 해명한다. 업은 업력의 종자로 상속전변하다가 차별로서 보를 낳는 것으로 간주하는 것이다. 이처럼 업보의 연속성을 설명하는 과정에서 경량부의 세친이 색심호훈설을 주장하게 된 것은 무색 상태에서 유색 상태로 또는 무심 상태에서 유심 상태로 나아가는 것을 설명하기 위한 것이다. 전자는 무색계에 있다가 색계나 욕계로 되돌아오게 되는 경우로서, 무색계에서 이미 색과 색종자가 다 멸했을 텐데 어떻게 그로부터 색이 형성될 수 있는가 하는 것이고, 후자는 멸진정의 무심으로부터 출정(出定)하는 경우로서, 무심에서 이미 심이 없어 심종자도 다 멸했을 텐데 어떻게 출정하여 입정(入定) 이전의 마음과 연속성을 가질 수 있는가 하는 것이다. 전자는 색의 단절이 발생하는 경우이고, 후자는 심의 단절이 발생하는 경우로서, 이들 경우는 둘 다 무색정의 수행이나 멸진정의 수행을 거쳐 도달되는 특수한 상황이다.

그런데 평범한 범인도 일상적으로 이와 비슷한 경우를 겪으며 사는데, 가령 꿈 없는 깊은 잠이나 기절 등에서의 심의 단절 또는 죽음에 이르러서의 색의 단절이 그것이다. 전자와 같이 깊은 잠이나 기절 등의 경우는 흔히 발생하는 일로서, 이는 멸진정과 마찬가지로 아무 의식도 없는 무심 상태인데, 따라서 이로부터 잠깨거나 의식이 돌아와 다시 유심으로 되는 것이 어떻게 가능한가의 물음이 제기되는 것이다. 무심에서는 심이 멸하여 심종자도 함께 멸함으로써 종자의 흐름에 단절이 있게 되는데, 잠들기 전과 잠깬 후, 기절하기 전과 기절에서 깨어난 후, 어떻게 연속성이 있게 되는가? 심에 단절이 있는데, 어떻게 업력이 유지된단 말인가?

업력을 담지하고 있는 전달자를 유부처럼 색온 소속의 무표색으로 보거나, 화지부처럼 불상응행법의 수면으로 본다면, 심이나 심소가 단절된다고 해도 그와 독립적으로 업력은 유지된다고 볼 수 있을 것이다. 그러나 그 경우는 그 다른 법으로부터 어떻게 심의 작용이 일어날 수 있는 것인지의 문제가 남는다. 이 문제를 해결할 수 있도록 업력이 심의 사종자로 남겨진다고 하면, 결국 다시 심이 단절되는 무심의 경우를 어떻게 설명할 것인가의 문제가 발생하는 것이다. 따라서 업력을 사종자로 설명하는 경량부는 이 문제를 색심호훈설로 해결하려고 시도하였다. 무심 상태에 남아 있는 색종자로부터도 심의 현행이 가능하고, 또 심종자로부터도 색의 현행이 가능하다고 주장하는 것이다. 그러나 그런 식으로 종자와 현행을 서로 다른 종류의 것으로 연결짓는 것은 그런 연결이 어떻게 가능한 것인지에 대한 설명이 보충되지 않는 한, 실제로 문제를 해결한 것이 아니다.

세친은 『성업론』에서 그 문제를 이전과는 완전히 다른 방식으로 해결한다. 깊은 잠이나 기절에서 심이 단절한다고 보는 것, 따라서 그 때 심소속의 종자인 심종자도 함께 멸한다고 보는 것은 그 자체가 맞지 않은 것일 수 있다는 것이다. 사실은 그 어느 순간에도 심은 단절되지 않고, 따라서 그 안의 종자도 단멸하지 않고 유지되는 것일 수 있지 않겠는가? 멸진정의 무심 상태 또는 꿈없는 깊은 잠의 무심 상태로부터 유심 상태로 되돌아왔을 때, 그 마음이 이전 상태를 기억하면서 연속성을 가진다는 것이 이미 마음에 단절이 없다는 것을 보여주는 것이 아닌가?

이는 곧 마음의 단절이나 비단절의 문제를 표층적 의식 상태 또는 현재적 심소 작용에 따라 판단될 수 없는 문제로 간주하는 것을 의미한다. 마음은 표층상으로는 깊은 잠이나 기절 등으로 인해 단절된 듯이 보인다고 해도, 그보다 더 심층에서 마음은 그 종자들을 간직한 채 마음으로 깨어 있는지도 모른다. 그렇다면 심종자는 우리에게 현재 알려진 표층적 심의 작용에 의해서가 아니라 오히려 그보다 더 미세한 심층의 마음 작용에 의해 유지되고 있는 것이 아니겠는가?

이와 같이 해서 세친은 『성업론』에서 표층적이고 현행적인 의식보다 더 심층적이고 더 세심한 심의 존재를 주장하게 된다. 바로 그 심이 소위 무심의 상태에서도 존재하면서 잠재적 종자를 유지 보존하는 것이라고 보는 것이다. 따라서 멸진정이나 깊은 잠에서의 무심이란 우리의 일상적인 표층적 의식, 즉 갖가지 능연 방식으로 소연을 파악하는 의식 방식이 정지했다는 의미에서의 무심일 뿐, 일체의 심이 없다는 말은 아닌 것으로 간주된다.

> 무심정과 무상천에서 마음의 상속이 끊어진다고 말한다면, 어떻게 선행하는 업이 그에 상응하는 좋은 과나 좋지 않은 과를 얻을 수 있겠는가? 이것이 바로 저 종[유부]의 잘못이다. 그 종은 무엇이라고 하는가? 그 종은 무심정과 무상천의 위(位)에서는 완전히 마음이 없게 된다고 고집한다. 만약 이 위(位)에서도 마음이 있다고 말한다면, 이런 잘못은 없을 것이다. …… 나는 멸진정일지라도 미세한 마음이 있다고 말하기 때문에 이런 잘못이 없다.[27]

세친은 이처럼 표층식과 심층식을 구분한 후, 전자를 그 의식 방식이 의식 대상에 따라 갖가지 방식으로 바뀐다는 점에서 '종종심(種種心)'이라고 칭하고, 후자를 표층 의식의 변화와 상관없이 종자를 유지 보존하며 작동시키는 식이라는 의미에서 '집기식(集起識)'이라고 칭한다. 그러면서 소위 무심 상태에서 단절하는 식은 종종심일 뿐이며, 집기심은 연속적으로 존재한다고 논한다.

> 마음에는 두 종류가 있다. 하나는 모여 일어나는 마음[集起心]이니, 한량없는 종자가 모여 일어나는 곳이기 때문이다. 둘째는 갖가지 마음[種種心]이니, 인식 대상[所緣]과 인식 주관[行相]이 차별적으로 바뀌어가기 때문이다. 멸진정 등의 위(位)에서는 둘째의 마음이 없기 때문에 마음이 없다고 이르는 것이다. 이는 마치 외발의 경우 다른 발이 없기 때문에 역시 발이 없다고 말하는 것과 같다.[28]

종종심만이 없어지고 집기심은 남아 종자를 유지하여 종자의 무단한 상속전변차별이 가능해진다. 이처럼 멸진정에서도 유지되는 집기심은 여러 이름으로 불릴 수 있는데, 아타나식 · 아뢰야식 · 이숙과식 등이 그것이다.

> 능히 미래의 존재를 지속하고 몸을 잡아가지게 하기 때문에 이를 아타나식이라고 부른다. 일체 법의 종자를 거두어 간직하기 때문에 다시 아뢰야식이

---

27 세친 조, 현장 역, 『大乘成業論』(『대정장』 31, 783하-784상), "謂無心定 及無想天, 心相續斷, 如何先業, 能得當來, 愛非幻果乎? 是彼宗過. 何謂彼宗? 謂執此位, 全無心者. 若說此位, 是有心者, 即無斯過. … 我說滅定, 猶有細心, 故無此失."

28 『대승성업론』(『대정장』 31, 784하), "心有二種, 一集起心, 無量種子 集起處故. 二種種心, 所緣行相 差別轉故. 滅定等位, 第二心闕, 故名無心. 如一足床, 闕餘足故, 亦名無足."

라고 부르며, 전생에 의해 이끌려진 업의 이숙이기 때문에 이를 또한 이숙과식이라고도 부른다.[29]

표층적 의식만을 심과 심소로 생각하면 그 외의 것이 색법이나 불상응행법으로 분류되고 무상정이나 멸진정이 심이 단절되는 무심으로 간주되지만, 세친은 표층의 의식보다 더 심층의 식이 존재하며, 무심이란 단지 표층식의 작용이 멎는다는 것을 뜻할 뿐이라고 본다. 이렇게 소위 무심 위에서도 업력의 종자를 유지하는 심이 바로 아뢰야식이다. 이 심은 표층식의 차원에서 보면 없는 것 같지만, 미세한 세심으로 존재한다. 따라서 무심에서 유심으로의 과정은 색이나 불상응에 의해서가 아니라 심 자체로서 이어지며, 나아가 오온이 멸하는 죽음을 거쳐 내생으로도 그 업력이 유지될 수 있다. 이처럼 업력을 간직하여 내생을 이끌어 오는 이숙과의 식이 곧 아뢰야식이다. 이와 같이 해서 무아 윤회 과정을 업을 통해 설명하는 업설은 경량부 세친에 의해 종자설과 아뢰야식설로 종합된다. 업력의 종자를 유지하는 아뢰야식이 업의 상속을 가능하게 하는 것이다.

이와 같이 우리의 갖가지 표층의 의식 활동과 그 의식 대상인 현상 세계를 심층의 아뢰야식과 종자로 해명하는 것이 바로 유식이다. 유식은 현상적 자아와 현상적 세계 모두를 실유(實有)가 아닌 가유(假有)로 설명하며, 그러한 아공(我空)의 인무아(人無我)와 법공(法空)의 법무아(法無我)로써 불교적 무아론을 완성한다.

---

29 『대승성업론』(『대정장』 31, 784하), "能續後有 能執持身, 故說此名 阿陀那識, 攝藏一切, 諸法種子, 故復說名, 阿賴耶識, 前生所引, 業異熟故, 卽此亦名 異熟果識." 성업론에서는 다른 부파에서도 이와 같은 식을 인정하고 있었음을 논한다. "이 식에 의지하여 적동엽부는 경에서 유분식이란 이름을 세웠고, 대중부의 경에서는 근본식이란 이름을 세웠고, 화지부에서는 궁생사온이라고 설하였다.(卽依此識, 赤銅鍱部, 經中建立, 有分識名, 大衆部經, 名根本識, 化地部說, 窮生死蘊)."

4부

유식의 무아론: 인무아와 법무아

1장
유식성과 그 자각의 의미

1. 유식성의 의미

　오로지 식일 뿐이라는 '유식(唯識)'의 주장을 유식설이라고 하는데, 이러한 유식설은 요가 수행자(Yogacara)들에 의해 창시되고 계승 발전되었다. 요가까라(Yogacara)를 그대로 유식학파라고 번역하기도 한다. 유식학파의 소의경인 『해심밀경』, 「분별유가품」은 유식의 발견을 다음과 같이 서술한다.

　자씨보살이 석가에게 물어 말하기를 "세존이여, 모든 비바사나 사마디에서 나타나는 영상이 그 마음과 다름이 있다고 말해야 합니까, 없다고 말해야 합니까?" 석가가 자씨보살에게 답하기를 "선남자여, 다름이 없다고 말해야 한다. 왜냐하면 저 영상은 오직 식일 뿐이기 때문이다. 선남자여, 나는 식의 소연[대상]은 오직 식이 나타난 것[식의 변현]이라고 설한다." "세존이여, 만약 그 나타나는 영상이 마음과 다름이 있지 않다면, 어떻게 이 마음이 다시 이 마음을 본단 말입니까?" "선남자여, 그중에는[마음 자체에 있어서는] 법을 볼 수 있는 법은 없다[자기 자신을 보는 것이 아니다]. 그러나 마음이 일어나면, 그와 같이 영상이 현현한다. 선남자여, 마치 잘 닦아진 청정한 거울의 표면이 본질[대상]을 연하면서 다시 그 본질을 보는[비추는, 상을 그리는] 것에 대해, 내가 영상을 본다고도 말하고 또 본질을 떠나 따로 영상이 있어 현현한다고도 말하는 것과 같다. 이처럼 마음이 일어나면, 마치 [마음과] 다른 것처럼 사마디에 의한 영상이 현현한다." "세존이여, 만약 모든 유정이 자성에 머무르며 색 등 마음에 의해 나타나는 영상을 연한다면, 그것은 또 이 마음과 다를 것이 없습니까?" "선남자여, 그 또한 다를 것이 없다. 다만 어리석은 범부들이 깨달음이 전도되어 있어, 모든 영상에 있어 그것이 오직 식일 뿐임을 여실하게 알지 못하고 잘못된 앎을 갖게 된다."[1]

만약 내가 현상 세계를 주목하여 바라보거나 그 어떤 특징에 대해 생각하고 있다면, 나의 마음은 대상 의식 상태에 있는 것이며, 대상에 이끌려 주객으로 분열되어 있는 것이다. 만약 그 분열을 지양하고 마음이 대상에의 매임으로부터 풀려나 온전히 자기 자신에 집중하게 된다면, 이는 곧 비바사나 사마디를 수행하는 중이라고 말할 수 있을 것이다. 그런데 이 상태에서 다시 그 마음에 뚜렷한 영상이 떠오른다면, 그 영상을 나는 어떻게 이해해야 할 것인가? 삼매나 기도 또는 명상이나 좌망 등 정신 집중

---

1 현장 역, 『해심밀경』, 「分別瑜伽品」(『대정장』 16, 698상중), "慈氏菩薩, 復白佛言, 世尊, 諸毘鉢舍那, 三摩地所行影像, 彼與此心, 當言有異, 當言無異? 佛告慈氏菩薩, 曰善男子. 當言無異. 何以故? 由彼影像, 唯是識故. 善男子. 我說識所緣, 唯識所現故. 世尊. 若彼所行影像, 即與此心, 無有異者, 云何此心, 還見此心? 善男子. 此中無有少法能見少法. 然卽此心如是生時, 卽有如是, 影像顯現. 善男子. 如依善瑩淸淨鏡面, 以質爲緣. 還見本質. 而謂我今, 見於影像, 及謂離質, 別有所行影像顯現. 如是此心生時, 相似有異. 三摩地所行影像顯現. 世尊, 若諸有情自性而住, 緣色等心所行影像, 彼如此心, 亦無異耶? 善男子. 亦無有異. 而諸愚夫, 由顚倒覺, 於諸影像, 不能如實知唯是識. 作顚倒解."

상태에서 찬란한 빛을 경험한다면, 그것은 법신의 현현인가, 아미타불 또는 하느님의 현현인가, 태극의 현현인가? 즐거움이 넘치는 중생들의 모습이 떠오른다면, 그것은 천계 또는 천당의 모습이고, 괴로워하는 중생들의 모습이 나타난다면, 그것은 지옥의 모습인가? 정신 집중력을 통해 나의 마음이 그런 다른 세계에 당도하여 그것을 직접 보고 얻은 영상인가, 아니면 그저 나의 마음이 그려낸 상상일 뿐인가?

이것이 출정(出定) 후 자씨보살이 세존에게 물은 것이다. 삼매에서 내가 본 영상이 그 영상을 보는 마음과 동일 차원의 것인가, 마음과는 구분되는 마음 바깥 세계의 영상인가? 이에 대해 세존은 마음이 본 영상은 마음이 그린 것, 마음이 변현한 것이라고 말한다. 마음이 대상적으로 보고 인식하는 것은 모두 마음 자체가 그린 것이며, 따라서 마음 바깥의 다른 어떤 것이 아니라는 것이다. "식의 대상은 곧 식이 나타난 것[識所緣, 唯識所現]"이 그것이다. 마음이 본 영상이 나타내는 세계는 마음 바깥의 다른 세계의 모습이 아니라, 바로 마음 자신이 그린 모습이라는 것이다.

여기서 우리는 세존의 말을 두 가지 방식으로 해석할 수 있다. ① 하나는 삼매에서 본 것은 실재의 천계나 지옥 등과는 무관하게 단지 마음이 그린 상상이라고 보는 것이다. 마음이 그린 영상을 객관적 실재와 구분되는 주관적 상상의 산물로 간주하는 것이다. 삼매 상태에서 상상력이 발휘되어 마치 어떤 세계가 실재하는 세계처럼 마음 속에 떠오른 것으로 간주하는 것이다. ② 다른 하나는 삼매의 정신 집중을 통해 마음이 실재로 천계나 지옥을 본 것인데, 그 실재의 천계나 지옥이라는 것이 원래 마음이 그린 영상 세계 이외의 다른 것이 아니라고 보는 것이다. 이는 곧 인간계를 포함해서 육도 윤회의 세계가 본래 그렇게 윤회하는 마음 너머 마음 바깥의 객관적 실재가 아니라, 윤회하여 그리로 태어날 마음이 그리는 세계일 뿐이라는 것을 의미한다. 전자에 따르면 삼매에서 마음이 본 것은 실재에 미치지 못하는 상상력의 산물일 뿐이고, 후자에 따르면 삼매에서 마음은 실재의 세계를 보긴 보는데 그 실재 자체가 마음 바깥의 객관 실유가 아니라 마음이 그린 영상이며 식이라는 것이다. 결국 전자와 후자의 차이는 ① 소위 마음 내지 마음의 영상을 객관 세계와 구분되는 주관적 반영으로만 볼 것인가, 아니면 ② 세계 자체를 마음의 영상으로 볼 것인가의 문제가 되는 것이다. 즉 주관적 상상의 심리 세계만이 마음의 영상인가? 아니면 객관적 물리 세계도 마음의 영상에 속하는가? 다시 말해 세계에 대해 마음의 크기는 얼마만한 것인가? 마음은 단지 세계의 일부분일 뿐인가? 아니면 세계 전체를 포괄하는 것인가?

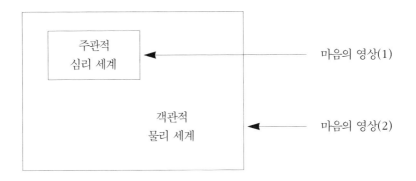

앞의 인용에 근거해 볼 때, 이상 두 가지 해석 중에서 유식이 주장하는 것은 후자이다. 소위 세계 자체를 마음이 그린 영상인 식으로 간주하는 것이다. 그렇기 때문에 앞의 인용에서 "삼매에서 본 영상은 마음이 그린 상일 뿐이다"라는 것으로부터 "범부들이 실재라고 고집하는 대상 세계도 실은 마음이 그린 상일 뿐이다"라는 유식(唯識)의 결론이 가능해지는 것이다. 즉 삼매를 수행하지 않는 일반 범부에 있어 색 등으로 나타나는 영상도 삼매에서의 영상과 마찬가지로 마음과 다르지 않은 식일 뿐이라는 것이다. 이는 수행자들에게 삼매 중에 떠오른 영상뿐 아니라 우리 일반 범부들의 일상적인 지각 의식에 떠오르는 현상 세계의 영상까지도 모두 마음이 그린 영상이라는 것을 의미한다. 그리고 바로 이 점에서 일체가 식일 뿐이라는 '유식(唯識)'이 성립한다. 결국 범부들이 지각하는 대상 세계의 영상도 요가 수행자들이 수행을 통해 보게 된 영상과 다를 바가 없다는 것이다.

그렇다면 일반 범부와 수행자의 차이는 무엇인가? 범부의 일상의 마음은 그 근이 그 근에 상응하는 현상적 경과 결합되어 있어 그 마음은 그 대상 세계밖에 알지 못한다. 육도 윤회 중 인간계에 태어난 우리 인간들은 그 인간의 근에 상응하는 인간의 기세간만을 인식할 수 있을 뿐이다. 그런데 수행자는 삼매를 통해 마음과 대상 세계와의 결합, 근과 경의 매임을 풀기 때문에, 그 매임으로부터 풀려나 자유롭게 다른 세계로 이행해갈 수 있다. 근과 경의 결합의 끈을 풀어 마음이 자유로워지므로 다른 세계로 들어갈 수 있는 것이다. 따라서 색계나 무색계 또는 천계나 지옥, 축생계로도 이행해갈 수 있으며, 그 세계를 직접 보고 감각할 수 있다는 말이다. 근·경의 매임으로부터 마음이 자유로워지면 그 마음이 어느 세계이든 자유롭게 왕래할 수 있는 것은 본래 세계라는 것이 모두 마음이 그린 세계, 마음의 영상이기 때문이다. 오직 근·경의 매임으로부터 자유로운 자만이 근과 경에 매여 있다는 사실을 알게 되며, 그것을 알아야만 비로소 자신이 보는 경으로서의 대상 세계가 자신의 근인 마음이 그린 세계라는 것을 알게 된다. 마치 공기 속에서만 살고 있으면, 그 사실을 자각하여 알지 못하고, 공기 밖으로 나가거나 공기가 차단되어 보아야 비로소 공기 속에 있음을 알게 되는 것처럼, 근과 경의 매임을 매임으로 자각하자면 그 매임으로부터 한번은 풀려나봐야 한다. 그래야 우리가 살고 있는 세계의 실상이 무엇인지를 비로소 알게 되는 것이다. 그래야 우리가 사는 경의 세계가 우리 자신의 근에 상응하는 세계라는 것, 우리 자신의 근인 마음이 그린 영상의 세계라는 것을 알게 되는 것이다. 바로 이런 근거 위에서 "삼매 중의 영상이 식과 다를 바 없다"는 사실로부터 "일상 범부가 의식하는 현상 세계의 영상도 식과 다를 바 없다"는 유식의 결론이 가능한 것이다.

그래서 세존은 일상의 범부가 자기 마음이 그린 영상을 바라봄에도 불구하고 그것을 마음 밖의 객관 실재라고 여기게 되는 것을 "깨달음이 전도되어" 있기 때문이라고 말한다. 근경의 매임에 매여 있으면 그 사실을 알지 못하고 따라서 경이 근으로 인한 것임을 모르고 그 자체 존재하는 세계로 간주하는 것이다. 그렇다면 그러한 경의 영상을 산출하는 근은 어떤 것인가? 우리가 한번도 그 밖으로 나오지 못해 그 실상을 제대로 알 수 없는 그것, 따라서 그 안에 살고 있으면서도 그 사실을 깨닫지 못하는 그것, 따라서 그것이 만든 영상을 그것과 무관한 것으로 여기게 되는 그것은 과연 무엇인가? 그것이 바로 심층의 마음이다. 유식은 그러한 인간 마음 심층의 식을 '아뢰야식'이라고 부른다.[2] 아뢰야식은 마음 심층에서 현상 세계의 영상을 산출하는 식이지만, 우리는 아뢰야식을 그런 것으로

---

2 아뢰야식을 유식적 의미에서 정확히 포착하기 위해서는 종자의 흐름에 해당하는 '잠재식으로서의 아뢰야식'과 그 종자가 구체적으로 발현된 '현행식으로서의 아뢰야식'을 구분해서 이해해야 한다. 요가 수행자들이 수행을 하다가 발견한 식은 영상의 현상 세계로 변현하는 현행식으로서의 아뢰야식이며, 이는 현행하기 이전 종자들의 흐름이라고 할 수 있는 잠재식으로서의 아뢰야식과 구분된다. 잠재식으로서의 아뢰야식은 업력을 담은 종자들의 흐름으로서 표층적 의식이 멈춘 무심의 멸진정이나 깊은 잠을 자고 나도 유지되는 마음의 연속성을 설명하기 위해 가설적으로 설정된 것으로서 경량부 세친이 『성업론』에서 논하는 미세식은 이런 의미의 아뢰야식이다. 반면 유식논사로서의 세친이 아뢰야식을 논할 때, 그 아뢰야식은 단지 가설로서 칭해진 것이 아니라, 요가 수행자들이 수행을 통해 직접적으로 체험한 깊고 미세한 식으로서의 아뢰야식이다. 그들은 비바사나 삼마디를 수행하던 중 영상들을 의식하면서 그 영상들이 심과 어떤 관계가 있는가를 묻고 그것이 심과 다른지 않다는 것, 식일 뿐이라는 것을 깨닫는다. 그리고 그것으로부터 일상 범부의 의식이 보는 영상 또한 심

서 자각하지 못하므로 그 영상을 객관 세계로 간주하게 된다. 따라서 우리가 바라보는 영상이 바로 마음이 그린 영상이며 식일 뿐이라는 유식의 주장은 마음 심층의 아뢰야식의 활동을 바로 그런 것으로서 자각할 경우에만 가능한 말이다.

2. 유식성의 자각의 의미

아뢰야식은 우리가 그것을 바로 그런 것으로서 자각하든 못하든 언제나 현행식으로서 활동하고 있다. 즉 현상 세계의 영상을 산출한다. 다만 우리가 그렇게 산출된 영상 세계 밖으로 나아가지 못하므로, 그렇게 영상 세계를 산출하는 식의 활동을 바로 그런 것으로서 자각하지 못할 뿐이다. 그러므로 그 활동 결과의 영상 세계를 식과 무관한 것으로, 마음 밖의 실재로 간주하게 된다. 수행을 통해 아뢰야식의 활동을 그런 것으로서 자각하기 전에는 비록 아뢰야식의 활동을 통해 영상의 세계를 그려내고 그 안에 살고 있음에도 불구하고, 그 세계가 식이고 영상인 줄을 모르는 것이다.

이러한 일상의 의식에서의 '깨달음의 전도' 양상을 제대로 설명해 줄 수 있는 것이 바로 꿈의 모습이다. 그래서 유식은 우리의 일상 의식을 늘 꿈에 비유한다. 깨어 있는 일상의 의식이 꿈의 의식에 비유되는 것은 꿈의 세계를 산출하는 의식과 현상 세계를 산출하는 아뢰야식이 공통의 구조를 갖기 때문이다. 그 동일 구조는 다음과 같이 표시될 수 있다.

과 다르지 않다는 唯識性을 깨닫게 된 것이다. 그런데 이러한 유식성의 깨달음은 바로 그런 영상을 산출하는 아뢰야식의 활동을 자각함으로써만 가능한 것이다. 이는 아뢰야식을 단순히 논리적 또는 개념적으로 요청하거나 가설적으로 시설하는 것이 아니라, 마음 심층의 활동성으로서 직접 자각함으로써 비로소 가능한 것이었다.

꿈의 세계	현실 세계
꿈속 나 ↔ 꿈속 너 (나1)	나 ↔ 너 (나 = 자아 의식)

↑
꿈꾸는 의식(나2)
↕
꿈 깨는 의식

↑
현실의 마음(X = 아뢰야식)
↕
깨닫는 마음 = 진여

꿈꾸는 의식(나2)이 그려놓은 꿈의 세계 속에서 꿈속의 나(나1)는 그 세계를 객관 실재라고 착각한다. 꿈속의 자아 의식(나1)이 꿈꾸는 의식(나2)에서 비롯된 것이면서도 그 소의처를 자각하지 못하기 때문이다. 꿈속의 나는 너와 자·타로 대면해 있고 세계와 주·객으로 대립해 있다. 나1 이외의 모든 것은 그 자체로는 나와 무관하게 내 바깥에 있으며 나는 그것들과 외적인 관계를 맺을 뿐이다. 그러나 실은 그렇지 않다는 것, 꿈속의 너 그리고 꿈의 세계 자체가 꿈속의 나와 마찬가지로 실은 하나의 꿈꾸는 의식(나2)의 산물이라는 것을 알게 되는 것은 꿈에서 깨어남으로써만 가능하다. 그러나 그렇다고 해서 꿈의 순간에 꿈꾸는 의식(나2)이 전혀 활동하지 않았다거나 꿈에서 내가 그 꿈꾸는 의식(나2)을 전혀 의식하지 못한 것은 아니다. 꿈 자체가 꿈꾸는 의식(나2)의 활동이기 때문이다. 다만 꿈꾸고 있는 한 그것이 내가 넘어설 수 없는 전체이기에, 내가 그 밖으로 나가설 수가 없기에, 내가 바로 그 전체라는 것을 자각하지 못할 뿐이다. 그래서 나는 나 자신을 그 전체 의식인 꿈꾸는 의식(나2)으로 알지 못하고, 그 전체 중의 일부인 꿈속 나의 자아 의식(나1)으로 간주하게 되는 것이다. 전체(나2)를 자기로 자각할 수 없으므로, 그 안에서 스스로 경계짓고 그 경계지어진 것(나1)만을 나로 여기는 것이다.

　깨어 있을 때에도 이와 마찬가지이다. 내가 경험하는 세계는 나의 마음 (X)인 아뢰야식이 그려내는 세계, 즉 영상이며 식이다. 그런데 내가 그 마음 밖으로 나가지 못하므로, 그 전체를 나의 마음으로 자각하지 못하고 그 안에 경계를 그어 경계지어진 나(나1)만을 나로 간주하는 것이다. 이런 방식으로 의식된 영상 세계 전체를 나와 너, 나와 세계로 나누는 것은 결국 그 세계를 그리는 마음 자체(아뢰야식)를 구획지어진 나(나1)와 그 밖의 세계로 나누는 것이 된다. 반면 우리가 인식하는 세계가 실은 꿈에서와 마찬가지로 마음(X)이 그린 세계라는 것, 그 세계 속의 나와 너가 실은 그 하나의 마음(X)의 산물이라는 것을 알게 되는 것은 내가 나의 표층적 자아 의식(나1)에 머물러 있지 않고, 그 경계 너머의 전체의 마음 심층에 도달함으로써만 비로소 가능하다. 표층의 분별적인 자아 의식(나1)에 머물러 있지 않고 마음 심층의 미세한 아뢰야식의 활동을 바로 그런 것으로서 자각함으로써만 비로소 가능한 것이다. 그 때 비로소 일체가 식이 그린 영상이라는 것, 유식성을 깨닫게 된다. 그리고 그것이 바로 현실의 꿈에서 깨어나는 것, 자기 자신과 세계의 실상에 대한 깨달음을 얻는 것이다.

　　깨달은 사람이 보게 되는 대상[塵]은 일체 처에서 오직 식(識)이다. 꿈속의 대상과 같아서 꿈에서 깨어난 사람이 꿈속의 대상은 오직 식(識)이라는 것을 요별(了別)하는 것과 같다. …… 만약 사람이 이미 진여지각(眞如智覺)을 얻으면, 이러한 [유식성의] 깨달음이 없지 않다. 마치 사람이 꿈속에서 깨어나지 않으면 이 깨달음이 생기지 않고, 만약 사람이 깨어나면 마침내 이 깨달음이 있는 것과 같다.[3]

이와 같이 현실 세계를 식에 의한 영상 세계라는 의미에서 꿈에 비유한다면, 그렇게 영상 세계를 형성하는 식, 꿈꾸는 의식은 바로 아뢰야식이다. 아뢰야식이 그 안의 종자들의 업력을 따라 현상 세계 영상을 그려내는 것이 꿈꾸는 의식 작용과 마찬가지인 것이다. 그런데 꿈은 그것이 꿈이라는 사실을 모를 경우에만 꿈으로 유지된다. 꿈이 꿈이라는 것을 아는 것은 곧 꿈에서 깨어나는 것이다. 그렇다면 꿈에서 깨어나는 것, 그것이 의미하는 바는 무엇인가?

그것은 아뢰야식에 의해 그려진 영상 세계의 비실유성, 그 세계 안에서 이원적으로 경계지어진 나와 세계의 비실유성과 공성을 자각하는 것이다. 세계가 아뢰야식이 그린 영상이라는 유식성을 아는 것이다. 따라서 유식성의 자각은 곧 아공과 법공의 깨달음이 된다. 꿈이 꿈임을 알지 못하면 꿈의 세계와 그 속의 나를 실재하는 것으로 착각하여 아집과 법집을 버리지 못하고, 그 집착을 따라 업을 짓고 다시 그 업력에 따라 현상 세계로 되돌아오는 윤회를 벗어나지 못한다. 반면 우리가 일상적으로 의식하는 이 현실 세계가 실은 꿈과 마찬가지로 우리의 마음인 아뢰야식이 그린 영상 세계라는 것을 자각하는 것은 그 세계의 비실유성과 공성을 깨닫는 것이며, 따라서 그렇게 그려진 나와 세계에 대한 분별과 집착을 넘어서는 것을 의미한다. 분별과 집착을 넘어섬으로써 집착의 업을 짓지 않게 되고 따라서 업력으로 인한 윤회를 벗어나게 되는 것이다.

그러나 꿈꾸어진 세계 속에서 분별된 나와 너, 나와 세계를 모두 아뢰야식에 의한 영상이라고 자각하는 것, 그래서 그 세계의 비실유성과 공성

3   무착 조, 진제 역, 『섭대승론』, 권상, 「응지승상」(『대정장』 31, 28중), 국역20, "若覺人所見處, 一切處唯有識, 譬如夢塵, 如人夢覺了別 夢塵但唯有識. … 若人已得 眞如智覺, 不無此覺. 譬如人正在夢中, 未覺此覺不生. 若人已覺, 方有此覺."

을 자각하는 것은 동시에 그처럼 꿈의 세계를 형성하는 꿈꾸는 아뢰야식 자체도 또한 공이라는 자각을 함축한다. 꿈꾸어진 나와 세계가 비실유적 공이듯이, 그렇게 꿈꾸는 아뢰야식 또한 공이다. 영상의 현실 세계가 공이라는 것은 영상을 산출하는 식의 활동 또한 공이라는 것을 의미하기 때문이다. 결국 마음이 꿈꾸는 아뢰야식인 자신의 마음 자체를 공으로 자각하는 것이 궁극적 깨달음에 속한다. 아뢰야식을 그런 것으로서 자각하며 깨어나는 마음, 그 마음의 공성이 바로 진여성이다. 그래서 공의 깨달음은 곧 진여의 깨달음이다. 이처럼 유식이 지향하는 바는 꿈꾸는 아뢰야식에 머물러 있는 것이 아니라, 그 꿈에서 깨어나는 것이다. 현상 세계의 아공 법공의 깨달음 속에서 그러한 현상 세계를 그려내는 마음 자체의 공성을 깨닫는 것이다. 그래서 그 마음이 공으로, 진여로 깨어나는 것이다.

이처럼 자아와 세계의 공성, 인무아와 법무아의 깨달음이 유식이 궁극적으로 지향하는 바이다. 이런 의미에서 유식은 무아론의 완성이다. 아공과 법공의 깨달음을 통해 아집과 법집을 버리고, 해탈에 이르고자 함이 유식의 목적인 것이다. 『성유식론』은 그 논서의 목적을 다음과 같이 밝힌다.

지금 이 논서를 짓는 이유는 두 가지 공[아공과 법공]에 대해 미혹하고 오류가 있는 자로 하여금 바르게 이해하도록 하기 위해서이다. 바르게 이해하도록 하는 것은 두 가지 무거운 장애[번뇌장과 소지장]를 끊게 하기 위해서이다. 아와 법에 집착[아집과 법집]하기 때문에, 두 가지 장애가 함께 일어난다. 두 가지 공을 증득하면, 그 장애도 따라서 끊어진다. 장애를 끊는 것은 두 가지 뛰어난 증과[열반과 보리]를 얻기 위해서이다. 윤회의 생을 계속하게 하는 번뇌장을 끊음으로써 참다운 해탈을 증득한다. 지혜를 장애하는 소지장을 끊음으로써 커다란 깨달음[보리]을 증득할 수 있다.[4]

이처럼 유식은 아공·법공의 깨달음을 강조하며, 그 깨달음에 이르게 하기 위해 유식을 설한다. 내가 아와 법으로 간주하는 것, 나와 세계로 간주하는 것이 꿈에서와 마찬가지로 마음이 그린 영상이라는 것을 강조하는 것이다. 그렇게 해서 근·경의 매임을 풀어놓으려는 것이다. 근과 경의 매임으로부터 자유로워진다는 것, 유식성을 깨닫는다는 것은 결국 자아나 세계 그 어디에도 매이거나 집착하지 않는다는 것을 의미한다. 그것은 나의 삶이 한 편의 영화처럼 영상으로 바뀌는 것, 내가 그 영화 밖으로 나와서 영화를 바라보는 관람자가 되는 것을 의미한다. 관람자가 된다는 것은 내가 나를 영화 속 한 인물이 아니라 영화 밖에서 영화를 보는 눈으로 자각하며, 끊임없이 그 자각에 머물러 있다는 것이다. 세계 내 존재에 머물러 있지 않고 세계를 보는 눈으로, 세계의 경계 너머로 나가는 것이다. 그렇게 하면 영화 속의 세계와 그 세계 속 나까지도 모두 영상으로 바뀌며, 그 때 나는 나 자신을 그런 영상들을 만들어내는 자, 즉 영상을 산출하는 식(識)으로 의식하게 된다. 그리고 내가 나를 꿈꾸는 식으로 자각하는 한, 나는 이미 꿈에서 깨어나 있는 것이다. 꿈인 줄을 모르는 한 꿈을 꾸고 있고, 이것이 꿈인 줄을 알면 꿈에서 깨어나 더 이상 꿈꾸지 않는다. 그런데 이것은 역설이 아닌가?

깨달은 의식은 이미 꿈에서 깨어난 의식이다. 반면 아직 깨닫지 못한 의식은 계속 꿈꾸는 의식이며, 모든 이야기를 꿈속에서 듣게 된다. 아공법공의 유식성과 아뢰야식의 교설도 모두 꿈속의 이야기가 된다. 그러니 나와 세계가 모두 아뢰야식이 그린 영상이라는 말을 들으면, 그렇게 영상

---

4 『성유식론』, 권1(『대정장』, 31, 1상), 국역12-13, "今造此論, 爲於二空, 有迷謬者, 生正解故. 生解爲斷二重障故. 由我法執, 二障具生. 若證二空, 彼障隨斷. 障障得得二勝果故. 由斷續生煩惱障故, 證眞解脫. 由斷礙解所知障故, 得大菩提."

을 그리는 내가 존재한다는 아집을 일으켜 오히려 더 깊은 꿈에 빠져들지 않겠는가? 바로 이 때문에 유식논사들은 수행을 거쳐 아뢰야식의 자각에 이른 후, 그것을 범부에게 설하는 것을 꺼리게 되었다. 아직 꿈에서 깨어나지 못한 일반 범부들이 아뢰야식의 교설을 듣고는 그것을 자신의 꿈속 자아 의식의 차원에서 자아로 해석하여 아집을 더 강화하게 되는 것이 아닐까 염려했기 때문이다.

> 아타나식[아뢰야식]은 심히 깊고 섬세하다. 나는 어리석은 범부에게 그것을 드러내어 말하지 않는다. …… 범부가 분별해서 그것을 자아라고 집착할까 두렵기 때문이다.[5]

아뢰야식을 영상을 산출하는 식 자체로 자각하면서 꿈에서 깨어나는 것이 아니라, 오히려 꿈속 자아 의식의 반성 차원에서 개념적으로 포착하여 그것을 자아로 간주하고 아집을 강화하여 더 깊은 꿈으로 빠져들지 않을까 염려한 것이다. 도대체 꿈속에서 말을 듣고 그 꿈에서 깨어난다는 것이 가능한가?

유식은 그러한 꿈의 역설이 바로 우리 현실의 역설이라고 생각하며, 그것을 시도한다. 유식은 이미 유식성의 깨달음을 얻은 자가 아직 유식성을 깨닫지 못한 일반 범부를 향해 유식성의 진리를 추론적으로 밝혀주는 것이다. 마치 꿈에서 깨어난 자가 꿈꾸는 자에게 접근하여 이것이 꿈이라는 것을 알려주는 것과 같다. 그러나 꿈 밖에서 이야기하면 꿈속의 사람은 그 말을 듣지 못한다. 그러므로 꿈속으로 들어와 말해야 한다. 꿈꾸는 자

---

5   『해심밀경』, 「勝義諦相品」(『대정장』 16, 692하), "阿陀那識 甚深細, 我於凡愚不開演, … 恐彼分別, 執爲我."

가 꿈속에서 들을 수 있는 말, 꿈속의 말이어야 한다. 결국 유식의 교설은 꿈속의 이야기, 잠꼬대와도 같은 방편 교설이다. 다만 그것이 꿈을 깨우기 위한 말, 깨달음에 이르게 하기 위한 방편 교설이라는 점에서 다른 잠꼬대와 다르다. 이처럼 유식이 일반 범부를 향해 유식성을 논하는 것은 우리의 꿈 중에도 두 종류의 꿈이 있기 때문이다. 꿈 중에는 꿈꾸는 자로 하여금 계속 꿈꾸게 하는 꿈이 있고, 꿈에서 깨어나게 하는 꿈이 있다. 일체가 식의 변현이라는 것을 논증함으로써 유식성의 깨달음에 이르게 하는 것은 꿈속에서 꿈의 실상을 보여줌으로써 꿈을 깨우는 것이다. 따라서 이를 선정의 수행 과정 속에서 얻게 되는 직접적 깨달음의 현량(現量)인 정관(定觀)과 구분해서, 추론적 인식인 비량(比量)의 지혜, 즉 비지(比知)라고 한다.

> 추론적인 앎을 통해 보살이 비록 진여지각을 얻지 못한다고 하더라도, 유식(唯識)의 정의에 대해 추론적 앎[比知]을 생기게 할 수는 있다.[6]

이하 유식에서의 식전변의 논의는 꿈속의 우리가 우리 자신의 의식 구조를 고찰함으로써 알아낼 수 있는 식의 일반적 구조이다.

6　『섭대승론』, 권상, 「응지승상」(『대정장』 31, 28하), 국역21, "由此比知, 菩薩若未得 眞如智覺, 於唯識義, 得生比知."

2장
식의 전변

1. 표층식과 심층식의 구분

유식이 인간 마음의 활동 중 가장 심층의 식으로 발견한 아뢰야식은 자아로 간주될 만한 특별한 실체가 아니다. 아뢰야식은 업(業)에 의해 형성된 업력인 종자의 흐름[잠재식]으로 존재하며, 또 동시에 중연을 따라 끊임없이 현상 세계로 구체화되는 심층식이다. 아뢰야식에 심겨지는 종자를 유식은 그것이 습관적인 기운이라는 의미에서 습기(習氣)라고도 한다. 행위 내지 업이 그 행위의 잔재 세력인 업력을 남기는 것이 훈습(熏習)이다. 마치 향 피운 방에 오래 있으면 향내가 옷에 스며들 듯이, 행위[업]는 그렇게 우리의 마음에 그 여력[종자]을 남기는데, 이 과정을 '현행훈종자'라고 한다. 그리고 그렇게 마음에 남겨진 종자가 마음 속에서 멸하지 않고 상속 전변하는 과정을 '종자생종자'라고 한다. 그리고 잠재적 종자가 구체적 식으로 일어나는 현행의 과정을 '종자생현행'이라고 한다. 현행훈종자로서 식에 종자를 남기는 식이 능훈식(能熏識)이고, 그 능훈식에 의해 훈습되는 종자를 받아들이는 식이 소훈식(所熏識)이다. 유식은 능훈식과 소훈식을 각각 다음과 같이 설명한다.

오직 칠전식과 그 심소만이 뛰어난 작용이 있어 …… 능훈이 될 수 있다.[7]

오직 이숙식[아뢰야식]만이 …… 종자를 훈습받을 수 있다.[8]

종자를 훈습하는 능훈식은 제6의식과 제7말나식의 칠전식이며, 그렇게 훈습되는 종자를 받아들이는 소훈식은 제8아뢰야식이다. 제6의식과 제7말나식이 제8아뢰야식에 종자를 심고, 제8아뢰야식은 그 종자를 받아들이는 것이다.

그러나 제6의식과 제7말나식은 단지 새로운 종자를 훈습하기만 하는 것이 아니라, 그 자체 이미 내재해 있던 종자가 구체화되는 현행식이기도 하다. 그리고 제8아뢰야식도 단지 훈습된 종자를 함장하고만 있는 잠재식에 그치는 것이 아니라, 그 훈습된 종자가 구체화되는 현행식이기도 하다.

---

7 『성유식론』, 권2(『대정장』 31, 9하–10상), 국역87, "唯七轉識, 及彼心所, 有勝勢用 … 可是能熏" 여기에서 유식은 능훈이 될 수 있는 네 가지 조건(能熏四義)을 제시하는데, 그것이 바로 有生滅, 有勝用, 有增感, 所熏化合而轉이다. 능훈은 상주하지 않고 생멸이 있어야 하므로 불변의 무위법은 이로부터 제외된다. 능훈은 종자를 생성시킬 만한 뛰어난 작용력이 있어야 하는데, 아뢰야식은 세력이 미약해 이로부터 제외된다. 뛰어난 작용력과 더불어 찰나마다의 증감이 있어야 한다. 佛果의 善法은 부증불감이어서 능훈이 못된다. 소훈과의 화합성은 소훈과 시간 공간을 함께하여 하나도 아니고 분리된 것도 아니어야 함을 뜻한다. 이러한 능훈의 자격을 갖춘 것은 소훈의 아뢰야식과 함께 하되 작용력을 가지면서 생멸하고 증감하는 식, 즉 의식적이고 의지적인 7전식이 된다. 따라서 7전식만이 의업 또는 의업에 기반한 업을 지을 수 있으며, 따라서 업력의 종자를 산출할 수 있는 능훈식인 것이다.

8 『성유식론』, 권2(『대정장』 31, 9하), 국역87, "唯異熟識, … 可是所熏" 여기에서 유식은 소훈처가 될 수 있는 조건인 所熏四義로 堅住性, 無記性, 可熏性, 化合性을 든다. 견주성은 그 안에서 종자를 유지하기 위해서 종자를 담고 있는 식은 견고하게 머물러 상속되어야 한다는 것이다. 이로써 7전식과 그 외 감각 기관이나 감각 대상 등 색법은 이로부터 제외되게 된다. 무기성은 선이나 악의 종자를 훈습받을 수 있기 위해 그 식 자체는 無記이어야 함을 뜻한다. 가훈성은 그 법이 타의존적이 아니고 自在하되 凝然常住해서는 안된다는 것을 뜻하며, 이로써 자재적이 아닌 心所法와 응연상주하는 無爲法은 이로부터 제외된다. 화합성은 능훈과 동시 동처에 있을 수 있어야 한다는 것이다. 따라서 이런 조건을 갖춘 아뢰야식만이 종자가 훈습되는 소훈처가 될 수 있다고 논한다.

따라서 종자생현행에서의 현행식은 7전식과 제8아뢰야식 등 모든 식이 된다. 이상 종자와 식의 관계를 도표화해 보면 다음과 같다.

현행(제6의식과 제7말나식)   **현행**(제8아뢰야식 : 현행식으로서의 아뢰야식)
　↓ 훈　　　　　　　　　　↑ 생
종자 → 종자 ⋯ 종자 → 종자(종자식 : 잠재식으로서의 아뢰야식)
　생　　　생　　　생

　현행식을 육식과 제7말나식을 포함하는 7전식(轉識)과 제8아뢰야식으로 구분하는 것은 우리의 식의 작용이 크게 두 차원으로 구분되기 때문이다. 우리가 눈을 뜨고 세계를 바라보거나 분석할 때, 우리에게 세계는 우리의 의식 작용과는 독립적으로 그 자체 존재하는 것처럼 주어진다. 우리는 주어진 세계 중의 일부에 주의를 집중해서 의식 대상으로 삼으면서 그것을 보거나 듣거나 생각하거나 하는 것이다. 그와 같은 감각이나 지각 또는 사유 작용을 통해 세계에 대한 정보를 얻게 되며, 우리 안에 그 정보가 감각적 표상이나 개념으로 축적된다. 그런데 우리가 주의집중해서 그로부터 정보를 얻게 되는 대상 세계는 실은 배경으로부터 두드러진 전경에 해당하며, 그 전경은 의식되지 않은 배경을 바탕으로 하고 있다. 마치 그림에서 눈에 띄는 것은 전경의 색깔이되 그것의 기반이 되는 바탕색은 의식되지 않는 것처럼, 정보는 전경으로부터 제공될 뿐이며 그 바탕이 되는 배경은 의식되지 않은 채 머물러 있다.
　그렇다면 우리의 표층적 의식 활동의 대상이 되는 세계에 대해 그 배경이 되는 세계는 어떤 세계인가? 그것은 정말로 우리의 식과 독립적으로 그 자체로 존재하는 세계인가? 유식은 그렇지 않다고 본다. 전경의 세계가 의식된다는 것은 그 배경의 세계 또한 우리에게 식으로 주어져 있다는 것을 의미한다. 전경을 대상으로 인식하는 식이 의식과 말나식의 표층적 식이라면, 배경과 관계하는 식은 심층의 아뢰야식이다. 유식은 표층적 식이 인식하는 세계에 대해 그 배경이 되는 세계 자체를 심층 아뢰야식이 그린 영상, 즉 식일 뿐이라고 간주한다. 의식의 배경이 되는 세계는 식의 변현이고 식의 영상이지, 식 바깥에 식과 독립적으로 존재하는 객관 세계가 아니라는 것이다. 다만 아뢰야식이 표층적 의식과 달리 심층의 식이므로, 우리가 그 식을 식으로서 자각하지 못할 뿐이다. 식으로서 자각하지 못한다고 해도, 식의 활동이 있기에 그 식이 그린 영상인 세계에 대한 식은 가지고 있다. 식을 식으로서 자각하지 못하기에, 세계를 식의 변현으로 알지 못하고 식 바깥의 객관 실재로 아는 것이다. 이렇게 보면 제6의 식과 제7말나식의 표층 현행식이 대상으로 삼는 세계는 심층의 제8아뢰야식이 그려놓은 더 큰 세계를 배경으로 하는 전경의 세계이다. 따라서 표층의 7전식과 심층의 아뢰야식을 구분하여 도표화해 보면 다음과 같다.

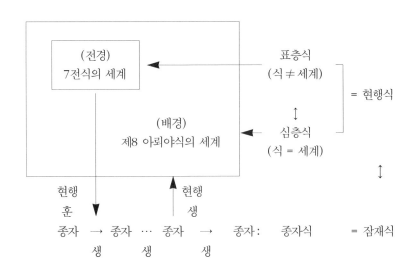

이와 같이 현행식은 7전식의 현행식과 아뢰야식의 현행식으로 구분된다. 종자가 구체화되는 현행에 있어 그 현행 방식이 서로 다른 것이다. 종자의 현행이 곧 식의 전변이므로, 따라서 유식은 식의 전변을 크게 두 종류로 구분한다.

유루식의 전변에는 간략히 말해 두 종류가 있다. 하나는 인연의 세력에 따라 전변하는 것이고, 다른 하나는 분별의 세력에 따라 전변하는 것이다.[9]

인연의 세력에 따라 전변하는 것은 아뢰야식의 전변이며, 분별의 세력에 따라 전변하는 것은 칠전식의 전변이다. 이하에서는 이 두 과정을 구분하여 살펴보기로 한다.

2. 아뢰야식의 인연변(因緣變): 견분과 상분

종자가 구체화되는 현행식 중 가장 기본적인 식은 아뢰야식이다. 세계가 식이 그린 영상이라고 할 때, 그러한 영상의 세계를 그리는 식은 다름아닌 아뢰야식이다. 아뢰야식은 12지 연기 중의 한 지인 식으로서 종자의 업력에 따라 명색과 육입처의 근을 형성하는 식이며 또 그에 따라 근에 상응할 현상 세계를 형성하는 식이다. 아뢰야식이 세계를 그려내는 것을 아뢰야식의 변현이라고 한다.

아뢰야식의 변현은 그 안에 함장되어 있던 종자가 현행화하는 과정이

9 『성유식론』, 권2(『대정장』 31, 11상), 국역97, "有漏識變, 略有二種. 一隨因緣勢力故變, 二隨分別勢力故變."

다. 종자에 의해 세계가 영상으로 그려지면 그 대상 세계와 마주하여 그 세계를 인식하는 주관의 활동이 일어나게 되는데, 이와 같이 아뢰야식의 변현은 아뢰야식 자체가 객관과 주관의 모습으로 이원화되는 과정이다. 식의 전변은 곧 식 자체가 주와 객의 두 부분으로 나뉘는 과정이다.

변(變)은 식의 본체가 두 부분으로 전(轉)하는 것을 뜻한다.[10]

그 두 부분 중 객관의 부분을 상분(相分)이라고 하고, 주관의 부분을 견분(見分)이라고 한다. 상분은 인식되는 세계인 소연상으로 나타나고, 견분은 그것을 인식하는 주관인 능연상으로 나타난다.

유루식 자체가 생할 때에는 언제나 소연과 능연의 상이 나타난다. ······ 소연처럼 나타나는 상을 상분이라고 하고, 능연처럼 나타나는 상을 견분이라고 한다.[11]

아뢰야식이 주객으로 이원화됨으로써 견분과 상분이 발생한다는 것은 곧 식이 활동하여 현상 세계(상분)를 그려내면서 그 세계 속에서 그 세계를 객관 대상으로 인식하는 주관적 자아 의식(견분)을 형성한다는 것이다. 그렇게 해서 주객 통합의 마음이 발하여 주객 이원화, 나와 세계의 대립이 형성된다. 그 객관적 상이 상분이고, 그 주관적 상이 견분이다. 그렇게 견분과 상분으로 전변하는 아뢰야식 자체의 활동성을 아뢰야식의 자

10 『성유식론』, 권1(『대정장』 32, 1상중), 국역16, "變謂識體轉似二分."
11 『성유식론』, 권2(『대정장』 32, 10상), 국역90, "有漏識 自體生時, 皆似所緣能緣相現, ··· 似所緣相, 說名相分. 似能緣相, 說名見分."

증분(自證分)이라고 한다. 아뢰야식의 견분은 주관의 위치에서 객관을 의식하는 능동적 작용이며, 이를 식의 행상이라고 하고, 아뢰야식의 상분은 견분에 의해 대상으로 취해진 것, 즉 식의 소연을 말한다. 이를 다음과 같이 도표화해 볼 수 있다.

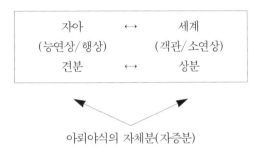

유식은 아뢰야식의 견분과 상분, 행상과 소연을 좀더 구체적으로 다음과 같이 설명한다.

> (문) 아뢰야식의 행상과 소연은 무엇인가? (답) 알기 어렵다고 말한 집수(執受)와 처(處)와 요(了)가 그것이다. 요(了)는 요별(了別)을 뜻하며, 그것이 곧 행상이다. 식이 요별을 행상으로 삼기 때문이다. 처(處)는 처소(處所)를 뜻하는데, 그것이 곧 기세간(器世間)이다. 유정이 의지하는 처소이기 때문이다. 집수에는 둘이 속한다. 종자(種子)와 유근신(有根身)이 그것이다.[12]

12 『성유식론』, 권2(『대정장』 31, 10상), 국역89, "此識行相 所緣云何? 謂不可知 執受處了. 了謂分別, 卽是行相. 識以了別爲行相故. 處謂處所, 卽器世間. 是諸有情所依處故. 執受有二, 謂諸種子 及有根身.

여기서 아뢰야식의 견분과 상분으로 언급된 것을 간단히 정리하면 다음과 같다.

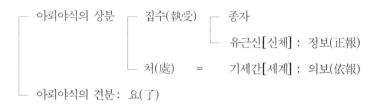

아뢰야식의 상분 중 집수는 집착적으로 받아들여지고 간직되는 것을 뜻한다. 아뢰야식이 종자를 함장하고 붙잡고 있으므로 우선 종자가 아뢰야식의 집수가 된다. 그리고 개체적인 신체와 그 개체가 인식하는 세계가 모두 아뢰야식의 변현 결과인 상분이다. 개체 존재를 유근신(有根身)이라고 하는 것은 개체가 근을 가진 몸이라는 의미에서이다. 유식은 유정의 몸을 아뢰야식의 전변 결과, 즉 아뢰야식 내 종자의 현행으로 간주한다. 유정이 어떤 근을 가진 몸으로 태어나는가는 그 유정을 형성할 업력에 의해 결정되는데, 그 업력이 바로 아뢰야식에 심겨진 업종자이기 때문이다. 종자의 업력에 따라 어떤 근의 신체를 갖는지가 결정된다. 선업을 지으면 삼선도에 태어나고, 악업을 지으면 악삼도에 태어난다는 것은 그런 세계를 지각할 수 있는 근을 갖춘 존재로 태어난다는 것을 의미한다. 이것이 바로 연기에 있어 식에서 명색으로 그리고 육입처로의 진행이 의미하는 바이다. 아뢰야식 내 종자의 업력에 따라 유정의 명색이 결정되며 그렇게 해서 유정의 육입처가 형성되는 것이다. 육입처가 곧 여섯 가지 근으로서 유근신을 이룬다. 이렇게 식으로부터 형성되는 오온 내지 육입처가 바로 아뢰야식의 상분인 유근신이며, 이를 업에 따르는 정당한 보라는 의미에서 정보(正報)라고 한다.

그 다음 그 근에 따라 그에 상응하는 세계가 그 중생이 의지하여 사는 처인 기세간(器世間)으로써 형성된다. 육입처가 형성됨으로써 중생은 자신의 육근(六根)에 상응하는 육경(六境)의 세계 속에 살게 된다. 그것이 바로 기세간이다. 보는 눈이 있는 자에게만 세계는 색깔과 모양이 있는 색경(色境)이고, 듣는 귀가 있는 자에게만 세계는 소리가 있는 성경(聲境)이다. 그리고 생각하는 의(意)가 있는 자에게만 세계는 법으로의 질서를 갖춘 일정한 의미체의 법경이 되는 것이다. 그러므로 중생이 그 안에 살게 되는 기세간 또한 그 중생 안에 내재된 종자의 발현인 것이다. 유근신은 중생의 개별적인 특수한 업에 따른 보이며, 기세간은 그 처에 속하는 모든 중생들이 공통적으로 지은 업에 따른 보이다. 따라서 유근신의 보를 낳는 업을 공통적이지 않은 업이란 의미에서 불공업(不共業)이라고 하고, 기세간의 보를 낳는 업을 공통적인 업이란 의미에서 공업(共業)이라고 한다. 불공업에 따라 형성된 보인 유근신이 업의 정당한 보로서 정보(正報)라면, 공업에 따라 형성되는 보인 기세간은 유근신의 유정이 그 안에 의거하여 살게 될 보라는 의미에서 의보(依報)라고 한다.

이와 같이 종자 그리고 유근신과 기세간이 아뢰야식의 상분이라면, 그런 상분을 다시 의식하고 포착하는 식이 곧 아뢰야식의 견분이 되는데, 유식은 이 주관적 작용을 이해와 요별이란 의미에서 요(了)라고 부른다. 아뢰야식의 견분은 바로 요(了)이다. 상분이 그려짐으로써 그것을 대상으로 요별하는 주관적 작용이 있게 된다. 종자나 유근신이나 기세간이 그런 것으로 우리에게 포착될 수 있는 것은 아뢰야식의 주관적 견분 작용인 요가 있기 때문이다.

아뢰야식의 현행화는 곧 종자의 현행화이다. 그렇다면 아뢰야식의 견분과 상분은 각기 어떤 종자들이 현행화한 것이라고 볼 수 있는가? 우선 유식은 종자를 크게 두 종류로 구분한다. 종자를 훈습케 하는 행위의 선악에 따라 그로부터 심겨진 종자의 선악이 동일하게 남는 종자를 '같은 종류의 종자'라는 의미에서 등류종자(等類種子), 등류습기라고 하고, 행위의 선악과 달리 선도 악도 아닌 무기로 남겨지는 종자를 '다르게 익은 종자'라는 의미에서 이숙종자(異熟種子) 내지 업종자(業種子)라고 한다.

등류습기는 7전식에 의해 훈습된 종자로서 명언습기 또는 명언종자라고도 한다. 종자는 식에 남겨지는 정보라고 볼 수 있는데, 정보가 언어의 형식인 명언(名言)으로 존재하기에 명언종자라고 하는 것이다. 명언종자를 또한 이취(二取) 습기라고도 하는데, 이는 각 식이 주관(견분)과 객관(상분)이라는 두 방식으로 작용하여 그 각각의 종자를 남기기 때문이다. 의식이나 말나식이 작용하면, 그 작용의 결과가 종자의 형태로 아뢰야식에 남겨진다. 그러다가 우리는 다시 그 종자의 정보에 따라 세계를 그려내게 되는데, 그렇게 세계를 그리는 식이 바로 현행 아뢰야식이다. 결국 우리가 표층적으로 세계를 감각하고 지각하고 인식한 결과가 종자로서 우리의 마음 심층에 주어지고, 우리는 다시 그 심층 종자에 따라 그런 식으로 감각되고 인식될 수 있는 세계를 그려내는 것이다. 이런 방식으로 종자는 대상 세계(상분)로 화하게 되는데, 구체적인 감각적 대상 세계[五境]로 화할 종자를 '대상으로 현현하는 명언종자'라는 의미에서 현경명언종자(顯境名言種子)라고 하고, 추상적인 의미체(법경)로 화할 종자를 '뜻을 나타내는 명언종자'라는 의미에서 표의명언종자(表意名言種子)라고 한다. 나아가 그러한 대상 세계와 대립하여 있는 자아 의식(견분)으로 화할 종자를 '자아의 집착을 일으키는 종자'인 아집종자(我執種子)라고도 한다. 이처럼 7전식의 작용에 따라 훈습되고 다시 또 그 방식으로 대상과 자아 의식으로 현행화되는 종자를 같은 종류의 결과를 낳는 종자이기에 등류종자라고 하고, 명언의 형식으로 훈습되고 현행되는 것이기에 명언종자라고도 한다.

반면 선악의 업에 의해 심겨지되 그 종자 자체는 선악으로 규정될 수 없는 이숙종자는 그것이 바로 생명체의 오온을 형성하는 종자이기에 업종자라고도 한다. 이 업종자는 전생의 업력을 담지하고 그 다음 생을 이끌어 오는 식을 형성하는 종자이다. 업종자는 오직 의식적 행위인 제6의식의 업에 의해서만 마음에 심겨지게 된다. 무의식적 번뇌나 집착에 물든 제7말나식의 행위는 업종자를 남기지 않는다. 그리고 업종자는 선하거나 악한 업에 의해 심겨짐에도 불구하고 그것이 무기 형태의 보를 낳게 된다. 선업 또는 악업에 따라 형성된 다음 생의 오온은 업에 따라 즐겁거나 괴로운 차이를 가질 수는 있어도, 그 자체는 선도 악도 아닌 무기라는 말이다. 이상 종자를 간략히 도표화해 보면 다음과 같다.

다시 요약해 보면 아뢰야식의 활동은 견분과 상분으로의 이원화이며, 이 때 상분은 나의 몸(유근신)과 그 신체가 의지하여 사는 세계(기세간) 및 법경이고, 견분은 그러한 나와 세계를 대상으로 인식하는 자아 의식이다. 상분으로 화하는 종자 중 물리적 세계를 형성하는 종자는 색종자(色種子)이며, 그 외의 법경을 구성하는 종자 또는 요별의 견분 작용으로 화

하는 종자는 심리적 존재를 형성한다는 의미에서 심종자(心種子)라고 할 수 있다. 유식은 종자와 현행의 관계에 있어 색심호훈설을 주장한 경량부와 달리 색종자는 오직 색법으로만 현행화되고, 심종자는 오직 심법으로만 현행화된다고 주장한다. 종자는 그것이 외적 신체나 외부 대상 세계로 변현할 색종자이든 심리적 현상으로 변현할 심종자이든 모두 아뢰야식 내에 함장되어 상속전변할 것들이지만, 색종자는 색으로 변현하고 심종자는 심으로 변현한다고 보는 것이다. 유식에 있어 색과 심의 구분은 그 둘을 포괄하는 심, 즉 아뢰야식이라는 더 큰 범위 안에서의 구분이 된다.

3. 말나식과 의식의 분별변(分別變): 아집과 법집

그렇다면 현상을 구성하는 아뢰야식의 활동, 세계를 영상으로 그려내는 아뢰야식의 활동은 우리에게 왜 그런 것으로서 직접적으로 의식되지 않는 것인가? 그것이 우리 자신의 마음의 활동이라면, 왜 우리 자신에게 알려지지 않는 것인가? 그것은 아뢰야식 자체 또는 달리 말해 아뢰야식이 식전변한 결과인 세계 자체가 한계가 없이 무한한 것으로 우리에게 주어지기 때문이다. 즉 우리가 우리 자신의 마음인 아뢰야식의 한계 너머로 나아가지 못하기 때문이다. 한계를 경험하지 못하면, 그것과 그것 아닌 것과의 차이를 경험하지 못하면, 다시 말해 그것이 곧 편재된 전체이면, 우리는 아무리 그 안에 있어도 그것을 그런 것으로서 알 수가 없다. 따라서 아뢰야식의 활동은 바로 우리 자신의 마음의 활동임에도 불구하고 우리의 일상 의식에게는 가리워져 있는 것이다.

우리가 존재하는 것으로서 의식하게 되는 것은 한계지어진 것, 이원화된 것, 제한된 것들일 뿐이다. 이원화된 결과는 그 제한선을 통해 각각 존재하는 것으로서 의식되지만, 이원화하는 활동 자체, 그러한 마음의 활동 자체는 그것이 무한하기 때문에, 제한선이 없기 때문에, 존재하는 것으로서 포착되지 않는다. 우리 자신이 마음이기에 그 마음의 경계 밖으로 나가지 못하므로, 마음의 활동을 그런 것으로서 자각하기 힘든 것이다. 이것이 바로 우리의 우리 자신에 대한 무지, 즉 근본 무명(無明)이다. 우리가 우리 자신의 마음의 활동을 모르기 때문에, 즉 유근신과 기세간 그리고 그것을 요별하는 마음 작용이 식의 전변 결과인 상분과 견분이라는 것을 모르고, 그 각각을 서로 독립적으로 존재하는 별개의 세계와 별개의 나로 간주하는 것이다.

> 내적인 식이 외적인 대상으로 사현한다. 아와 법으로의 분별에 따라 훈습된 세력에 의해서 모든 식이 일어날 때 아와 법처럼 변현하게 된다. 이 아와 법의 모습은 내적 식에 있음에도 불구하고 분별에 의해 외적 대상처럼 나타나는 것이다. 모든 유정류가 무시 이래로 이것[식의 변현]을 반연하여 실아와 실법이라고 집착하니, 이는 마치 병이나 꿈을 꾸면 병이나 꿈의 세력에 의해 그 마음이 갖가지 외적 대상의 모습으로 나타나는데, 그것을 연하여 실유의 외적 세계라고 집착하는 것과 같다.[13]

아뢰야식의 변현에 의해 견분과 상분이 나타나는데, 유정이 그 사실을 모르고 그 식소변을 마치 외적인 대상처럼 간주하여 실아와 실법으로 고집

---

13 『성유식론』, 권1(『대정장』 31, 1중), 국역17, "內識轉似外境. 我法分別熏習力故. 諸識生時變似我法. 此我法相. 雖在內識. 而由分別似外境現. 諸有情類. 無始時來. 緣此執爲 實我實法. 如患夢者. 患夢力故. 心似種種 外境相現. 緣此執爲, 實有外境."

하는 것이 문제이다. 이처럼 유식성을 모르고서 아뢰야식의 식소변인 견분과 상분을 실유의 객관적 존재로 잘못 분별하여 집착하는 것을 망분별과 망집착이라고 한다. 유식은 이러한 아집과 법집을 의(意)의 작용으로 간주한다. 일반적으로 의식이란 대상 의식이다. 즉 대면해 있는 대상을 분별하고 종합하여 개념적으로 인식하는 식이다. 의식의 대상은 법경(法境)이고, 의식이 의지하는 근이 곧 의근(意根)이며, 그런 대상 의식을 제6의식이라고 한다. 그런데 대상 의식은 대상을 의식하는 그 순간 그처럼 대상을 의식하는 자로서의 자기 자신에 대한 의식을 갖지 않을 수 없다. 이것이 바로 대상을 의식하는 의(意) 자신의 자기 의식이다. 이런 의의 자기 의식을 인도에서는 의의 대상 의식인 제6의식과 구분하기 위해 그냥 의(意)라고 불렀으며, 이것을 중국인은 그대로 음역하여 말나식이라고 부른다. 이것이 제6의식 다음의 식이라는 의미의 제7말나식이다.

아뢰야식의 활동성 자체가 우리에게 의식되지 않으므로, 그 아뢰야식의 변현으로 형성되는 유근신이나 기세간 또는 그 요별 작용은 우리에게는 마치 우리 자신의 마음과 상관없이 그 자체로 존재하는 것처럼 여겨진다. 이와 같이 아뢰야식의 전변 결과인 견분과 상분을 각기 독립된 실체인 아와 법으로 간주하는 것이 바로 말나식의 작용이다. 말나식은 아뢰야식의 작용을 모르기에 따라서 그 전변 결과인 아뢰야식의 견분과 상분을 바로 그런 것으로 알지 못하고, 오히려 식 바깥에 객관적으로 존재하는 것으로 잘못 안다. 그래서 그것을 실체적 아와 실체적 법으로 간주하는 것이다. 이로부터 아와 법에 집착하는 아집과 법집이 일어난다. 결국 우리가 우리 자신의 마음의 활동성을 자각하여 알지 못하는 한계, 자기 자신의 마음에 대한 무지인 무명으로 인해 아집과 법집이 성립하는 것이다.

나아가 말나식의 아집 법집에 근거하여 또 다시 제6의식 차원에서 의식적이고 개념적인 아집과 법집이 더해져서 분별과 집착이 증폭된다. 의식 차원에서 자아가 정신적 실체로서 실재한다는 학설 또는 외부 세계가 물질적 실체로서 실재한다는 학설들이 개발되고 교육됨으로써, 말나식에 근거한 자연적 집착보다 더 심각한 망분별이 일어나는 것이다. 이와 같이 아뢰야식의 식소변을 바로 그런 것으로 제대로 알지 못하고 그 각각을 자아와 세계로 망분별하여 집착하는 것이 바로 의식과 말나식이다.

아뢰야식의 변현 결과 :　　　　견분　　　　+　　　　상분

　　　　　　　　　　　　　　　↑　　　　　　　　↑

말나식과 의식의 분별 : 견분을 실아로 간주　　　상분을 실법으로 간주

　　　　　　　　　　　= 아집　　　　　　　= 법집

　말나식이나 의식이 분별하여 자아나 세계로 집착하는 것은 실제로는 그보다 더 심층의 식인 아뢰야식이 변현하여 형성해 놓은 견분과 상분일 뿐이다. 심층의 아뢰야식이 자각되지 않음으로 해서, 그 변현 결과인 견분과 상분을 실체적 자아와 실체적 세계로 간주하게 되는 것이다. 그러므로 그러한 망분별과 망집을 벗어나기 위해 요구되는 것은 마음이 마음의 자기 활동성을 바로 그런 것으로서 바르게 자각하는 것, 따라서 아와 법이 식의 소변일 뿐이고 그 자체 실유가 아니라는 것을 깨닫는 것이다. 아와 법이 실유가 아니라 식의 변현인 가유일 뿐이라는 것, 가아이고 가법이라는 것, 그 아공과 법공을 깨닫는 것이다. 이처럼 나와 세계, 아와 법의 실상을 제대로 아는 것은 곧 아와 법으로 전변하는 식의 실성을 제대로 아는 것이 된다. 이 식의 성을 유식은 세 가지 성으로 설명한다.

3장
식의 삼성

1. 의타기성과 변계소집성

근본 불교에서 연기는 일체 존재가 그 자체의 자성을 가지지 않고 중연이 화합하여 생기한다는 것을 의미한다. 따라서 어느 것도 그 자체 자립적인 실체로서 존재하는 것이 아니고, 다른 것을 연하여 인연 화합의 결과로 발생하는 것이다. 그러므로 인연 화합물인 현상 세계는 무자성(無自性)의 가(假)이다. 이 연기적 성격을 유식은 다른 것인 타(他)에 의거하여 발생한다는 의미에서 '의타기성(依他起性)'이라고 한다.

연을 따라 생하므로 의타기라고 한다.[14]

그런데 근본 불교가 설하는 연기의 12지 중 하나가 바로 식(識)이다. 명색과 유근신을 비롯한 현상 세계를 성립시키는 근본적인 연을 식으로

14 『성유식론』, 권8(『대정장』 31, 46상), 국역342, "從緣生故, 亦依他起."

간주하는 것이다. 다시 말해 현상 세계는 식에 의거하여 발생한 것이며, 식을 떠나 그 자체로 존재하는 것이 아니다. 그러므로 현상 세계는 식을 떠난 객관 실유가 아니라는 의미에서 비실유(非實有)의 가(假)이다. 유식은 바로 이 점을 강조하면서, 현상 세계를 성립시키는 연기를 의타기성으로 해석하고 의타기성을 다시 유식성으로 해명한다. 식의 삼성에서 의타기성은 바로 유식성이다. 유식은 우리가 일상적으로 자아와 세계라고 생각하고 집착하는 것이 사실은 우리 자신의 마음이 그린 영상이라는 것, 마음을 떠난 객관 실재가 아니라는 것, 자아와 세계는 실아와 실법이 아니고 마음이 그린 영상이며 아뢰야식의 전변 결과라는 것, 아뢰야식의 견분과 상분 이외의 다른 것이 아니라는 것을 강조한다.

그런데 문제는 일반 범부는 이러한 유식성을 모른다는 것이다. 즉 의타기성을 모르고 연기를 모른다. 근본 불교에 있어 일체가 연기에 의해 형성된 것이라는 사실을 모르는 것이 바로 무명(無明)이다. 이 무명에 근거해서 중생의 번뇌와 업이 발생하고 업에 따라 윤회가 성립한다. 유식에 따르면 연기를 모르는 것은 곧 의타기성을 모르는 것이고 유식성을 모르는 것이다. 유식성을 모르고, 자아와 세계, 아와 법을 실아와 실법으로 간주하여 아집과 법집을 일으키며, 그 분별과 집착으로 인해 번뇌 속에서 괴로워하며 업을 짓고 윤회하는 것이 일반 범부인 것이다. 이처럼 의타기를 모름으로써 성립하는 식의 또 다른 특징을 변계소집성(遍計所執性)이라고 한다. 현상 세계가 무자성이고 비실유라는 것을 모르고, 치우쳐 분별하는 것이 변계이며, 그 분별에 따라 집착하게 되는 것이 변계소집이다. 그것은 아무런 자성도 실유성도 없는 것을 분별하고 집착하는 것이기에 망분별이고 망집인 것이다.

각종 변계[분별]에 의해 각종 사물을 변계한다. 그렇게 변계소집된 것은 자성이 있지 않다.[15]

변계소집성은 식의 실성인 의타기성 내지 유식성을 알지 못하는 무명으로 인해 발생하는 망분별과 망집착이다. 다시 말해 현상 세계, 아와 법이 제8아뢰야식의 식소변이라는 것, 아뢰야식의 견분과 상분이라는 것을 알지 못하고 그것을 실유의 존재인 실아와 실법으로 실체화하는 것이다. 이는 견분과 상분으로 이원화하여 아와 법으로 사현하는 식이 심층의 미세한 식으로 전체에 퍼져 있을 뿐, 의식적 분별을 따라 경계지어져서 표층으로 부각되지 않기 때문이다. 따라서 변계소집하는 식은 심층의 아뢰야식을 그런 것으로서 자각하지 못하는 표층의 거친 식이다. 이런 의미에서 유식은 유식성을 모르는 변계소집의 식을 제6의식과 제7말나식이라고 설명한다.

오직 제6식과 제7식의 심품에만 능히 변계함이 있다.[16]

심층의 제8아뢰야식의 전변 작용을 의식하지 못하는 의식이나 말나식은 둘 다 망분별과 망집착을 일으키는 거친 식이다. 그러한 허망한 분별 중 제6의식의 분별은 의식적인 사유 과정을 통해 형성되는 분별로 이는 습관적으로 그렇게 생각하거나 또는 특별한 이론 체계를 배움으로써 행하게 되는 분별과 집착이다. 반면 제7말나식의 분별과 집착은 의식적으로 생각하거나 배우기 이전에 이미 선천적으로 타고난 분별과 집착이다. 사

15 『성유식론』, 권8(『대정장』 31, 45하), 국역337, "由彼彼遍計, 遍計種種物. 此遍計所執, 自性無所有."
16 『성유식론』, 권8(『대정장』 31, 46상), 국역340, "唯於第六 第七心品, 有能遍計."

람은 배우거나 배우지 않거나 이미 세계는 저 밖에 있고, 나는 그 세계 안에 있으며, 자아와 세계는 그 자체로 실재하는 것이라는 망분별과 망집착을 가지고 사는 것이다. 그리고 다시 그런 자연적인 망분별과 망집착에 기반을 둔 이론 체계들, 유물론이나 실재론적 체계들을 설립하고 그것을 전파하고 배움으로써 다시 그런 망분별과 망집착을 더욱 견고하게 만드는 것이다.

아뢰야식을 자각하지 못하므로, 아와 법이 실아와 실법이 아니라 바로 심층의 아뢰야식의 견분과 상분일 뿐이라는 것, 그 점에서 가아와 가법이라는 것을 알지 못한다. 의타기와 유식성을 모르기 때문에 분별 집착의 변계소집에 빠져드는 것이다. 그렇다면 의타기와 유식성을 깨달아 변계소집을 벗어나면, 식은 어떤 성품을 띠게 되는가?

2. 의타기성과 원성실성

의타기를 안다는 것은 곧 연기를 아는 것이고 유식성을 아는 것이다. 아와 법, 자아와 세계가 아뢰야식의 식소변인 견분과 상분임을 아는 것이다. 종자의 세력에 의해 견분과 상분으로 이원화하면서 나와 세계를 형성하는 아뢰야식의 활동성 자체는 아뢰야식의 자증분이다. 연에 따라 의타기하여 나와 세계를 그려내는 것이다.

문제는 그 의타기를 모르기에 나와 세계를 실아와 실법으로 분별 집착하는 것인데, 이는 곧 나와 세계를 형성하는 꿈을 꾸면서 그게 꿈이라는 사실을 모르고 꿈속의 나와 세계를 실아와 실법으로 간주하는 것과 같다. 의타기하여 나와 세계를 그리는 아뢰야식의 활동은 꿈을 꾸되 세계가 꿈인 줄을 모르는 채 계속 꿈속을 헤매게 되는 꿈꾸는 의식과 같다. 식전변하되 그 세계가 식소변이라는 것을 모르고 그 무명 속에서 세계에 매여 윤회하는 것이다.

여기서 유식이 아뢰야식의 의타기성을 설하는 것은 그 의타기의 연기를 고정불변의 법칙으로 확립하고자 해서가 아니라, 그것이 의타기의 꿈이라는 것을 알아 꿈에서 깨어나게 하기 위해서이다. 아뢰야식의 의타기를 의타기로 깨닫는 것은 꿈을 꿈으로 자각하는 것과 같다. 꿈을 꿈으로 자각하는 것은 계속 꿈꾸기 위해서가 아니라, 꿈에서 깨어나기 위해서이다. 이처럼 아뢰야식의 자증분(自證分)을 의타기의 활동성으로 자각하는 것은 자증분을 자각하는 증자증분(證自證分)에 해당하며 이는 곧 의타기의 꿈을 깨는 것, 의타기의 윤회를 벗어나는 것, 해탈을 의미한다.

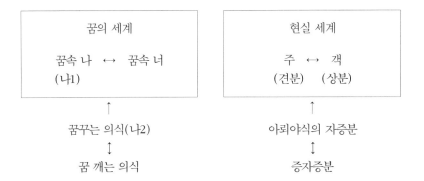

아뢰야식의 증자증분은 세계를 형성하면서 세계를 보는 눈인 아뢰야식이 보는 눈 자신을 자각하는 것과 같다. 그냥 세계를 보는 눈으로서 계속 보는 상태에 머물러 있는 것이 아니라, 보는 눈 자신을 바로 그런 것으로서 자각하고 의식하는 것이다.

불교에 따르면 자아는 처음부터 세계를 보는 눈으로, 마음으로, 식으로 존재한다. 따라서 보여진 세계 속 어디에도 자아는 존재하지 않으므로 불교는 언제나 무아를 설한 것이다. 불교는 보여진 세계로부터 물러나 자기 자신을 '세계를 보는 눈'으로서 자각하기를 강조한다. 그렇게 함으로써만 보여진 세계와 보여진 자아에 대한 집착을 벗고 고통을 벗으며, 업을 짓지 않아 자유로워지기 때문이다. 인간은 누구나 세계를 보는 눈으로 존재한다. 그런데도 자신을 그런 '보는 눈'으로 자각하지 못하고 세계 속의 일원으로 간주하는 것이 문제인 것이다. 스스로 세계를 보는 눈이며 따라서 보여진 세계 자체인데, 자신을 그런 존재로 알지 못하고 보여진 세계 속의 한 부분으로, 보여진 세계 속의 보여진 나로 간주하는 것이 문제인 것이다.

자신이 보는 눈이라는 것을 자각하는 것은 세계가 보여진 세계라는 것을 깨닫는다는 말이다. 유식성을 깨닫는다는 말이다. 이렇게 해서 유식성, 즉 의타기성을 의타기성으로 알게 되면 변계소집성을 떠나게 되며, 이를 원성실성(圓成實性)이라고 한다. 원성실성은 아와 법이 실아와 실법이 아니라는 아공과 법공을 깨닫는 것이며, 아와 법, 자아와 세계가 식소변이라는 것을 참되게 아는 것이다.

> 이공(二空) [아공과 법공]에서 나타나는 원만한 성취가 모든 법의 참다운 성품이므로 원성실성이라고 한다.[17]

이는 식이 자신을 보여진 세계 속에서 찾지 않는 것을 의미한다. 식이 근과 경의 매임으로부터 풀려나는 것, 보여진 세계에 매이지 않는 것을

17 『성유식론』, 권8(『대정장』 31, 46중), 국역343, "二空所顯 圓滿成就 諸法實性, 名圓成實."

의미한다. 식이 경에 매이지 않고, 그 경 너머로 나아가는 것이다. 따라서 경에의 집착과 매임을 벗은 식은 곧 해탈의 식이다.

이것[원성실성]은 의타기성에서 앞의 변계소집성을 멀리 떠난 것이다. 두 가지 공을 통해 드러나는 진여를 그 자성으로 삼는다.[18]

근경의 매임으로부터 풀려난 식, 번뇌와 집착을 벗은 식은 곧 해탈의 식이며, 그 마음이 곧 진여심이다. 일체의 유식성을 깨달아 변계소집을 벗어난 마음이 바로 원성실성의 진여이다.

18 『성유식론』, 권8(『대정장』 31, 46중), 국역344, "此卽於彼依他起上, 常遠離前遍計所執, 二空所顯 眞如爲性."

5부

무아론에 담긴 불교 존재론

1장
현상 세계 존재론: 5온 12처 18계

지금까지 4부에 걸쳐 근본 불교에서부터 유식에 이르기까지의 불교 무아론을 살펴보았다. 그런데 불교의 무아론은 단지 자아의 존재만을 문제삼는 것이 아니라, 자아를 포함하는 세계와 우주 전체의 존재를 논하는 존재론이며 형이상학이다. 본 장에서는 지금까지 논의된 내용들 중에서 존재에 관한 것들을 좀더 상세히 논하여 불교 존재론의 윤곽을 그려보고자 한다.

불교에서 '오온(五蘊)'은 자아를 설명하는 기본 개념이지만 그렇다고 자아 존재에만 국한된 개념은 아니다. 오온은 12처 18계와 더불어 자아뿐 아니라 존재하는 것 일체를 포괄적으로 설명하는 불교 존재론의 기본 개념이다.

오온의 온(蘊)은 산스크리트어 스칸다(skandha)의 번역어로 이전에 음(陰)·중(衆)·취(聚) 등으로 번역되던 것을 현장이 온(蘊)으로 번역한 것이다. 여러 인연이 모여 쌓인 것, 즉 중연(衆緣)의 취집(聚集)을 의미한다. 오온이라는 말은 그것이 인연 화합으로 만들어진 것, 조작된 것, 유위(有爲)라는 말이다. 그런데 오온은 다섯 가지가 모여 쌓였다는 의미에서 오온일 뿐 아니라, 그 다섯 가지 각각도 중연이 화합하여 이루어진 것으로서 색온 · 수온 · 상온 · 행온 · 식온이며, 이들이 합하여 오온이 된다. 그렇다면 각각의 온은 무엇을 인연으로 하여 존재하는 것인가?

오온의 첫 항인 색온은 물질의 기본 요소인 지(地) · 수(水) · 화(火) · 풍(風)의 사대(四大)[1]로 만들어져서 대상적으로 존재하는 것[有對]이다. 색온은 인간의 감각 기관에 해당하는 안 · 이 · 비 · 설 · 신의 5근(根)[2]과 그 각각의 근에 상응하는 각각의 대상인 색 · 성 · 향 · 미 · 촉의 5경(境)을 포함한다. 감각에서의 주관적 인식 능력과 그에 상응하는 객관적 감각 대상이 색온[3]에 속한다. 색온은 그 자체가 이미 지수화풍 사대가 인이 되

---

1 색을 이루는 사대(四大)는 地水火風을 뜻하는데,『雜阿含經』에서 이미 사대인 지수화풍은 가시적 사물이 아니라, 그것으로 대변되는 네 가지 성질인 堅濕暖動의 四性을 의미하고 있다. 사대를 안근의 대상으로서의 가시적인 색경으로 분류하지 않고 身根의 대상으로서의 비가시적 촉경에 속하는 것으로 분류한 것을 보면 그렇다. 구체적 사물은 눈으로 볼 수 있는 데 반해, 견습난동의 성질은 촉감에 속하기 때문이다(사대를 촉경으로 분류한 것에 대해서는『잡아함경』, 권13, 322 안내입처경,『大正新修大藏經』제2권, 91下 참조). 그런데 이 사대는 空界에 불어오는 유정의 業力에 의해 형성된 것이다. 지수화풍 4界와 그 바탕이 되는 空界 그리고 업력이 속하는 識界를 합하여 六界라고 한다.

2 사대소조의 오근(五根)인 감각 기관은 가시적인 신체의 일부를 뜻하는 것이 아니라, 그 자체 비가시적인 감각 능력을 의미한다. 따라서 이를 비가시적 정색으로 이루어진 "승의근"이라고 하고, 이를 그런 능력을 담고 있는 가시적 신체 기관인 비정색의 "부진근"과 구분하고 있다. 그 자체 비가시적이지만 물질적 색을 대상으로서 파악할 수 있는 능력이기에 그러한 감각 기관을 그 감각 대상[五境]과 마찬가지로 사대로 이루어진 색온으로 간주한 것이다.

3 색온에 포함되는 안이비설신 오근과 색성향미촉 오경은 서로 일대일 상응한다. 여기서 색이 두 가지 다른 의미로 사용됨을 볼 수 있다. 색온의 색은 5근 5경을 포괄하는 물질이란 의미의 색이며, 색경의 색은 안근의 인식 대상이 되는 색을 뜻한다. 색경의 색은 다시 顯色과 形色으로 구분되는데, 현색은 소위 색깔이며, 형색은 크기와 모양 등의 형태를 뜻한다. 불교는 기본 현색으로 靑 · 黃 · 赤 · 白 네 가지를 들고, 기본 형색으로 長 · 短 · 方 · 圓 · 高 · 下 · 正 · 不正 여덟 가지를 든다. 나아가 개별적인 사물을 사대 또는 사대에 의해 만들어진 것으로서 "색을 가진 것(諸所有色)"이라는 의미에서 그냥 '색'이라고 말하기도 한다. 이렇게 보면 색이라는 개념이 상당히 다의적으로 쓰임을 알 수 있다.

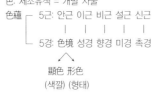

色: 제소유색 = 개별 사물
色蘊 ┬ 5근: 안근 이근 비근 설근 신근
     │   │   │   │   │   │
     └ 5경: 色境 성경 향경 미경 촉경
                 ⌒⌒
              顯色 形色
             (색깔) (형태)

고 연이 되어 모여 쌓인 것이므로 온이 된다.

  사대를 인으로 하고 사대를 연으로 하므로, 색온이라고 한다.[4]

  근과 경이 모이면 그 근에 의해서 그 경에 대한 식이 성립하게 된다. 예를 들어 눈과 색이 모이면 눈에 의해 색의 식인 안식(眼識)이 성립하고, 귀와 소리가 모이면 귀에 의해 소리에 대한 이식(耳識)이 성립한다.[5]

  눈과 색을 연하여 안식이 생한다.[6]

  근과 경 그리고 그 둘로 인해 발생하는 식, 이 세 가지가 화합하는 것을 촉(觸)이라고 한다.

  눈과 색을 연하여 안식이 생하며, 삼사(三事)가 화합하여 촉이 생한다.[7]

  근·경·식이 화합하는 촉이 발생하게 되면 그것으로부터 느낌과 표상과 행위가 발생하게 되는데, 이것이 각각 오온에서의 수온·상온·행온이다. 수온(受蘊)은 촉에 의한 상을 수동적으로 영납함으로써 생기는 느낌으로, 즐거운 느낌인 낙수(樂受), 괴로운 느낌인 고수(苦受), 즐겁지도

---

4 『잡아함경』, 권2, 58 「음근경」(『대정장』 2, 14하), "四大因, 四大緣, 是名色陰."
5 우리는 감각을 시각·청각·후각·미각·촉각의 다섯 감각으로 칭하는 데 반해, 불교는 이를 안식·이식·비식·설식·신식의 오식으로 칭하였다. 전자는 감각을 봄[視]이나 들음[聽] 등 식의 작용에 따라 칭한 것이고, 후자는 눈[眼]이나 귀[耳] 등 식이 의거하는 根에 따라 칭한 것이다. 다섯 감각과 구분되는 여섯 번째의 마음 작용을 현대에는 감각을 아는 지각 또는 이성을 통한 사유라고 부르지만, 불교는 이것을 뜻인 意根에 의거한 식이라는 의미에서 그 근을 따라 意識이라고 부른다.
6 『잡아함경』, 권3, 68 「육입처경」(『대정장』 2, 18상), "緣眼及色, 眼識生."
7 『잡아함경』, 권3, 68 「육입처경」(『대정장』 2, 18상), "緣眼及色, 眼識生, 三事和合, 生觸."

5부 무아론에 담긴 불교 존재론

225

괴롭지도 않은 느낌인 사수(捨受)로 구분된다.[8] 상온(想蘊)은 그 상(像) 내지 상(相)을 마음 심(心)에 능동적으로 떠올리는 마음 작용으로 이를 표상 작용이라고 볼 수 있다. 행온(行蘊)은 표상들을 가지고 마음의 작용을 조작하는 행위를 뜻한다.

식온(識蘊)도 온인 것은 그것이 인과 연이 화합하여 형성되는 것이기 때문이다. 불교는 식을 명(名)과 색(色)을 인연으로 하여 성립하는 것으로 설명한다.

> 명과 색을 인으로 하고 명과 색을 연으로 하므로, 이를 식온이라고 한다.[9]

여기서 명과 색이란 비물질적인 것[명]과 물질적인 것[색]을 칭하는 것이다. 그 둘이 화합하여야 인식이 성립한다는 것이다. 이렇게 보면 앞서 5근 5경이 화합하여 식이 생긴다고 할 때의 식은 아직 완성된 인식이 아니다. 왜냐하면 5근과 5경은 모두 색온에 속하는 것으로서 명 없이 색만으로는 인식이 성립하지 않기 때문이다. 결국 안근과 색경으로부터의 안식, 이근과 성경으로부터의 이식 등 감각은 그 자체만으로는 아직 완성된 인식이 아니다. 그럼 그것이 인식이 되기 위해서는 무엇이 필요한가?

오근과 오경으로부터 성립하는 식인 감각을 완성된 인식으로 만들기 위해서는 오근과 오경 이외에 마음의 작용이 요구되는데, 그렇게 작용하는 마음을 의(意)라고 한다.[10] 의는 물질적 색(色)이 아닌 명(名)에 속하는

---

8 불교는 受를 그 내용에 따라 고수와 낙수와 사수의 셋으로 구분하기도 하고, 다시 그 느낌이 어디에서 발생하는가에 따라 몸의 느낌[身受]과 마음의 느낌[心受]의 둘로 구분하기도 한다. 그럴 경우 즐거운 느낌[樂受], 괴로운 느낌[苦受], 즐겁지도 괴롭지도 않은 느낌[捨受]은 그대로 身受에 해당하며, 心受는 기쁜 느낌[喜受], 슬픈 느낌[憂受], 기쁘지도 슬프지도 않은 느낌[捨受]이라고 칭해진다.

9 『잡아함경』, 권2, 58 「음근경」(『대정장』 2, 14하), "名色因, 名色緣, 是故名爲識陰."

마음으로서 여섯 번째 인식 기관 내지 인식 능력이며, 따라서 이를 의근(意根)이라고 한다. 의근이 대상으로 삼고 인식하는 경계를 법경(法境)이라고 하며,[11] 의근의 법경에 대한 인식을 그 근에 따라 의식(意識)[12]이라고 칭한다. 감각 기관[5근]과 감각 대상[5경]에서 성립하는 식인 감각을 의식에 앞선 다섯 식이라는 의미에서 전오식(前五識)이라고 하고, 의식과 법경 사이에서 성립하는 식을 그 다음의 식이라는 의미에서 제6의식(意識)이라고 한다.

근(根)	경(境)	식(識)	
안	색	안식	
이	성	이식	
비	향	비식	전5식
설	미	설식	
신	촉	신식	
의	법	의식 — 제6의식	

---

10 이 의근이 곧 식온이 되고 마음이 되므로, 아직은 마음[心]과 의근[意]과 의식[識]을 서로 구분하지 않고 쓰고 있다. 심의식을 마음의 여러 측면으로 혼용하여 사용하다가, 이 셋을 그 體에 있어 서로 다른 것으로 구분하여 논한 것은 유식에서 비롯된다. 유식에서 心은 제8아뢰야식을, 意는 제7말나식을, 識은 제6의식을 의미한다.

11 法의 개념도 다의적이다. 색법 운운할 경우에는 모든 존재하는 요소들을 법이라고 하는 것이며, 그보다 더 포괄적으로 개별 사물들을 법이라고 하기도 한다. 法境에서의 법은 의근의 대상으로서 관념적인 대상을 뜻하며, 나아가 佛法에서의 법은 석가의 가르침을 의미한다. 이렇듯 '법'은 여러 의미로 사용된다.

12 불교는 의식을 여러 종류로 구분하여 설명한다. 전오식인 감각과 함께 작용하는 의식이 오구의식이며, 전오식과 함께 일어나지 않는 의식이 불구의식이다. 오구의식 중에도 전오식의 대상과 동일한 대상을 인식하는 의식이 동연의식, 그렇지 않은 의식이 부동연의식이다. 불구의식 중에서 오구의식

그런데 전오식의 감각이 완성된 인식이 아니고, 그 이상의 마음의 작용인 의식의 작용을 필요로 한다는 것은 감각이 대상 인식(지각)으로 성립하기 위해서는 감각 기관[5근]과 감각 대상[5경] 이외에 마음의 주의 집중 작용이 있어야 한다는 것을 뜻한다. 감각인 전오식은 제6의식과 함께 함으로써만 인식으로 성립하게 되는 것이다. 따라서 촉을 성립시키는 근경식 삼사 화합에서의 식은 의식을 뜻한다고 볼 수 있다. 안식이 색경에 대한 앎인 인식으로 성립하기 위해서는 안근과 색경 이외에 의식이 있어야 하는 것이다. 이러한 의식의 작용이 식온에 해당한다. 근·경·식 삼사(三事)의 관계를 도표화해 보자면 다음과 같다.

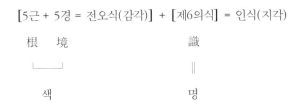

[5근 + 5경 = 전오식(감각)] + [제6의식] = 인식(지각)

```
根    境              識
└──┬──┘              ‖
   색                 명
```

이상과 같은 오온의 분류는 다시 존재의 또 다른 분류 방식인 12처로 정리될 수 있다. 12처의 처(處)는 마음 작용 또는 인식 작용을 일어나게

의 작용이 있고 나서 그에 근거해서 발생하는 의식은 오후의식이고, 그렇지 않고 오구의식과 무관하게 발생하는 의식은 독두의식이다. 독두의식 중 상상이나 환상은 독산의식, 꿈에서의 의식은 몽중의식, 삼매에서의 의식은 정중의식이라고 한다. 이를 도표화하면 다음과 같다(이와 같은 분류 및 도표는 楊白衣, 『唯識要義』, 文津出版, 1995, 83쪽 참조). 동일한 도표와 그에 대한 설명을 太田久紀, 정병조 역, 『불교의 심층심리』(현음사, 1983, 99쪽 이하)에서도 볼 수 있다.

```
意識 ┬ 五俱의식 ┬ 同緣의식              : 감각대상의 의식
     │          └ 不同緣의식            : 법경의 의식
     └ 不俱의식 ┬ 五後의식              : 기억의 의식
                │
                └ 獨頭의식 ┬ 獨散의식 : 상상, 환상의 의식
                          ├ 夢中의식 : 꿈의 의식
                          └ 定中의식 : 삼매의 의식
```

하는 문이나 곳이라는 의미로서, 인식을 성립시키는 6근과 6경을 따라 분류한 것이다. 안·이·비·설·신·의의 6근과 색·성·향·미·촉·법 6경이 각각 12가지 처가 된다.[13] 오온과 연관하여 보면 색온은 그중 5근 5경의 10처에 속하고, 식온은 의처에 속한다. 그리고 색온의 10처에도 속하지 않고 의처에도 속하지 않는 것들, 즉 수온·상온·행온은 다 법처에 속하는 것으로 분류된다.

이 12처를 다시 더 세분하면 18계가 되는데, 18계의 계(界) 역시 인식 작용을 일으키는 근거라는 의미를 가진다. 12처는 근과 경만을 12가지 처로 구분한 것이라면, 근경식이 화합하여 형성되는 인식 영역까지를 더 세분하여 분류한 것이 18계이다. 12처 중의 의처는 의식의 작용 영역을 모두 포괄하는 것이므로, 법경을 인식하는 의식뿐 아니라 전오식까지도 포괄한다. 따라서 12처 각각을 12계로 놓고 다시 의처 아래 6가지 식계를 더한 것이 18계가 된다. 이상 5온 12처 18계를 연결시켜 도표화하면 다음과 같다.

---

[13] 『잡아함경』, 권13, 322 「안내입처경」(『대정장』 2, 91下)에서 육근과 육경을 각각 내입처와 외입처로 보면서 그 안에서의 차이를 보다 상세히 서술하고 있다. 그 내용을 요약 도표화하면 다음과 같다.

내입처	5근: 안이비설신	四大所造淨色	不可見	有對
	제6근: 의(심의식)	非色	불가견	無對
외입처	5경 — 색	: 사대소조	가견	유대
	성향미	: 사대소조	불가견	유대
	촉	: 사대 및 사대소조	불가견	유대
	제6경: 법,	: 十一入所不攝	불가견	무대

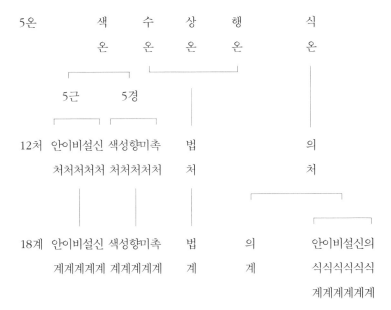

5온	색온	수온	상온	행온	식온

5근　　5경

12처	안이비설신 처처처처처	색성향미촉 처처처처처	법처		의처

18계	안이비설신 계계계계계	색성향미촉 계계계계계	법계	의계	안이비설신의 식식식식식식 계계계계계계

2장
윤회의 길과 해탈의 길

1. 욕망과 윤회의 길

경계에 매인 식(識)

5온 12처 18계는 각각의 온이나 각처 또는 각계로서 서로 분리되어 있는 것이 아니라 서로 연결되고 결합되어 있다. 5온이 결합함으로써 자아가 형성되고, 근과 경이 결합하여 근에 상응하는 경의 세계가 펼쳐진다. 이렇게 5온이 결합하고 근과 경이 결합하여 자아와 세계가 형성되면, 그 자아와 세계에 대한 집착이 발생하며, 이 집착으로 인해 자아는 세계에 매이게 되고, 결국 그 매임으로부터 풀려나지 못해 육도를 윤회하게 된다.

자아가 세계에 매여 있다는 것은 우리의 일상의 마음이 언제나 어딘가에 매여 있고 무언가에 집착한다는 것을 의미한다. 이런 마음이 "경계에 매인 식", "집착하는 식"이다. 우리가 해탈하지 못하는 것은 바로 이러한 매임과 집착 때문이다. 이러한 매임과 집착을 불교는 식이 색·수·상·행에 매여 거기 머무르고 집착하는 것으로 풀이한다.

네 가지 취온(取蘊)을 반연(攀緣)하여 식이 머무르니, 어떤 넷인가? 색에 집착하여 식이 머무르고, 수상행에 집착하여 식이 머무른다. …… 이것을 이름하여 "집착하므로 해탈하지 못한다"고 말한다.[14]

식이 색수상행 4취온에 집착하고 매이는 것을 5온 내지 인식 상에서의 근과 경의 관계와 연결시켜 도표화하면 다음과 같다.

이렇게 보면 식이 색수상행에 매이고 집착한다는 것은 곧 마음이 5근(감각 기관)과 5경(감각 대상 세계)과 법경(사유 대상 세계)에 매이고 집착하는 것을 의미한다. 마음[意, 識]은 일차적으로 5근의 몸에 매여 있고, 그 다음에 그 몸을 통해 받아들인 5경의 감각 대상 세계와 제6의식을 통해 받아들인 법경의 사유 대상 세계에 매여 있다. 그런데 우리의 마음은 몸(5근)

14 『잡아함경』, 권2, 40 「봉체경」(『대정장』 2, 9上中), "攀緣四取陰, 識住. 云何爲四? 色封滯, 識住. 受想行封滯, 識住. … 是名封滯故不解脫."

과 매여 있지만, 5근 자체는 마음에 직접 대상적으로 주어지거나 의식되는 것이 아니고 단지 감각 활동을 통해 우리에게 감각적 대상 세계인 5경을 제공해 주는 감각 능력으로서 작용할 뿐이다. 따라서 5근 자체 또는 오근과 마음의 매임은 실제로 의식에 포착되기가 쉽지 않다. 우리가 감각하는 몸이라고 생각하며 집착하는 신체는 사실상 5근으로서의 신체가 아니라 오히려 보여지고 만져지는 감각 대상(5경)으로서의 신체일 뿐이다.[15]

그러므로 우리의 마음[識]이 매이고 집착하여 머무르는 색수상행의 사취온은 기본적으로 식의 대상인 5경과 법경, 다시 말해 감각 세계와 사유 세계라고 할 수 있다. 즉 우리는 우리의 몸을 통해 감각되는 감각적 대상 세계와 우리의 의식을 통해 사유되는 사유적 대상 세계에 집착하여 거기 머무르며 그 매임으로부터 풀려나지 못하는 것이다. 우리는 우리가 감각하는 것과 우리가 생각하는 것에 매여 있다. 마음(식)은 그 마음이 대상으로 삼는 것[境]에 매여 그 대상을 좇아 연연해한다. 5근이 5경에 매여 있고, 의근이 법경에 매여 있다. 식이 경에 매여 있다는 것은 마음이 언제나 마음의 대상을 좇아 움직인다는 것을 의미한다. 대상이 있는 곳에 마음이 머무르고, 대상이 가는 곳에 마음도 따라 간다. 마음은 대상을 가짐으로써만 마음으로 작용한다. 그렇다면 이처럼 식이 경에 매이는 까닭은 무엇인가? 근과 경은 무엇으로 인해 매이는가? 그들을 매어 놓는 힘은

---

15 안이비설신의 5근은 수승한 색인 승의근이며 깨끗한 색인 淨色이다. 안이비설신 5근이 작용하는 감각에 있어 우리가 실제로 의식하게 되는 것은 5근이 아니라 단지 그 각각의 대상이 되는 색성향미촉 5경일 뿐이므로, 실제로 5근으로서의 신체는 직접적으로 감각되거나 의식되지 않는다. 반면 우리가 실제로 자신의 몸으로 느끼면서 자신의 몸이라고 간주하는 것은 그러한 5근에 해당하는 정색의 몸이 아니라, 오히려 보이거나 만져지는 몸, 감각대상인 5경으로서의 몸이다. 그만큼 우리는 우리 자신의 몸을 직접 의식하지 못한다. 그 몸 자체를 수승한 5근의 정색으로서 자각하게 되는 것이 바로 내적으로 자신을 관하는 비바사나수행이다. 5근을 관한다는 것은 곧 5근(몸)과 식(마음)이 매여 있음을 관하는 것이다. 그렇게 매여 있음을 관하고 자각함으로써 마음(식)은 그 매임으로부터 풀려나게 된다.

무엇인가?

> 어떤 것이 맺음에 의해 매이게 되는 법인가? 안과 색, 이와 성, 비와 향, 설
> 과 미, 신과 촉, 의와 법이니, 이것이 맺음에 의해 매이게 되는 법이다. 어떤
> 것이 맺는 법인가? 이른바 욕탐이다.[16]

식이 색수상행의 4취온에 매이고 집착하게 되는 것, 근이 경에 매여 벗
어나지 못하는 것, 이것을 불교는 탐하는 욕망, 즉 욕탐 때문이라고 한다.
5온을 결합시키는 힘, 근과 경을 매어 놓는 힘이 바로 욕탐이다. 욕탐으
로 인해 근과 경이 서로를 맨다는 것은 곧 근에 따라 경이 형성되고, 그렇
게 형성된 경에 대한 집착으로 인해 다시 그런 근이 형성된다는 것, 그렇
게 근과 경이 상호 의존 관계에 있다는 것을 의미한다. 이와 같은 근과 경
의 상호 의존 관계를 불교는 땅에 심겨진 종자로부터 자란 나무가 다시
그 땅에 종자를 심게 되는 순환 과정에 비유한다.

> 다섯 종자는 4취온과 식에 비유되고, 땅은 식이 머무르는 네 곳에 비유되고,
> 물은 탐욕과 기쁨에 비유된다. 4취온을 반연하여 식이 머무르니, 어떤 넷인
> 가? 색에 식이 머물러 색을 반연하고 기쁨과 탐욕으로 불어나 자라고 뻗
> 어간다. 수상행 안에 식이 머물러 수상행을 반연하고 기쁨과 탐욕으로 불어

---

16 『잡아함경』, 권9, 239 「결경」(『대정장』 2, 57하), "云何結所繫法? 眼色, 耳聲, 鼻香, 舌味, 身觸, 意法.
是名結所繫法. 云何結法? 謂欲貪, 是名結法." 욕탐에 의해 육근과 육경이 매이게 되는 것을 다음과
같이 설명한다. "눈이 색에 매이는가, 색이 눈에 매이는가. … 눈이 색에 매인 것도 아니고, 색이 눈
에 매이는 것도 아니다. 그 중간에서 만일 그가 욕탐을 내면 그것이 곧 매는 것이다. 비유하면 검고
흰 두 마리 소가 한 멍에와 굴레에 매이었을 때와 같다. 흰 소가 검은 소에 매인 것도 아니고, 검은
소가 흰 소에 매인 것도 아니다. 중간에 있는 멍에와 굴레가 그것을 맨 것이다."(『잡아함경』, 권9,
250 구치라경, 『대정장』 2, 60중).

나 자라고 뻗어간다.[17]

식이 욕탐에 의해 색수상행에 매이는 것은 종자(그 중의 식)가 물(욕탐)을 먹으면서 땅(색수상행)에 머물러 있는 것과 같다. 그렇게 해서 식이 색수상행에 매여 그로부터 풀려나지 못하는 것은 종자가 땅과 결합하여 나무로 자라나서 결국은 다시 그 땅에 색수상행식 5온의 종자를 남기는 것과 같다. 그래서 그 종자로부터 다시 색수상행에 매이는 나무가 자라나게 된다.

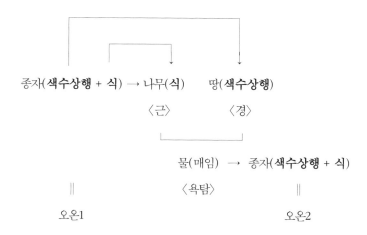

이처럼 욕탐으로 인해 근과 경에 매여 있던 식이 다시 그러한 근을 가진 존재로 태어나 그러한 경의 세계를 형성하게 되는 것이 바로 윤회이다. 욕탐으로 인해 다시 태어나게 되는 세계를 불교는 욕망의 세계, 욕계

17 『잡아함경』, 권2, 39 「종자경」(『대정장』 2, 9상), "彼五種子, 譬取陰俱識. 地界者, 譬四識住. 水界者, 譬貪喜. 四取攀緣, 識住. 何等爲四? 於色中, 識住. 攀緣色, 喜貪潤澤, 生長增廣. 於受想行中, 識住. 攀緣受想行, 貪喜潤澤, 生長增廣."

(慾界)라고 한다. 욕계에 다시 태어나고자 하는 욕망, 그것이 바로 성적 욕망, 성욕(性慾)이다. 성욕이 남아 있는 한, 중생은 그 욕망으로 인해 욕계에 다시 태어난다. 우리가 일상적으로 확인하는 욕계는 인간계와 축생계뿐이지만, 불교에 따르면 지상의 인간계와 축생계 이외에 천상의 천계(천신의 세계)[18]와 아수라계(악마의 세계),[19] 지하의 아귀계(굶주린 귀신의 세계)와 지옥계가 있다. 중생이 욕망을 갖고 있는 한, 그 욕망의 업에 따라 육도를 윤회하는데, 불교는 천상의 2계와 인간계를 선한 업에 따라 태어나게 되는 삼선도(三善道)라고 하고, 축생계와 지하 2계를 악한 업에 따라 윤회하게 되는 삼악도(三惡道)라고 한다.

욕계에서의 육도 윤회

가. 유근신(有根身)의 형성

불교의 개체 발생론은 현대 과학의 유물론적 개체 발생론과는 완전히 다르다. 현대 과학은 개체의 생명을 부의 정자와 모의 난자가 결합하여

---

18 욕계 중 가장 최상이라고 할 수 있는 천계의 존재인 천신도 욕망(성욕)과 업에 따라 태어나므로 욕계의 다른 모든 중생과 마찬가지로 남녀의 성을 가진다고 한다. 불교는 천신이 사는 천을 여섯 곳으로 분류하여 六欲天이라고 한다. 수미산 중턱의 사대왕중천과 그 꼭대기의 33천(이 중에 천신의 주인인 인드라, 제석환인이 거주하는 도리천이 있고, 일생보처보살인 미륵보살이 머무르는 도솔천이 있다), 그리고 수미산 너머에 있는 야마천(여기에 死者의 왕인 염라대왕이 있다), 도사다천, 낙변화천, 그리고 타화자재천(여기에 석가의 수행과 전법을 방해하던 마왕 파순이 있다)이 그것이다. 욕계의 천 및 색계의 천에 대해서는 三枝充悳, 송인숙 역, 『세친의 삶과 사상』(불교시대사, 1993, 71쪽 이하) 참조.

19 김성철은 아수라에 대해 다음과 같이 설명한다. "아수라는 그 기원이 페르시아의 조로아스터교에 있다. 석가모니 부처님 당시 인도의 인더스강 서쪽 지방은 페르시아의 다리우스 황제가 지배하고 있었는데, 그 당시 페르시아에서 발생한 조로아스터교에서 최고신을 '아후라 마즈다'라고 불렀으며, 조로아스터교와 대립하는 인도의 바라문교 내에서 아후라 마즈다(Ahura Mazda)를 아수라(Asura)라고 부르며 악신으로 취급한 것이다. 이와 반대로 조로아스터교에서는 바라문교의 천신인 데바(Deva)를 악마로 간주한다." 김성철, 「윤회의 공간적·시간적 조망」, 『불교평론』, 제20권, 2004, 260쪽.

수정란이 되면 그로부터 발생하는 것으로 간주한다. 그러나 불교에 따르면 수정란은 개체의 성립을 위한 우연적이고 보조적인 연(緣)일 뿐, 본질적인 인(因)은 그 수정란 안으로 들어오는 전생의 유정이 남긴 업력(業力)이다. 그 업력의 담지자가 바로 식(識, 마음)이다.

한 개체가 수명이 다하는 순간, 그 개체가 행한 업인데도 그 생에서 그 보(報)를 낳지 못한 업이 남아 있다면, 그 업의 세력인 힘, 에너지는 그 개체적 삶이 끝나도 사라지지 않고 남겨져서 중유의 존재인 중음신(中陰身)이 된다. 식의 형태로 존재하는 중음신은 이 세상에 다시 태어나 보를 다하고자 욕망하게 되는데, 업력의 유사성 내지 친화력으로 인해 가장 강하게 이끌리는 미래의 부모가 성관계를 할 때, 그 자신도 성욕을 일으켜 부나 모 둘 중 하나인 이성(異性)과 마음으로 성관계를 하다가, 그 관계 결과의 수정란 속으로 들어오게 된다는 것이다.

그런데 식이 이런 방식으로 이 세계에 되돌아오게 되는 까닭은 바로 그 식이 욕탐에 의해 색수상행에 매인 식, 집착으로 인해 경계를 벗어나지 못한 식이기 때문이다. 마음이 대상 세계에의 집착과 매임을 따라 그 대상 세계로 되돌아오는 것이다. 이것이 바로 12지 연기에 있어 식(識)에서 명색(名色)으로의 이행이다.

> 만일 집착된 것을 따라 맛들여 집착하며 돌아보고 생각하여 마음을 묶으면, 그 마음 '식'이 휘몰아 달리면서 명색을 좇아 다닌다. 명색을 인연하여 육입처가 있고, 육입처를 인연하여 촉이 있다.[20]

5부 무아론에 담긴 불교 존재론

237

---

20 『잡아함경』, 권12, 284 「대수경」(『대정장』 2, 79하), "於所取法, 隨生味著, 顧念心轉, 其心驅馳, 追逐名色, 名色緣六入處, 六入處緣觸"

만약 사량하거나 망상하면, 그것이 반연케 하여 식을 머물게 하며, 반연하여 식이 머무르기 때문에 명색에 들어가고, 명색에 들어가기 때문에 미래세의 생로병사와 근심, 슬픔, 번민, 괴로움이 있다.[21]

　여기서 집착하고 돌아보는 식이 곧 색수상행에 매인 식이다. 대상에 맞들어 집착하며 돌아보고 생각하는 것이 곧 사랑이고 망상이며, 이것이 바로 애탐이다. 이 애탐에 의해 식은 경계에 매여 벗어나지 못하게 된다. 즉 경계로 인해 발생한 식이 그 경계에 애착을 갖고 거기 매이게 되면 그 식은 그 경계를 벗어나지 못하고 결국 경계에 머무르게 된다. "경계를 반연하여 머무르는 식", "경계에 매인 식"이 되는 것이다. 우리가 흔히 한 생애에서 확인하는 것은 경계에 매인 마음은 결국 그 경계를 벗어나지 못하고 그 안에서 살아간다는 것이다. 게임에 매인 마음은 게임의 세계에 살며 그 세계를 떠나지 못하는 마음이다. 대상에 매이고 중독되어 대상을 벗어나지 못한다. 그런데 불교는 경계에 매인 식이 경계를 반연하여 벗어나지 못하고 결국 그 경계 속으로 다시 되돌아오고 만다는 사실을 한 생애에서뿐 아니라 생애를 반복하여 계속되는 현상으로 간주한다. 애탐에 의해 경계에 매인 식은 그 애탐의 힘인 업력이 남아 있는 한 그 경계로부터 풀려날 수가 없다. 그러므로 죽어서도 남아 있는 업력은 식으로서 다시 이 세계로 되돌아온다. 결국 애탐으로 인해 경계에 매여 다시 되돌아오게 되는 식은 곧 전생의 업력으로 인해 현생에 다시 태어나고자 하는 식인 중음신이며, 그 식이 좇아 들어가고자 하는 명색은 곧 그 중음신이 새롭게 형성할 현생의 5온에 해당하는 것이다.

21　『잡아함경』, 권14, 360 「사량경」(『대정장』 2, 100중), "若思量, 若妄想者, 則有使攀緣識住, 有攀緣識住故, 入於名色. 入名色故, 有未來世, 生老病死憂悲惱苦."

이와 같은 방식으로 중음신인 식이 모태 내에 자리잡게 되면, 그 식으로부터 심리적 · 물리적 기제인 명색(名色)이 발생하고, 그로부터 구체적인 인식 기관[根]인 안이비설신의의 육입처(六入處)가 형성되며, 태아로 성장한다. 10개월 후 태 밖으로 나온 아이는 세상과의 부딪침[觸]을 통해 다양한 느낌[受]을 갖게 되고, 그 느낌에 대해 애증[愛]을 일으키며 집착[取]하게 된다. 이 애취(愛取)가 곧 새로운 업이 되어 업력을 남기며, 그것이 곧 다시 태어날 존재[有]를 형성하여 내생으로 생(生)하고 노사(老死)를 겪게 되는 것이다. 이상의 과정은 다음과 같은 12지(支) 연기로 정리된다.

무명→행	식→명색→육입처→촉→수	애→취→유	생→노사
전생	현생(태내 : 태밖)		내생
업	보	업	보

이와 같이 한 개체적 유정에 의한 업력이 그 개체의 죽음 이후에도 식(識)으로 남아 있다가 그 다음 생의 개체, 즉 오온(五蘊)을 다시 형성하며, 그렇게 형성된 그 오온의 유정은 다시 그 나름의 업을 짓고 살다 죽지만, 그 유정이 남긴 업력은 또 그 다음의 오온을 형성하게 되고, 이렇게 해서 업력으로 인한 오온의 윤회가 거듭되는 것이다. 그렇다면 그 개체가 머무르는 세계는 어떻게 형성되는 것인가?

나. 기세간(器世間)의 형성

불교에 따르면 개체가 업력에 의해 형성되는 것처럼 우주 만물도 유정의 업력에 의해 형성된다. 이는 또 다시 현대 과학의 유물론적 우주 발생론과 구분된다. 현대 과학은 물질을 모든 존재의 기반으로 간주하며, 물질로부터 생명이나 정신 작용을 설명하는 데 반해, 불교는 존재의 근원을 유정의 업력으로 본다. 업력으로부터 우주의 기본 물질인 지수화풍이 비로소 만들어진다고 보는 것이다.[22]

아무것도 없는 허공에 제 유정(有情)들의 업력(業力)이 작용함으로써 풍륜(風輪)이 생겼는데, 그 넓이가 무수하다. …… 그 위에 다시 제 유정들의 업력이 작용하여 큰 구름과 비가 일어나 수레바퀴만한 물방울을 풍륜 위에 뿌리어 물이 쌓이어 바퀴를 이루니 그것이 수륜(水輪)이다. …… 유정들의 업력이 다시 작용하여 다른 바람이 일어나 그 물을 육박하고 쳐서 그 위에 금륜(金輪)을 결정함이 마치 끓인 우유 표면이 엉기어 막이 생기는 것과 같다. 그렇게 해서 수륜은 줄어들고, 나머지는 변하여 금륜을 이루어, 수륜과 금륜의 넓이가 같아진다. …… 금륜 위에 아홉의 큰 산이 있는데, 묘고산이 그 가운데에 있고 그 밖의 여덟 산이 묘고산을 두루 둘러 있다. 그중 일곱 외륜산 바깥에 4대주가 있고, 다시 그것 바깥에 철륜산이 있어 한 세계를 두루 둘러싸고 있다.[23]

---

22 현대 과학은 생명을 기본적으로 물질로부터 발생하여 그 물질적 기반 위에서 존속하다가 그 물질이 분해되면 끝나고 마는 것으로 간주한다. 우주발생학적으로도 우주 내 무기물질로부터 생명이 만들어졌고, 개체발생상으로도 생명은 정자 난자의 유전인자의 결합에 의해 비로소 발생한다고 본다. 물질로부터 수억 년에 걸쳐 생명이 탄생되었으며, 개체 발생은 그 과정의 압축으로 간주되는 것이다. 반면 불교는 생명을 일종의 힘, 에너지나 기로 보되, 그 힘을 물질로부터 진화하여 발생한 이차적인 존재가 아니라, 오히려 물질 자체를 형성할 수 있는 근원적 힘으로 간주한다. 만일 현대의 설명 방식대로 빅뱅의 폭발로 인해 물질적 요소들이 생겨나게 된 것이라고 본다면, 불교의 생명은 그런 물질적 요소들의 화합 이후에 비로소 발생하는 것이 아니라, 오히려 폭발의 힘 내지 폭발 이후 요소들을 생겨날 수 있게 하는 힘 등에 해당할 것이다. 업력은 이처럼 우주를 발생시키는 힘에 해당한다.

23 세친 저, 현장 역, 『아비달마구사론』, 권11, 「제3분별세품」(『대정장』 29, 57상중), "諸有情業增上力, 先於最下, 依止虛空, 有風輪生, 廣無數 … 又諸有情業增上力, 起大雲雨, 澎風輪上, 滴如車輪, 積水成輪 … 有情業力, 感別風起, 搏擊此水上, 結成金如熱乳, 停上凝成膜, 故水輪減, 餘轉成金. … 二輪廣

우주를 생성시키는 이 업력은 유정의 업력이다. 유정은 무생물과 달리 정(情)을 가진 존재, 즉 고통을 느끼는 존재인 생명체이며, 정을 가진다는 점에서 마음[識]이다. 그런데 이 우주 발생의 설명을 보면 설명되어야 할 유정의 존재가 이미 존재하는 것으로 전제되어 있다. 우주를 생성하는 업력이 유정의 업력이니, 우주 발생 이전에 이미 유정이 있었다는 말이 되기 때문이다. 결국 불교에서는 생명을 물질의 진화 결과로 보는 것이 아니라, 오히려 물질 세계의 근원을 유정의 업인 생명력으로 본다.

그럼 그 유정은 어디에 어떻게 존재하였는가? 그 유정이 존재하던 우주는 어떻게 생성된 것인가? 그 유정이 존재하던 우주는 다시 또 그 이전의 유정의 업력에 의해 만들어진 것이다. 우주는 그 이전 우주에 살던 유정의 업력에 의해 만들어지며, 그 이전 우주는 다시 더 그 이전 우주에 살던 유정의 업력에 의해 만들어진 것이다. 이처럼 불교에 있어 우주는 최초에 단 한 번 생성된 후 영원히 계속되는 그런 항구적인 존재가 아니라, 긴 시간에 걸쳐 성(成)·주(住)·괴(壞)·공(空)하되 그보다 더 긴 무한의 시간 흐름 속에서 보면 무한 수의 우주 중의 하나에 지나지 않는다. 그리고 그때마다 새로운 우주를 생성해내는 힘은 그 이전의 우주에 살던 유정의 업력, 바람처럼 밀려와 작용하는 업력인 것이다. 이렇게 해서 불교에 있어서는 우주를 형성하는 무시 이래의 존재가 단일한 신(神)이 아니라, 무수한 유정의 마음과 그 업력이 된다.

이러한 우주 공간 속에 각 유정이 그 안에 머물러 사는 기세간(器世間)이 형성되는데, 불교는 기세간 역시 물리적으로 따로 존재하는 것이 아니라, 그 안에 존재할 유정에 의해 비로소 만들어지는 것이라고 본다. 물론

量, 其數是同. … 於金輪上, 有九大山. 妙高山王處中而住. 餘八周匝繞妙高山. 於八山中, 前七名內, 第七山, 外有大州等. 此外復有鐵輪圍山, 周匝如輪圍一世界."

유정들 공통의 업, 즉 공업(共業)²⁴에 의해 만들어지는 것이다. 공통의 기세간은 오직 그런 공통의 업을 가지는 유정에 대해서만 그런 모습으로 존재한다. 이는 공통의 업을 가진 존재가 그 공통의 업력에 따라 공통의 근(根)을 갖고 태어나며, 따라서 그 근에 상응하는 공통의 경을 대상 세계로 갖게 되기 때문이다. 예를 들어 인간인 내가 보는 이 기세간은 내가 인간으로서 보는 한에서만, 즉 인간의 공업을 가진 한에서만 이런 모습의 기세간일 뿐이다. 다른 인간들 역시 이 세계를 내가 보는 방식과 동일한 방식으로 보기에 우리는 이 세계가 그 자체로 인간과 독립적으로 객관적으로 실재한다고 생각하지만, 불교에 따르면 실제 인간 기세간은 오직 인간에 대해서만 존재할 뿐이며, 인간을 떠나서는 없는 것이다. 축생은 그들 축생의 업에 따라 우리와는 다른 근을 갖고 태어나며 그에 따라 다른 기세간을 형성하여 그 안에 살고 있을 것이며, 천상이나 지옥의 존재는 그들 존재의 업에 따라 또 완전히 다른 기세간 속에서 살고 있을 것이다. 어느 경우이든 그 각각의 유정에 대해서만 그에 상응하는 기세간이 있는 것이다.

이상 업에 의해 형성되는 유근신과 기세간을 앞서의 5온과 근·경의 구분에 따라 도표화해 보면 다음과 같다.

---

24 그러나 여기서 共業이란 각각의 업이 부분적으로 참여하여 전체 하나로 통합된다는 의미에서의 공업이 아니라, 각각의 업이 각각의 기세간을 만드는데, 그 기세간이 공통적이듯이 업도 공통적이라는 의미에서 공업이다. 즉 각 유정은 자기 공업에 따라 자기 기세간을 형성하는데, 그 업의 내용이 같은 것이기에 기세간이 같은 기세간이 되는 것이다. 따라서 우리의 기세간이 모든 인간에 대해 하나의 기세간으로 간주될 수 있는 것은 각각의 인간이 각각 자기 기세간을 형성하되, 모두 동일한 종류의 업력에 따라 동일한 종류의 세간을 형성하였기 때문이지, 즉 업력의 공통성에 근거한 것이지, 인간 업력과 무관하게 하나의 기세간이 객관적으로 실재하기 때문에 그런 것은 아닌 것이다. 공업의 유정이 없다면, 공통의 기세간이란 존재하지 않는다.

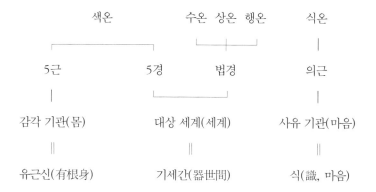

식[마음]은 몸[유근신]에 매이고 그 몸을 통해 세계[기세간]에 매이는데, 이렇게 매이도록 하는 것이 욕탐이고 욕망이다. 이 욕망으로 인해 마음은 몸과 세계에 매여 업을 짓고 살다 죽지만, 다시 그 마음에 간직된 업력이 그 다음의 몸과 세계를 형성하여 또 다시 마음을 거기 매이게 하므로, 결국 욕망과 집착이 있는 한, 유정의 마음은 욕망의 세계인 욕계를 벗어나지 못하고 윤회하는 것이다.

2. 선정과 해탈의 길

매임을 떠난 식(識)

우리로 하여금 육도를 윤회하게 하는 식이 욕망에 의해 경계에 매인 식이라면, 그러한 매임으로부터 풀려난 식, 욕망과 집착을 벗은 식은 따라서 더 이상 윤회하지 않는 식, 해탈에 이르는 식이다. 식이 애탐과 집착을 끊으면, 경계에의 매임과 속박을 벗어나 해탈에 이른다는 것을 불교는 다음과 같이 설명한다.

> 색의 경계에 대한 탐욕을 이미 떠나면, 색에의 얽매임을 끊으려는 마음이 생긴다. 색에의 얽매임을 끊으려는 마음이 이미 생기면, 반연하는 식도 역시 끊긴다. 식이 다시 머무르지 않고, 다시 자라고 뻗어나 커지고 생장하지 않는다. 수상행의 경계에 대해서도 [이와 마찬가지이다]. …… 자라지 않기 때문에 행해지는 것이 없고, 행해지는 것이 없으므로 머무른다. 머무르므로 만족할 줄 알고, 만족할 줄 알므로 해탈한다.[25]

경계에 머무는 식은 안이비설신의의 육근이 색성향미촉법 각각의 경계에 따라 그 경계를 읽어내는 식을 뜻한다. 즉 근이 경에 머물러 그 대상 세계의 매임을 벗어나지 못하는 식이다. 반면 경계에 매이지 않는 식은 육근과 육경의 매임으로부터 풀려난 식을 뜻한다. 마음이 마음의 대상에 매이지 않고, 일체의 경계와 한계를 넘어선 마음이 되는 것이다. 따라서 그 마음은 더 이상 경계에 매인 식, 특정 경계를 대상으로 삼는 식, 즉 대상적 식이 아니다. 따라서 마음의 대상이 되는 감각 세계와 사유 세계를 현상 세계 전체인 일체라고 한다면, 해탈의 식은 곧 일체를 넘어선 식이라고 할 수 있다. 경계에 매이지 않는 식을 가진다는 것은 마음이 일체의 경계를 넘어선다는 것이다. 결국 해탈이 가능하다는 것은 곧 인간 마음이 육근과 육경의 매임으로부터 벗어날 수 있다는 것, 일체 경계를 넘어설 수 있다는 것을 뜻한다. 깨달은 자는 세계의 한계 너머 피안에 이른 자이

25 『잡아함경』, 권3, 64 「우타나경」(『대정장』 2, 17상), "離色界貪已, 於色意生縛亦斷, 於色生縛斷已, 識攀緣亦斷, 識不復住, 無復增進廣大生長. 受想行界[亦復如是] … 不增長故, 無所爲作. 無所爲作故, 則住. 住故知足. 知足故解脫."

다. 그러나 인간이 과연 어떤 방식으로 일체의 경계를 벗어나 그 한계 너머의 피안으로 나아갈 수 있단 말인가?

> 걸어가는 사람으로서는 세계의 한계에 이를 수 없고,
> 세계의 한계에 이르지 못하면 온갖 괴로움을 벗어날 수 없다.
> 그러므로 석가모니 존자를 세간을 아는 자라고 이름하니,
> 그는 능히 세계의 경계에 이르러 모든 범행이 이루어진 자이다.
> 세계의 경계는 분명히 있지만 오직 바른 지혜만이 능히 알 수 있고,
> 깨달은 지혜로 세간을 통달하므로 피안에 이르렀다고 한다.[26]

걸어서 세계의 한계에 이를 수 없다는 말은 곧 경계를 따라서는 경계의 끝에 이를 수 없다는 말이다. 경계에 매여 있다는 것은 욕탐에 매여 있다는 것이며, 욕탐으로 경계에 매여 있는 한, 한 경계에서 다른 경계로 나아갈 뿐, 일체의 경계를 벗어나 세간의 피안에 이른다는 것은 불가능하다. 욕망의 마음은 한 대상에서 다른 대상으로 나아갈 뿐, 일체의 대상적 경계를 벗어나지 못한다. 즉 해탈에 이르지 못한다. 반면 해탈이 가능하다는 것은 경계에 매이지 않는 식이 가능하다는 것을 뜻하며, 이는 곧 인간의 마음이 근경을 결합시키는 욕망을 끊고 대상 세계인 경계 너머의 피안으로 나아갈 수 있다는 것을 뜻한다. 경계나 대상에 매인 마음이 아닌 마음, 즉 대상 없는 마음을 얻을 수 있는 것이다. 그러한 마음을 얻기 위해 풀려야 할 매임은 다음과 같이 표시될 수 있다.

26 『잡아함경』, 권9, 234 「세간변경」(『대정장』 2, 57상), "非是遊步者, 能到世界邊. 不到世界邊, 不能免衆苦. 是故牟尼尊, 名知世間者. 能到世界邊. 諸梵行已立. 世界邊唯有, 正智能諦了. 覺慧達世間, 故說度彼岸."

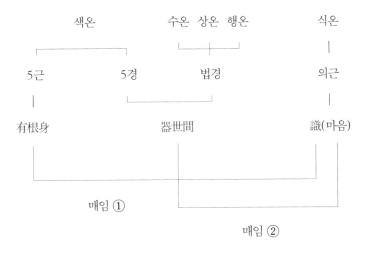

마음은 근원적으로 몸과 매여 있고, 다시 그 몸이나 마음의 생각을 통해 주어지는 기세간인 세계에 매여 있다. 이렇게 몸과 세계에 매인 식이 거듭해서 윤회하게 되는 세계가 바로 욕계이다. 매임은 바깥 매임부터 풀려야 한다. 욕망 대상으로 주어지는 세계인 욕계와의 매임 ②를 벗어난 세계가 색계(色界)이고, 다시 정색의 신체와의 매임 ①로부터도 벗어난 순수 의식 내지 순수 정신의 세계가 무색계(無色界)이다.

색계와 무색계로의 이행

우리의 일상적 인식은 근에 따라 경을 지각하고 사유하는 대상적 인식이다. 마음은 욕탐에 의해 대상 세계에 매여 대상만이 실재하는 것으로 간주하면서 그 안에 머무르고자 한다. 그것이 경에 매인 마음, 경에 사로잡힌 마음이다. 마음이 자유로워진다는 것은 욕탐에 의한 근경의 결합을 벗어난다는 것, 마음이 그 마음 대상인 감각 세계와 사유 세계에의 매임을 벗어나는 것을 뜻한다. 대상의 매임으로부터 풀려나는 것은 어떻게 가능한가?

우리의 마음은 일상적으로 특정 대상으로 향해 있으며 그 특정 대상을 경계로 삼는다. 그 특정 대상을 보거나 듣거나 만지거나 생각한다. 그런데 마음이 그런 경계를 넘어선다면, 아무것도 보지도 말고 듣지도 말고, 장님이나 귀머거리가 되란 말인가? 나아가 어떤 대상적인 것도 느끼거나 생각하지도 말라면, 그럼 의식의 소멸, 꿈도 없는 잠에 빠져들란 말인가? 만일 그것이 아니라면, 특정 대상을 보지도 듣지도 않고 느끼지도 생각하지도 않으면서도 인간 마음이 잠자지 않고 깨어 있을 수 있어야 한다. 바로 그 마음이 경계에 매이지 않는 마음, 해탈한 마음이다. 마음의 대상, 마음의 내용 없이 마음 자체의 각성인 깨어 있음을 유지하는 것, 마음이 대상을 떠나 고요함에 머무르면서도 의식이 사라지는 혼침에 빠져들지 않고 성성하게 깨어 있는 것, 그것이 바로 불교가 수행을 통해 얻고자 하는 것이다. 그렇게 하여 어디에도 매이지 않은 마음 자체를 얻고자 하는 것이다.

마음이 일상의 마음 대상인 5경(감각 세계)과 법경(사유 대상)으로부터 벗어나 마음 자체의 자각에 이르고자 할 때, 마음은 우선 외적 감각 세계를 알려 주던 자신의 몸인 5근의 작용을 비로소 의식하게 된다. 감각적 대상 세계를 감각할 때 근으로서 작용하던 안이비설신 5근을 내적으로 직관하게 된다는 말이다. 우리는 이것을 자신의 근을 관(觀)하는 비바사나(vipasana, 관) 내지 사선(四禪)의 단계로 이해할 수 있다. 이 단계에서 관의 대상이 되는 것은 그 자신의 신체의 미세한 움직임과 미세한 조직으로, 이는 외감으로 직관되던 오경의 거친 색과 달리 수승한 색, 즉 정색(淨色)이다. 이처럼 수승한 색만으로 존재하는 세계를 색계라고 한다.

색계는 선정 수행 중 유정이 처한 세계이면서 또 동시에 사선을 닦던 유정이 사후에 처하게 될 세계이기도 하다. 선을 닦아 식욕 · 수면욕 · 성욕 등 거친 욕망을 끊어 계행이 완성된 상태에서 이를 수 있는 세계인 것이다. 이 색계는 초선천 · 제2선천 · 제3선천 · 제4선천의 4단계의 천으로 구분된다. 초선은 이미 욕망 대상에의 매임에서 풀려 욕계를 떠난 상태이지만, 아직 대상에 대한 사유인 심사(尋伺)는 남아 있다. 심은 거친 사유, 사는 미세한 사유이다. 제2선에서는 심사의 마음 활동도 사라지면서 편안하고 가벼운 마음의 느낌인 희(喜, piti)만 남는다. 제3선에서는 마음의 느낌도 사라지고, 즐거운 몸의 느낌인 낙(樂, sukha)이 남는다. 제4선에서는 즐거운 느낌도 사라지고 평정의 느낌인 사(捨, upekha)만 남는다. 비바사나가 깊어짐에 따라 마음이 욕망으로 맺어진 대상 세계와의 결합으로부터 풀려나 점점 더 가볍고 즐겁고 평온한 느낌으로 나아가게 되는 것이다. 그러나 색계에 머물러 있기에 마음이 느낌으로부터 완전히 벗어나지는 못한 상태이다.

색계 내지 사선의 단계는 엄밀히 말해 근 · 경의 이원성을 완전히 넘어선 것이 아니다. 정색의 오근의 관으로부터 한 발 더 물러나 감각계와 사유계를 총괄하여 인식하던 의근을 관하게 되면, 이 때는 관하는 것도 마음이고 관해지는 것도 마음이 되어, 주객의 분별을 넘어서게 된다. 주객 무분별의 이 경지를 삼매(samatha, 止)라고 한다. 이 삼매의 경지에서 비로소 경계에 매이지 않는 마음, 경계 너머의 피안에 이른 마음, 해탈한 마음을 증득하게 된다. 경계에의 매임을 벗어나 경계 밖으로 나아가게 되면, 일체의 한계를 벗어나므로, 그것이 곧 공(空)이다. 마음이 한계 없는 공으로 나아간 경지가 공무변처(空無邊處)이다. 공무변처로 나아간 마음이 그 마음의 한계 없음을 자각함이 바로 식무변처(識無邊處)이다.

그 마음에 경계가 없음을 자각한 단계이다. 그처럼 마음이 일체 경계를 떠났기에 머무를 바 없음이 곧 무소유처(無所有處)이다. 심(心)은 있는 곳도 없고 그렇다고 없는 곳도 없다. 특정한 경계, 특정한 대상을 생각하는 것이 아니기에 생각이 없는 것이면서, 그것이 곧 경계 없는 마음이기에 생각이 없는 것도 아니다. 이것이 곧 비상비비상처(非想非非想處)이다.[27]

이와 같은 삼매의 경지를 색이 없는 정(定)인 무색정(無色定)이라고 한다. 이 식의 경지는 욕망뿐 아니라 정색의 신체마저도 떠난 순수 사유의 경지로서, 이를 색이 없는 세계인 무색계(無色界)라고 한다. 무색계는 무색정을 닦는 마음이 머무르는 정신 세계이며, 무색정을 닦다 죽은 유정이 사후에 처하게 되는 세계이기도 하다.[28]

---

27 이상 4처는 무색계에서의 4定에 해당한다. 사선과 사무색정에 대해서는 『잡아함경』, 권17, 474 「지식경」 참조.

28 이렇게 해서 욕망에 이끌리는 중생이나 수행을 하던 중생이 그 힘으로 인해 도달할 수 있는 세계는 욕계·색계·무색계의 3계가 된다. 욕계는 식욕·수면욕·성욕 등의 욕망을 지닌 중생이 사는 세계이며, 색계는 욕망을 떠난 미묘한 물질인 淨色의 신체만을 지닌 생명체가 사는 세계이고, 무색계는 욕망도 신체도 없이 순수 정신만을 지닌 생명체가 사는 세계이다. 불교는 이 삼계가 성주괴공의 시기를 거치면서 어떻게 연관되는가를 다음과 같이 설명한다. 우선 불교에 따르면 3계의 우주세간은 만물이 생주이멸하고 생명체가 생로병사를 겪듯이 마찬가지로 성주괴공의 과정을 반복한다. 성주괴공 각각의 기간은 20겁이며 이를 中劫이라고 하고, 네 번의 중겁이 지나가는 성주괴공의 한 주기인 80겁을 1大劫이라고 한다. 그런데 공겁의 시기에 삼계가 다 파괴되는 것이 아니라, 삼계 중에서 욕계와 색계 중의 초선천만이 파괴되고, 나머지는 파괴되지 않는다. 즉 빛이나 淨色만으로 형성되어 있는 제2·3·4선천과 순수 정신만으로 되어 있는 네 무색계천은 거친 색이나 욕망이 아니기에 파괴되지 않고 존속하는 것이다. 그러므로 공겁의 시대에는 욕계와 초선천이 공이 되기에 모든 중생의 식이 색계 제2·3·4천과 무색계천에 태어나 무욕의 삶을 살아가게 된다. 그러다가 다시 성겁이 시작되면 색계 제2선천 중의 극광정천에 살던 한 중생이 자신의 선업이 가장 먼저 소진되어 색계의 초선천으로 떨어지게 된다. 그리고 그 이후로 욕계가 위의 육욕천에서부터 지옥에 이르기까지 차례로 생겨나며 상위 세계에서 떨어진 온갖 중생들로 채워지게 된다. 이때 초선천에 가장 먼저 떨어진 그 중생은 자기가 그곳에 있고 나서부터 많은 세계가 생성되고 많은 중생들이 생겨나기에, 자기 자신이 그것들을 창조한 것으로 착각하여 우주 창조자로서 행세한다. 브라만교에서의 우주 창조자인 大梵天이 바로 그 중생이다. 불교에 따르면 각각의 세계에 태어나는 모든 중생들은 그 자신의 업력에 의해 생겨나는 것이지, 중생 바깥에 이를 만드는 조물주나 창조자가 따로 있는 것이 아닌데, 대범천은 자신이 창조자인 줄 착각하여 "내가 창조주로서 아버지와 같다"고 말하는 대 망어죄를 지으

이상 욕계에서 색계 무색계로의 이행을 근경의 매임으로부터의 해탈이라는 과정으로 보면 다음과 같이 정리될 수 있다.

	마음의 작용	머무는 세계	수행
경에 매인 식 (대상적 의식)	경[五境과 法境]을 인식함	욕계	일상의 의식
수행적 의식 (자기 의식)	오근(五根)을 관함 [淨色]	색계	비바사나[觀] : 사선(四禪)
	의근(意根)을 관함 [마음]	무색계	사마디[止] : 사무색정(四無色定)

그러나 불교에서 수행 단계는 사선(四禪)·사정(四定)으로 그치는 것이 아니라, 더 나아간다. 사선과 사무색정이 아직 마음이 남아 있는 정(定)인 유심정(有心定)이라면, 불교는 그 보다 한 단계 더 나아간 완전한 삼매로서 무심정(無心定)을 닦고자 한다. 무심정은 다시 느낌[受]뿐 아니라 생각[想]도 함께 멸한 무상정(無想定)과 의지 작용[行]까지도 멸한 멸진정(滅盡定)으로 구분되는데, 전자는 표층적 제6의식이 소멸한 상태이고 후자는 보다 심층의 제7말나식까지도 소멸한 상태이다. 다시 또 멸진정 중에서 제7말나식에서 아집만 멸한 상태를 유루정(有漏定)이라고 하고, 법집까지도 멸한 상태를 무루정(無漏定)이라고 한다.

며, 많은 중생을 현혹한다는 것이다. 이에 대해서는 김성철, 「윤회의 공간적·시간적 조망」, 『불교평론』, 20권, 2004, 가을, 260쪽 이하 참조.

```
        ┌ 유심정 ┬ 사선
        │        └ 사무색정(受가 멸)
        │
        └ 무심정 ┬ 무상정(想이 멸)
                 └ 멸진정(行이 멸) ┬ 유루정
                                   └ 무루정
```

3장
연기와 무아

1. 연기의 역설 구조: 유전문과 환멸문

연기의 자기지시적 구조

    우리의 일상의 식은 경에 매인 식이다. 욕탐과 집착에 의해 경에 매인 식은 그로 인해 윤회하게 된다. 즉 한 개체적 유정에 의한 업력이 그 개체의 죽음 이후에도 식(識)으로 남아 있다가 그 다음 생의 개체, 즉 오온(五蘊)을 다시 형성하며, 그렇게 형성된 그 오온의 유정은 다시 그 나름의 업을 짓고 살다 죽지만, 그 유정이 남긴 업력은 또 그 다음의 오온을 형성하게 되고, 이렇게 해서 업력으로 인한 오온의 윤회가 거듭된다. 이것이 연기의 유전문을 성립시킨다.

    그런데 불교의 연기는 유전문만을 가진 것이 아니라, 윤회를 벗어 해탈에 이르는 환멸문도 함께 가진다. 환멸문은 연기적 인과 관계 속에서 한 항을 없앰으로써 다시 그 다음 항을 없애 결국은 전체가 다 멸해 다시 태어나지 않고 윤회를 벗어난다는 것이다. 연기의 유전문이 연기의 각 항들이 그 상호 의존성에 따라 연(緣)하여 생기(生起)함, 즉 연기(緣起)함으로써 윤회가 성립하는 것을 말해 주고 있다면, 연기의 환멸문은 그러한 상호 의존적인 연기의 관계가 소멸함으로써 결국 연하여 생하는 윤회를 벗어나게 된다는 것을 말해 준다.

이렇게 보면 환멸문은 유전문으로서의 연기의 부정이다. 연기적 상호 의존성을 따라 생하는 것이 아니라, 오히려 연하여 생하는 연기가 발생하지 않게 되는 것이다. 결국 환멸문은 연기에 속하면서도 유전하는 연기의 부정이다. 그런데 이런 자기부정성이 어떻게 가능한가? 다시 말해 연기에 있어 유전문으로부터 환멸문으로의 이행은 과연 어떻게 가능한가? 일단 연기를 따라 유전문에 들어서면 업과 보로 이어지는 연기의 순환 고리를 빠져나오는 것은 불가능해 보인다. 유근신으로 태어나면 촉·수에 이어 애·취의 업을 짓게 되고, 그 업에 따라 또 다른 몸으로 다시 태어나 노사의 과정을 거치면서 또 업(행)을 짓게 되니, 그 과정이 무한히 반복되는 것이다. 무명으로 인해 행이 있고, 그 애와 취·노사로 인해 다시 무명이 있고, 이렇게 해서 연기 고리가 순환을 이루므로 중중무진의 상호 의존 관계를 이루게 되며, 중생은 마치 쳇바퀴 속 다람쥐처럼 돌고 있는 바퀴 밖으로 튕겨 나올 수가 없지 않겠는가? 그런데 이 유전문을 벗어 환멸문으로 들어서는 것이 어떻게 가능한가? 유전문에 따라 상호 의존 관계에 있는 한 항이 어떻게 그 의존 관계를 벗어나 연생이 아닌 환멸의 길을 갈 수 있는가? 전일적 상호 의존 관계 속의 한 항이 어떻게 그 상호 의존적 연기의 관계망을 벗어날 수 있는가? 윤회 고리로부터의 탈출, 해탈이 어떻게 가능한가? 이는 물론 애탐과 욕망을 끊고 집착을 벗어, 업을 짓지 않음으로써이다. 그리고 12지 연기에 있어 능동적 조업은 애(愛)나 행(行)으로 표현된다. 그렇다면 애(愛)를 이끄는 촉(觸)과 수(受)가 있는데, 어떻게 애가 없을 수 있는가? 행을 이끄는 무명이 있는데, 어떻게 행이 없을 수 있는가?

연기적 순환 관계 속에서 어떻게 그 순환 고리를 끊고 밖으로 탈출할 수 있는가? 연기적 윤회로부터의 탈출, 해탈이 어떻게 가능한가? 그 답은 12지 연기 자체에서 찾아진다. 연기 자체가 비약을 가능하게 하는 역설의 구조로 되어 있기 때문이다. 연기는 일차적으로 항들간의 인과 관계의 고리가 순환을 이루어 전체가 상호 의존 관계(유전문)에 있다는 것을 말해 주지만, 바로 그 연기를 깨닫는 순간 그 상호 의존 관계를 벗어나게 된다는 것을 주장하고 있다. 연기를 모르는 한 그 연관 관계 속에 있지만, 그 속에 있다는 것을 아는 순간, 즉 연기를 깨닫는 순간 이미 그 안이 아니라 그 바깥에 있게 되는 것이다.

이러한 연기의 역설의 구조는 거짓말쟁이 역설과 같은 구조이다. "나는 거짓말쟁이이다"라는 명제에 있어 만약 이 명제가 참이라면, 나는 거짓말쟁이이며 따라서 내가 한 이 말도 또한 거짓이어야 한다. 즉 참일 경우, 거짓이 된다. 반대로 그 명제가 거짓이라면, 그 내용에 따라 나는 거짓말쟁이가 아니므로 나는 참말을 하는 사람이어야 하고, 따라서 내가 한 이 말도 참이어야 한다. 즉 거짓일 경우, 참이 된다. 왜 이런 역설이 발생하는가? 그리고 이 역설은 어떻게 해결되어야 하는가? 거짓말쟁이의 명제의 역설은 그것이 자기지시적 명제로 되어 있음에서 비롯된다.

이와 마찬가지로 연기도 중생이 연기를 모르는 한 연기 속에 있고, 자신이 그 연기 속에 있음을 아는 한 연기 밖에 있다. 그리고 연기가 이러한 역설을 가지게 되는 것도 연기가 자기지시적 구조를 갖기 때문이다. 연기의 첫 항인 무명으로 인해 연기는 자기지시적 구조를 갖는다. 즉 연기의 관계성은 무명에 근거해서 성립하는데, 이 밝지 못함 내지 알지 못함의 무명은 어떤 다른 특정한 진리를 알지 못하는 것이 아니라, 일체가 무명에 근거한 것이라는 바로 그 사실을 알지 못하는 것이다. 무명으로 인해 연기의 유전문과 그에 따른 윤회가 성립하는데, 바로 그 연기 사실 자체를 모르는 것이 무명이다. 결국 연기는 우리가 연기가 참이라는 사실을 모르는 한 참이고, 그것이 참임을 아는 한 더 이상 유전문이 성립하지 않아 거짓이 된다. 연기를 모르는 한 그 무명에 따라 연기가 성립하고, 연기를 아는 한 무명이 없어져서 유전문의 연기가 성립하지 않게 되는 것이다. 이처럼 연기는 무명으로 출발함으로써 자기지시적 명제의 역설을 지닌다.

그런데 자기지시적 명제의 역설은 명제를 두 차원으로 구분하여 고찰함으로써만 해결될 수 있다. 즉 명제에 의해 말해진 차원과 명제를 통해 드러나는 차원을 구분하는 것이다. 명제의 내용에 해당하는 보여진 세계에 대한 논의 차원과 그 명제를 말하는 보는 눈에 대한 논의 차원을 구분하는 것이다. 거짓말쟁이 역설에서 보면 발화된 명제와 그 명제의 발화 차원을 구분해야 한다. 즉 명제에 의해 말해지고 있는 나(거짓말쟁이로서의 나)와 지금 그 명제를 말하고 있는 나(내가 거짓말쟁이임을 아는 나)를 구분하는 것이다. 그 명제가 표현하고 있는 나는 거짓말쟁이이다. 따라서 내가 나를 거짓말쟁이로 알 때, 그 앎은 거짓이 아니라 참이다. 그러나 그 참의 인식과 참의 발화는 그 명제가 표현하고 있는 거짓말쟁이로서의 나의 영역을 넘어서서 성립하는 것이다. 내가 거짓말쟁이라는 것을 알고 그 것을 말할 때, 그 나는 더 이상 거짓말쟁이가 아니며 그 말도 거짓이 아니기 때문이다. 이런 식으로 거짓말쟁이로 알려지는 나와 그런 나를 아는 나를 두 차원의 나로 구분해야만 역설이 해소될 수 있다. 또 다른 예로서 "모든 것은 변한다"는 인식도 마찬가지이다. 만일 모든 것이 정말 변화하는 흐름 속에 있다면, 우리가 어떻게 그 사실을 알 수 있겠는가? 변화 속의 나와 그 변화를 아는 나를 서로 다른 두 차원으로 구분하지 않으면, 그 인식이 변하지 않는 참이라는 것을 말할 수 없게 된다.

이와 마찬가지로 무명으로 출발하는 연기가 가지는 역설을 해소할 수 있기 위해서는 연기를 통해 논의되는 상호 의존성[무명(無明)의 차원, 연기의 차원 : 유전문]과 그 연기를 아는 것[명(明)의 차원, 연기를 넘어서는 차원 : 환멸문]을 두 차원으로 구분해야 한다. 그리고 두 차원의 구분이 무엇을 의미하는가는 연기의 또 다른 항인 식(識)을 통해 밝혀진다.

무자성의 가(假)와 비실유의 가(假)

불교의 연기는 형식적으로 보면 일체가 중연이 화합해서 일어난다는 연기의 사실, 일체의 상호 의존성의 사실을 논하고 있는 것 같지만, 실제 연기가 밝히고자 하는 것은 단순한 상호 의존성이 아니라, 그 상호 의존성을 앎으로써 열리게 되는 또 다른 차원이다. 이런 차원으로의 비약을 열어 주는 것이 바로 식이다.

연기 항 중의 하나가 식이라는 것을 고려하지 않고 그냥 만물이 상호 의존적 인과 관계에 따라 연기한다는 사실만을 주시하면, 연기는 현대의 체계 이론과 마찬가지로 만물의 유기체적 상호 의존성, 만물의 전일적 연관 관계만을 말해 주는 것이 된다. 일체가 상호 의존적 연기의 산물이라는 것은 일체가 고정적인 자기 자성을 가지는 개별 실체가 아니라, 상호 의존 관계 안에서 형성되는 것임을 뜻한다. 따라서 연기에 의해 존재하는 것들은 그것이 상호 의존적인 연기의 산물이라는 점에서, 즉 자기 자성이 없다는 점에서 모두 "무자성(無自性)의 가(假)"이다.

그런데 불교의 연기는 그러한 상호 의존성을 성립시키는 연기의 한 항이 식(識)이라고 말한다. 명색의 유근신과 그 근에 근거한 기세간도 연기의 산물인데, 그런 연기의 기본 항이 식이라는 것이다. 이는 곧 연기의 고리 속에서 성립하는 일체의 상호 의존성이 바로 식(識)에 근거한 상호 의존성임을 말해 주는 것이다. 다시 말해 상호 의존적인 현상 세계 전체가 바로 유정의 업[行]의 산물이며 식(識)의 결과라는 것이다. 이는 연기의 상호 의존 관계에 따라 형성되는 현상 세계 자체가 유정[생명]의 식(識, 마음)이 없으면 존재하지 않는다는 것을 뜻하는 것이다. 이렇게 보면 연기된 현상 세계의 가(假)는 단지 연기의 산물이라는 '무자성의 가'를 넘어서서, 보다 근본적으로는 식을 떠난 객관 실유가 아니라는 '비실유(非實有)의 가(假)'임을 말해 준다.[29] 무자성의 가(假)는 개체가 전체와의 상호 의존적 연관 관계 속에서 형성되는 연기의 산물이라는 것을 말하는 데 그친다면, 비실유의 가는 그렇게 상호 의존적인 현상 세계 전체가 식 바깥의 객관 실유가 아니라는 것을 말하는 것이다.[30]

이처럼 불교 연기에서 그 연기 고리 중의 한 항이 식이라는 것은 그러한 연기적 상호 의존성으로 구성되는 현상 세계 전체가 비실유의 가(假)임을

---

29 假를 이렇게 '무자성의 가'와 '비실유의 가'로 구분하는 것은 空 역시 '무자성의 공'과 '비실유의 공'으로 구분 가능하다는 것을 의미한다. 불교가 연기를 통해 공을 설할 때는 단지 일체가 상호 의존 관계에 있다는 무자성성뿐만 아니라, 그 상호 의존적 현상 세계 자체가 비실유의 공이라는 것을 설한 것이기 때문이다. 앞 절에서 논한 바 유근신이나 기세간이 모두 유정의 업(불공업과 공업)의 산물이며, 따라서 각 유정의 식으로부터 독립적으로 그 자체로 존재하는 것이 아니라는 것이 바로 이러한 비실유성을 말해 준다. 유근신을 업의 직접적 결과인 正報라고 하고, 기세간을 업의 결과이되 정보가 의지해 사는 것이라는 의미에서 依報라고 하는 것도 이런 의미이다. 물론 연기 고리에서 식도 그에 선행하는 행에 근거한 것이므로 단적인 시작이거나 제1원인은 아니다. 다만 현상 세계 전체에 대해 그것이 비실유이고 공임을 자각하는 그 마음(식)은 중연 화합의 연기 결과가 아니라, 연기 법칙을 넘어서는 지혜(반야)이고 깨달음이며, 해탈의 식이다.

30 '무자성의 가'가 보여진 세계에 대한 논의라면, '비실유의 가'는 그 보여진 세계를 보는 눈과 연관하여 고찰한 논의라고 볼 수 있다. 무자성의 가는 보여진 세계의 연기성을 논하되 그 연기가 성립하는 근거인 보는 눈을 사상하고 객관화해서 논한 것인 데 반해, 비실유의 가는 보여진 세계의 연기적 구조가 결국은 보는 눈에서 비롯된 것임을 간파한 것이다. 대상화의 사유로부터 물러나 대상화하는 눈 자체에 대한 자각, 근원으로의 회귀를 보여주는 것이라고 볼 수 있다.

말해 준다. 현상 세계는 그 세계를 인식하는 식(마음)에 대해서만 그런 것으로서 존재하는 것이지, 그 식과 독립적으로 그 자체로 존재하는 것이 아니라는 말이다. 마치 꿈꾸어진 세계가 꿈꾸는 의식을 떠나 따로 존재하지 않는 것처럼, 이 현상 세계도 그것을 의식하는 식을 떠나 따로 존재하지 않는다는 말이다. 그런 의미에서 현상 세계는 공(空)이고 가(假)이다.

그러나 꿈꾸어진 세계가 공이라는 것은 꿈으로부터의 깨어남을 통해 알 수 있지만, 현상 세계가 공이라는 것은 어떻게 알 수 있는가? 불교는 그것을 무명의 극복인 깨달음이라고 한다. 불교가 연기로써 말하고자 한 현상 세계의 무자성성과 비실유성, 그 공성의 자각이 바로 그 깨달음에 해당한다. 현상 세계가 비실유의 공임을 아는 순간이 바로 무명을 벗는 순간, 꿈이 깨는 순간이 되는 것이다. 식이 현상의 공성을 깨닫지 못하는 무명 상태에 있으면(계속 꿈꾸고 있으면), 식은 그 자신을 꿈꾸어진 현상 세계 속의 한 인물로 간주한다. 세계를 그 자체 존재로, 자아를 그 세계 속의 한 인물로 여기면서 법집과 아집의 집착으로 인해 업을 짓고 현상 세계에 다시 태어나는 윤회를 반복하게 된다. 반면 식이 세계의 공성을 자각하면(꿈에서 깨어나면), 식은 현상 세계와 현상적 자아에 대한 집착을 넘어서게 되고 집착이 없으므로 업이 성립하지 않아 결국 윤회를 벗어 해탈하게 된다.

그렇다면 이러한 현상 세계의 공성 내지 가성은 불교의 기본 교설인 무아설과 어떤 관계에 있는가? 꿈의 세계가 꿈을 꾸는 의식을 떠난 객관적 실유가 아니듯이, 현상 세계도 현상을 의식하는 마음을 떠난 객관 실유가 아니라면, 그럼 꿈꾸어진 세계는 없다고 해도 꿈꾸는 의식은 존재하듯, 현상 세계는 공이어도 그 세계를 그리는 나는 존재하는 것이 아닌가? 현상 세계에 속하는 오온의 자아는 공이어도, 그런 현상 세계를 형성하는 나는 실재하는 것이 아닌가? 그렇다면 궁극적으로 무아(無我)가 아니고, 유아(有我)가 아닌가? 현상적인 오온인 가아(假我)는 비실재이어도, 현상의 근거인 진아(眞我)는 실재하는 것이 아닌가? 그런데도 불교는 왜 끝까지 무아(無我)를 주장하는 것인가?

2. 무아의 역설 구조: 무아와 진여

꿈꾸어진 나와 꿈꾸는 나

마음이 욕망에 의해 몸[유근신]과 세계[기세간]에 매여 있음으로써, 집착의 업을 짓고 그 업력에 의해 다시 또 그렇게 매인 마음으로 태어나게 되는 것이 육도 윤회이고, 그렇게 매여 있던 마음이 그 매여 있음을 깨달아 집착을 끊고 업을 짓지 않아 다시는 그런 매인 마음으로 태어나지 않고, 결국 그 매임으로 풀려나게 되는 것이 해탈이다. 마음이 매임으로부터 풀려날 수 있는 것은 마음을 매어 놓는 몸과 기세간이 궁극적으로 마음의 업력에 의해 형성된 것, 비실유이기 때문에 가능하다. 그러므로 몸과 기세간의 세계, 우리가 실유라고 생각하며 집착하는 세계가 사실은 무자성이며 비실유라는 그 공성을 깨달음으로써 집착과 번뇌를 끊고 해탈에 이를 수 있는 것이다.

세계가 그것을 지각하는 마음(식)을 떠난 객관 실유가 아니라 마음이 그려 놓은 것이고 따라서 그 마음에 대해서만 그렇게 존재하는 것이라는 통찰은 곧 깨어서 보는 세계를 꿈에서 보는 세계와 마찬가지 방식으로 이해하는 것이다. 꿈의 세계가 꿈꾸는 식을 떠나 객관적으로 따로 존재하지 않는 것처럼, 이 현실 세계는 그것을 지각하는 유정의 식을 떠나 따로 존재하지 않는다. 이렇게 보면 꿈과 현실은 다음과 같은 공통의 구조를 가진다.

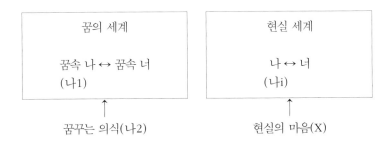

꿈의 세계가 꿈꾸는 의식(나2)이 그린 영상이듯, 현실 세계는 현실의 마음(X)이 그린 영상 세계이다. 그런데 꿈속에서 나는 나를 꿈의 세계 속의 일부분인 나(나1)로 의식한다. 나는 객관 세계 속에 던져져 있고 나 아닌 너와 대면하여 그 관계 속에서 살아간다. 나는 너가 아니기에 네게 말을 건네고 너의 대답을 기다리다가 그 대답에 따라 고락의 감정을 느끼고 애증의 욕망을 갖기도 한다. 그러나 그 나(나1)는 꿈꾸는 의식(나2)이 그려 놓은 나일 뿐이고, 나와 대면한 너 또한 마찬가지로 그 나2가 그려 놓고 투사한 너일 뿐이다. 그런데도 꿈속에서 나는 그 사실을 전혀 모르고, 너와 세계를 내 밖의 실재로 간주하는 것이다. 그 사실을 알게 되는 것은 꿈에서 깨어나면서이다. 꿈에서 깨어나야 비로소 나는 꿈의 세계가 실재하는 것이 아니라 내 마음(나2)이 그린 세계이고, 그 세계 속의 나(나1)뿐만 아니라 너도, 나와 너의 그 애증 얽힌 관계도 모두 내 마음이 그린 것임을 알게 된다.

그렇다면 꿈에서는 왜 그 사실을 모르는 것일까? 꿈에서 나2의 의식 활동이 없기 때문이 아니다. 꿈의 세계 자체가 나2에 의해 형성된 것이며, 꿈에서도 나는 나1뿐만 아니라 너와 너를 포함한 세계도 다 의식하고 있으므로, 실제 꿈은 나2의 의식으로 유지된 것이다. 꿈에서 나는 꿈꾸는 의식(나2)으로 활동하면서도, 나를 그 나2로 바로 알지 못하고 축소하여 세계 속 일부인 나1로만 의식한 것이다. 내가 나를 나1로만 의식하므로 그 외의 것들을 나 밖의 실재로 간주하고 만 것이다. 그리고 그러는 한 그게 꿈으로 유지된다. 그게 꿈이라는 사실을 모르는 한 꿈이 이어지고, 그것이 꿈이라는 사실을 아는 순간 나는 꿈에서 깨어나게 된다. 이게 우리 의식의 본질적인 역설의 구조이다.

의식의 이러한 구조는 현실의 의식에 있어서도 마찬가지이다. 나는 나를 내 바깥에 실재하는 객관적 현실 세계의 일원(나1)으로 의식한다. 그리고 그 나1는 내 밖의 너와 애증의 관계로 얽히고설키면서 고락의 삶을 살게 된다. 그러면서도 나는 나와 그런 관계에 들어서는 너 그리고 너를 포함한 세계에 대해 실제로 나의 자아 의식(나1)을 넘어서는 보다 포괄적인 의식을 현실의 마음(X)으로 갖고 있다. 꿈의 세계가 꿈꾸는 의식(나2)에 의해 그려진 세계이듯, 내가 객관 세계라고 여기는 현실 세계는 그 마음(X)에 의해 그려진 세계이다. 그런데도 나는 나를 X로 자각하지 못하고, 나1로 간주할 뿐이다. 꿈에서 나를 꿈꾸는 나2가 아니라 꿈꾸어진 나1로만 의식하듯, 현실에서도 나는 나를 현실의 마음X가 아니라 그중 일부인 나1로만 의식하는 것이다. 내가 나를 나2로 자각하면 꿈에서 깨어나듯, 내가 나를 마음X로 자각하면, 나는 현실의 꿈을 깰 것이다. 즉 현실이 비실유이고 공이라는 것을 깨달을 것이다.

그렇다면 현실의 꿈을 깨어, 세계 속 일부인 나1의 자아 의식에서 벗어나, 나를 마음X로 자각한다는 것은 무엇을 의미하는가? 이는 나를 보여진

5부 무아론에 담긴 불교 존재론

261

세계 속의 일원으로가 아니라, 세계를 보는 눈으로 자각한다는 말이다. 자아 의식에서 보면 나는 너와도 대립해 있고 세계와도 대립해 있지만, 세계를 보는 눈(X)에서 보면 나와 너, 나와 세계는 그 주객 포괄의 마음(X) 안에서의 이원화일 뿐이다. 나를 마음X로 자각하게 되면, 모든 이원화의 경계가 흔들리게 되며, 나와 너 그리고 이 세계가 우리 모두가 한마음(X)으로 함께 그리는 영상 세계라는 것을 알게 된다. 그렇다면 이 마음X는 어떤 존재인가?

세계를 보는 눈(X)은 보여진 세계 속에 있지 않으므로 세계와 하나도 아니지만, 그렇다고 보여진 세계와 분리되어 있는 둘도 아니다. 세계를 보는 눈은 세계를 그리는 마음이며, 그 마음이 앞으로 어떤 모습의 세계를 그리는가는 그 마음이 이미 그려진 세계로부터 무엇을 경험하고 무엇에 집착하는가에 의해 결정되기 때문이다. 이렇게 보는 눈은 보여진 세계에 상대적이다. 보여진 세계가 나와 너를 포괄하는 하나의 세계인 만큼 보는 눈도 나와 너의 자아 의식을 넘어선 포괄적인 하나의 마음이지만, 보여진 세계가 보는 눈에 의해 그려진 비실유의 가이고 공인 것만큼 보는 눈 역시 비실유의 가이고 공이다. 그래서 불교는 윤회하는 자아, 세계를 그리는 식, 현실 세계를 꿈꾸는 자아에 대해서도 무아를 설한다.

꿈꾸는 나와 꿈 깨는 진여

그런데 문제는 그저 세계를 보고 있는 눈, 꿈꾸는 눈이 아니라, 오히려 세계를 보는 눈이 그 자신을 자각하는 눈, 그래서 깨어나는 눈이다. 문제는 나와 세계의 공성이 아니라, 그 공을 공으로 깨닫는 마음인 것이다. 다시 말해 불교가 도달하고자 하는 것은 꿈꾸어진 세계도 꿈꾸어진 나도 아니며, 그렇다고 꿈꾸는 나도 아니다. 그것은 다 공이고 무아이다. 불교가 궁극적으로 지향하는 것은 꿈꾸는 나의 확인이 아니라, 꿈에서 깨어나는 것이다. 세계를 보는 눈의 보는 활동이 세계를 그려내어 꿈꾸는 활동이라면, 그 꿈에서 깨어난다는 것은 무엇을 의미하는가? 꿈꾸어진 세계와 꿈꾸는 나의 공성을 깨달을 때, 그 공의 깨달음은 과연 어떻게 가능한 것인가? 꿈꾸는 나를 꿈꾸는 나로 자각하여 꿈에서 깨는 자, 현실의 마음(X)을 자신으로 자각하는 그 자는 누구인가?

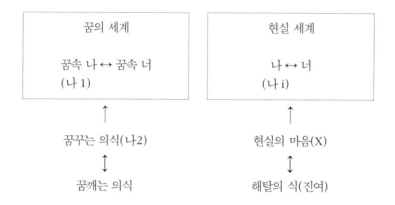

바로 이 지점이 불교에서 윤회와 해탈, 무아와 진여가 교묘하게 교차하고 있는 지점이다. 세계를 그리는 현실의 마음(X)은 업에 따라 유근신과 기세간을 형성하며 그 세계 속을 떠도는 윤회하는 식이다. 그런데 일반 범부는 자신(X)을 자각하지 못하는 무명 속에 있으므로, 보여진 세계를 객관 실재로 간주하고 자신을 그 속의 일원(나)으로 여긴다. 그러한 법집과 아집으로 인해 현실 세계에 매여 있고 욕망의 업을 지음으로써 욕계에 다시 태어나는 윤회를 반복하는 것이다. 이는 결국 자신이 마음X의 활동을 스스로 자각하지 못하기 때문이다.

반면 나를 X로 자각한다는 것은 곧 현실 세계를 그리는 X의 활동성을 자각한다는 것이며, 따라서 현실 세계가 X에 의해 그려진 비실유의 가라는 것을 깨닫는 것이다. 보여진 세계도 보는 눈도 모두 가상이라는 것을 깨닫는 것이다. 그 깨달음은 무명을 벗는 깨달음이며, 결국 보여진 세계나 보는 눈에 대한 집착, 아집과 법집을 버려 해탈에 이르게 하는 깨달음이다. 이는 세계를 꿈꾸게 하는 것이 아니라, 꿈에서 깨어나게 하는 마음이다. 꿈꾸어진 나와 세계 그리고 꿈꾸는 나, 모두가 무아라는 것을 깨달음으로써 비로소 깨어나게 되는 마음이다. 이 마음을 진여심이라고 한다. 진여는 일체의 아가 무아라는 것을 깨닫는 순간의 마음이다. 무아를 자각하는 순간, 그렇게 공으로 화한 마음이 바로 진여인 것이다. 그러므로 진여는 아라고 할 수 없다. 일체의 아가 공이라는 무아를 깨달을 수 있도록 그렇게 공으로 화한 마음이 바로 진여이기 때문이다. 그러므로 불교는 해탈하는 마음인 진여에 대해서도 무아를 설하는 것이다.

방편설로서의 무아설

무아와 진여의 역설적 관계 속에서 우리가 간과할 수 없는 것은 무아설은 궁극적으로 아직 깨달음에 이르지 못한 중생을 위한 방편설이라는 것이다. 궁극적 깨달음의 내용이 궁극적으로 깨닫지 못한 중생에게 주어질 때, 그 안에 역설이 발생할 수밖에 없다. 즉 연기설과 무아설이 논하듯 일체의 현상 세계가 모두 내 마음이 그린 세계이어서 그 모두가 꿈이라면, 결국 현실에서 내가 듣고 생각하는 석가의 교설 또한 내 마음이 그린 상들이며 꿈이 아니겠는가? 이 현실이 꿈이라고 말하는 것조차 꿈속의 말, 결국 잠꼬대가 아니겠는가? 맞는 말이다. 우리가 꿈꾸고 있는 한, 우리는

불교의 무아론

264

현실이 꿈이라는 것을 모르고, 이미 꿈에서 깨어나 버리면, 더 이상 그것이 꿈이었다고 말할 필요가 없어져 버린다. 꿈임을 알지 못할 때는 꿈속에 있지만, 그것이 꿈이라는 것을 알면 더 이상 꿈속에 있지 않다. 이것이 바로 무명을 포함하는 연기의 구조, 역설의 구조이다. 아직 깨어나지 않았기에 꿈이라고 말하는데, 그것이 깨어나지 않은 꿈속에서의 말이라면 그 말도 결국 꿈속의 말이 되지 않겠는가? 맞는 말이다. 그래서 그 말은 구경의 말이 아니다. 모든 석가의 가르침은 무명의 중생을 위한 방편설인 것이다.

그러나 꿈속의 말이라고 해서 다 같은 말이 아니다. 꿈이 다 같은 꿈이 아닌 것과 같다. 꿈 중에는 계속 꿈꾸게 하는 꿈, 그래서 계속 깊이 잠들도록 하는 꿈이 있고, 반대로 더 이상 꿈꾸지 못하게 하는 꿈, 그래서 더 이상 잠들지 못하게 하는 꿈, 꿈을 깨우는 꿈이 있다. 꿈의 세계 속에서 나1이 만족스러울 때, 그리고 그 주변의 세계가 만족스러울 때, 나의 꿈은 길게 이어진다. 꿈속에서 먹고 마시고 사랑하고 미워하면서 그렇게 꿈은 이어진다. 그렇다면 꿈을 깨우는 꿈은 어떤 꿈인가? 꿈에서 나1이 무화되는 위기에 처해질 때, 그 공포와 전율이 나를 잠 깨운다. 꿈속의 너가 나1을 죽이려고 달려들 때, 꿈속의 나1이 벼랑 끝으로 내달려 허공 중에 한 발을 내디딜 때, 그 순간 나는 꿈에서 깨어난다. 나1이 없게 되는 순간, 무아를 감당해야 하는 순간, 그와 더불어 꿈의 세계가 깨어진다. 이렇듯 불교는 현실의 꿈을 깨우기 위해, 아공 법공의 깨달음을 위해, 해탈을 위해 꿈 속에서 꿈을 깨우고자 무아를 설하는 것이다. 꿈속에서 내가 공이라는 것, 세계가 공이라는 것을 깨달으면, 그 순간 나는 나1에서 벗어나 X로 깨어나서, 나를 X로 자각하게 될 것이다. 내가 꿈꾸는 의식이라는 것을 알게 될 때, 내가 더 이상 꿈꾸는 의식이 아니고 꿈에서 깨어나듯,

내가 윤회하는 의식이라는 것을 자각할 때, 나는 더 이상 윤회하는 나인 자아가 아니라 무아가 실현되며 공이 될 것이다.

나i와 세계가 공으로 무화될 때 남겨지는 빈 바탕, 우리는 그것을 우주 만물을 포괄하고 있는 빈 공간으로 떠올린다. 불교가 진여라고 말하는 것은 바로 그 빈 공간이 추상적인 이차적 공간, 수학적 공간이 아니라, 바로 마음이라는 것이다. 그 빈 허공이 무정과 달리 스스로 자신을 자각하기에 그것을 마음이라고 하며, 그 빈 공간이 바로 우주 전체를 감싸는 하나의 공간이기에 그 마음이 바로 하나의 마음, 보편적 평등의 한마음, 일심(一心)이다. 그런데 이 마음에 이르는 길은 꿈을 깨는 길밖에 없다. 꿈속에서 꿈을 깨우자면, 꿈속의 나 그리고 꿈의 세계가 공이라는 것, 무아라는 것을 강조하지 않을 수 없다. 꿈에서 깨어나 그 보편적 일심이 회복되면, 더 이상 꿈속에서와 같은 나와 너의 구분, 있음과 없음의 구분이 무의미해질 것이다. 무아는 꿈에서 깨어나기까지, 진정한 진여의 깨달음에 이르기까지, 그 꿈을 깨우기 위해 설하는 방편설인 것이다.

현상 세계의 공성을 모르면, 즉 연기와 무아를 모르면, 우리는 아집 법집에 따라 세계를 실유의 것으로 생각하고 집착하여 욕탐에 따라 윤회하게 된다. 우리는 자기 자신을 현상 세계 속에서 찾으며, 의식은 의식성을 유지하기 위해 끊임없이 하나의 경계에서 다른 경계로 재빠르게 이동해 간다. 그처럼 끊임없이 경계 속을 헤매게 하는 것이 욕탐이며, 결국 그 욕탐에 의해 무명의 마음은 경계를 오가는 생사를 반복하는 것이다.

> 비롯됨이 없는 나고 죽음에서 무명에 덮이어 애욕의 결박에 묶이어, 긴 밤 동안을 쳇바퀴 돌 듯 돌면서 괴로움의 근본 끝을 알지 못한다.[31]

현상의 공성을 깨달음으로써, 연기를 알고 무명을 벗음으로써 마음은 경계의 매임으로부터 풀려난다. 그렇게 경계를 벗은 해탈한 마음은 윤회를 벗어난다. 현실의 꿈에서 깨어날 때, 우리가 무한의 허공으로 증발해 버리는 것이 아니라, 윤회를 벗은 해탈의 마음인 진여로 깨어난다는 것을 석가는 강조한다.

> 어떤 한 법을 끊으면 후세의 몸을 받지 않는가. 이른바 무명이다. 욕심을 떠나 밝음이 생기면, 그는 바른 지혜를 얻어 능히 스스로 나의 생은 이미 다하고 범행은 이미 서고 할 일은 이미 다 마쳐 다시는 후세의 몸을 받지 않는 줄을 스스로 안다고 말할 수 있다.[32]

결국 꿈에서 깨어나는가 아닌가, 진여를 자각하는가 아닌가는 방편교설을 통해 각성하여, 스스로 그 경지에 이르는가 아닌가의 문제인 것이다. 마음을 욕탐으로 묶어 세간에 매어 두어 윤회를 반복할 것인가, 그 매임을 풀어내고 공성을 자각하여 해탈에 이를 것인가는 결국 각자가 그 마음을 어떻게 먹는가에 달려 있는 것이다. 그래서 석가는 처음부터 마음을 강조하였으며, 그 자신을 통해서만 스스로 해탈할 수 있음을 논하였다.

> 마음이 번민하기 때문에 중생이 번민하고, 마음이 깨끗하기 때문에 중생이 깨끗하다.[33]

---

31 『잡아함경』, 권10, 266 「無知經」(『대정장』 2, 69중), "於無始生死, 無明所蓋, 愛結所繫, 長夜輪迴, 不知苦之本際."
32 『잡아함경』, 권8, 203 「能斷一法經」(『대정장』 2, 52상), "云何一法斷故, 乃至不受後有? 所謂無明. 離欲明生, 得正智. 能自記說, 我生已盡, 梵行已立, 所作已作, 自知不受後有."
33 『잡아함경』, 권10, 267 「無知經」(『대정장』 2, 69하), "心惱故衆生惱, 心淨故衆生淨."

비구들이여, 자기를 피난처로 삼고 자기를 의지해 머무르며, 법을 피난처로 삼고 법을 의지해 머무르지, 다른 것을 피난처로 삼고 다른 것을 의지해 머무르지 말라.[34]

깨끗한 중생의 마음, 경계를 너머 해탈할 수 있는 마음, 무명을 벗고 명에 이르는 그 마음이 후대 대승사상기에 이르면 여래장이나 불성으로 불리게 된 것이다.[35] 윤회를 넘어서서 해탈할 수 있는 마음, 일체의 경계를 넘어서는 초월적 마음이 곧 해탈의 마음이다.

---

34 『잡아함경』, 권2, 36 「十六比丘經」(『대정장』 2, 8상), "諸比丘, 住於自洲, 住於自依, 住於法洲, 住於法依, 不異洲, 不異依." 이는 "자신을 등불로 삼고 의지하라. 법을 등불로 삼고 의지하라"는 석가 임종 시 제자들에게 남긴 말과 마찬가지 의미이다. 이처럼 진정한 자아를 적극적으로 긍정하며 그런 자아를 찾고 실현하라고 권고하는 이와 유사한 구절들을 『법구경』에서 많이 찾아볼 수 있다.

35 따라서 대승의 여래장 사상이나 불성 사상을 비불교적이라고 보는 견해는 성립할 수 없다. 처음부터 불교가 궁극적으로 추구한 것은 바로 해탈이며, 해탈이란 곧 자신 안의 여래장 또는 불성의 실현 이외의 다른 것이 아니기 때문이다. "아는 곧 여래장의 의미이다. 일체 중생은 모두 불성을 가졌으니 이것이 곧 아의 뜻이다(我者卽是如來藏義, 一切衆生, 悉有佛性, 卽是我義)"(『대반열반경』, 권12, 「여래성품」(『대정장』 12, 648中).

불교의 무아론

펴낸날 1판 1쇄 2006년 6월 16일
　　　　2판 1쇄 2022년 3월 15일
지은이 한자경
펴낸이 정은경
펴낸곳 이화여자대학교출판문화원
주소 서울특별시 서대문구 이화여대길 52(우 03760)
등록 1954년 7월 6일 제9-61호
전화 02)3277-2965(편집)
　　　02)362-6076(마케팅)
팩스 02)312-4312
전자우편 press@ewha.ac.kr
홈페이지 www.ewhapress.com
편집 정경임, 민지영 | **디자인** 정혜진
찍은곳 한영문화사

ⓒ 한자경, 2022
ISBN 979-11-5890-458-6 93220

값 22,000원

* 잘못된 책은 구입처에서 바꾸어 드립니다.